RIESENGEBIRGE

Mit Wandertipps, Wintersportwegweiser und Ausflügen ins Isergebirge

Frank Schüttig

TRESCHER VERLAG

7., aktualisierte Auflage 2017

Trescher Verlag
Reinhardtstr. 9
10117 Berlin
www.trescher-verlag.de

ISBN 978-3-89794-361-2

Herausgegeben von Detlev von Oppeln und
Bernd Schwenkros

Reihenentwurf und Gesamtgestaltung:
Bernd Chill
Gestaltung, Satz, Bildbearbeitung:
Martina Sailer, Ulla Nickl
Lektorat: Hinnerk Dreppenstedt
Stadtpläne und Karten: Martin Kapp,
Johann Maria Just
Druck: druckhaus köthen

Gedruckt auf chlorfrei gebleichtem Papier

Printed in Germany

Alle Angaben in diesem Reiseführer wurden sorgfältig recherchiert und überprüft. Dennoch können Entwicklungen vor Ort dazu führen, dass einzelne Informationen nicht mehr aktuell sind. Gerne nehmen wir dazu Ihre Hinweise und Anregungen entgegen. Bitte schreiben Sie an **post@trescher-verlag.de.**

Titel: Blick auf die Schneekoppe
Vordere Umschlagklappe:
Typische Riesengebirgsbaude
Hintere Umschlagklappe:
Wanderer auf dem Kammweg

Kirche Wang, eine der bekanntesten Sehenswürdigkeiten des Riesengebirges

ESSAYS

Vorwort

Mitteleuropas höchste und schneereichste Berge nördlich der Alpen erheben sich im Riesengebirge. Die Schneekoppe, mit 1603 Metern sein höchster Gipfel, zieht zu jeder Jahreszeit Scharen von Besuchern in ihren Bann. Schon Goethe bewunderte hier oben den Sonnenaufgang, Theodor Fontane genoss immer wieder seine Sommerferien in der klaren Bergluft des Riesengebirges, Gerhart Hauptmann ließ sich von seiner heimatlichen Landschaft zu großen Werken inspirieren. Damals gehörte der nördliche Teil des Riesengebirges zu Schlesien, der südliche – bis zum Ersten Weltkrieg – zu Österreich. Heute bildet der Kamm des Riesengebirges die Grenze zwischen den EU-Ländern Polen und Tschechien. Das Dreiländereck mit Deutschland bei Zittau ist kaum eine Autostunde entfernt.

Das Riesengebirge ist ein Wander- und Skiparadies. Den ganzen Winter hindurch liegt hier meterhoch Schnee, und oft lädt er noch zu Ostern zum Skilaufen, Schlittenfahren und Herumtoben ein. Auf dem Höhenweg des Kamms wandert man über das Hohe Rad und die Sturmhaube zum Reifträger und genießt atemberaubende Fernsichten ins Böhmische Paradies, in den weiten Hirschberger Talkessel, ins nahegelegene Isergebirge und in die Lausitz. An nebligen Tagen glaubt man bisweilen, Rübezahl, der launische Riese und Herrscher dieser sagenumwobenen Berge, könnte im nächsten Augenblick zwischen den Bäumen hervorbrechen und den Wanderern einen seiner Streiche spielen.

Nicht versäumen sollte man einen Abstecher zur Quelle der Elbe, die hier oben entspringt und gleich darauf als Wasserfall ins Tal schießt. Erfrischen oder aufwärmen kann man sich zwischendurch in einer der vielen alten stimmungsvollen Bauden, wie sie für das Riesengebirge typisch sind. Die altböhmische Küche mit Semmelknödeln, Kraut und saftigen Braten feiert dabei Triumphe. Da ist es manchmal gut, dass man in den meisten Bauden auch übernachten kann.

Wegen des noch immer niedrigeren Preisniveaus lässt sich alles für weniger Geld als anderswo genießen – kein Wunder, dass immer mehr Gäste aus dem nahen Deutschland ins Riesengebirge kommen. Fast überall kann man sich auf Deutsch verständigen, Grenzkontrollen gehören längst der Vergangenheit an. Um den Gästen ihren Aufenthalt noch angenehmer zu machen, haben die Gastgeber in den vergangenen Jahren viel getan. Gründerzeitvillen und Landhäuser wurden stilvoll renoviert, neue Hotels und Restaurants eröffnet, Sommerrodelbahnen und Wellness-Oasen gebaut. Das Riesengebirgsmuseum im polnischen Jelenia Góra (Hirschberg) hat man vergrößert und auf den neuesten Stand der multimedialen Technik gebracht, und vom tschechischen Ferienort Pec pod Sněžkou (Petzer) führt eine neue Kabinenseilbahn bequem hinauf auf den Gipfel der Schneekoppe. Also, kommen Sie mit ins Riesengebirge!

Wanderer an den Dreisteinen bei Karpacz

Hinweise zur Benutzung

Das Buch gibt zunächst eine Einführung in Geschichte und Gegenwart des Riesengebirges, beschreibt dann seinen polnischen Teil, darauf den tschechischen Teil und schließlich das weiter nordwestlich gelegene Isergebirge sowie die Stadt Liberec (Reichenberg). Nach Informationen zur Geschichte der jeweiligen Orte folgt die Beschreibung von Sehenswürdigkeiten und touristischen Angeboten. Bei den Orten, die gute Wandermöglichkeiten oder interessante Ausflugsziele bieten, werden diese im Anschluss dargestellt. Hinweise zu Reisebüros, Restaurants, Unterkunfts- und Sportmöglichkeiten und anderem befinden sich in den Informationskästen am Ende der einzelnen Kapitel. Ein eigenes Kapitel ist den hervorragenden Wintersportmöglichkeiten im Riesengebirge gewidmet. Im letzten Teil des Buches werden nach einem deutsch-polnisch-tschechischen Sprachführer, alphabetisch geordnet, allgemeine Informationen zu Reisen in Polen und Tschechien gegeben. Die Literaturhinweise sollen zu weiterer Lektüre anregen; allerdings sind einige der historischen Quellen derzeit vergriffen oder werden nicht wieder aufgelegt – vielleicht hilft aber ein Gang in die Bibliothek. Die Stadt- und Übersichtspläne dienen der ersten Orientierung. Besonders bei einem längeren Aufenthalt ist es jedoch ratsam, detaillierte Wanderkarten und ausführliche Stadtpläne hinzuziehen. Die genannten Informationsbüros bieten in der Regel aktuelles und detailliertes Material an.

Bei einer Beschreibung ehemals zu Deutschland gehörender Gebiete stellt sich immer wieder die Frage, mit welchem Namen man Städte, Berge und Gebiete bezeichnen soll. Einerseits haben die Orte heute polnische und tschechische Namen, andererseits sind diese oft geradezu zungenbrecherisch, so dass

Winter in Pec pod Sněžkou unterhalb der Schneekoppe

Die Reifträgerbaude

es bequemer wäre, den alten deutschen Namen zu verwenden. Sicherlich ist dies auch eine Generationsfrage, denn junge Leute kennen die deutschen Bezeichnungen oft nicht mehr. Auch auf politische Sensibilitäten in den jeweiligen Ländern gilt es Rücksicht zu nehmen. Während man beobachten kann, dass viele jüngere Polen und Tschechen im Gespräch mit deutschen Besuchern unbefangen die alten deutschen Ortsnamen benutzen, sind sich ältere Leute der schmerzlichen Erfahrungen während des Zweiten Weltkriegs noch deutlich bewusst und stehen einer Verwendung der alten deutschen Namen reserviert gegenüber. In Abwägung all dieser Umstände werden die aktuellen polnischen und tschechischen Namen vorrangig verwendet. Damit sich jedermann zurechtfinden kann, werden in diesem Buch die Orte mit ihrem heutigen Namen bezeichnet, und bei der ersten Erwähnung wird der ehemalige deutsche Name in Klammern beigefügt. Lediglich bei den bekanntesten Namen, wie etwa der Schneekoppe, bei Flüssen, die auch durch Deutschland fließen - beispielsweise die Elbe –, oder bei historischen Beschreibungen wird der deutsche Name beibehalten, der entsprechende heutige bei der erstmaligen Erwähnung mitgenannt. Ein Ortsregister mit allen deutschen, polnischen und tschechischen Bezeichnungen befindet sich am Ende des Buches.

Zeichenlegende

- Allgemeine Informationen, Touristenbüros
- Internetcafé
- Unterkünfte
- Baude, Herberge
- Campingplatz
- Einkehrmöglichkeiten
- Nachtleben, Bars, Discotheken
- Museen, Ausstellungen und weitere Sehenswürdigkeiten
- Kulturelle Veranstaltungen, Feste
- Fahrradverleih
- Sport und Erholung allgemein
- Wintersportmöglichkeiten
- Einkaufsmöglichkeiten

Das Riesengebirge wurde jahrhundertelang von den unterschiedlichsten Volksgruppen besiedelt. Mit ihnen kamen vielfältiges Handwerk und andere Berufe in die Region. So ist das Riesengebirge nicht nur das Land von Schneekoppe und Rübezahl, sondern auch von Holzfällern, Bergbauern, Glasbläsern, Baumeistern, Kräutersammlern, Künstlern und Vogelstellern.

Blick auf das westliche Riesengebirge

LAND UND LEUTE

Berge und Täler

Im Gegensatz zu anderen Mittelgebirgen unserer Breiten zeichnet sich das Riesengebirge durch rundlich-kahle Gipfel, tief eingeschnittene Täler, steile Hänge und faszinierende Fernsichten aus. Das gewaltige Massiv der Schneekoppe (Sněžka) ist mit seiner 1603 Meter hohen Spitze der höchste Berg Mitteleuropas nördlich der Alpen, an die man sich hier oben oft erinnert fühlt. Wie das Hohe Rad (Vysoké Kolo, 1509 Meter), die Große Sturmhaube (Śmielec, 1424 Meter), die Veilchenspitze (Łabski Szczyt, 1471 Meter), und der Reifträger (Szrenica, 1362 Meter), liegt die Schneekoppe auf dem Gebirgskamm, der sich ungefähr in west-östlicher Richtung erstreckt.

Diese Bergkette ist das Rückgrat des Riesengebirges und drückt ihm seinen unverwechselbaren Stempel auf. Der Hauptkamm markiert die Grenze zwischen dem zu Polen gehörenden schlesischen Teil, der ein Drittel umfasst, und dem böhmischen Teil, der zwei Drittel des Gebirges ausmacht. Er bildet die Wasserscheide zwischen Elbe und Oder, also auch zwischen Nord- und Ostsee. Der Kamm ist rund 35 Kilometer lang und verläuft vom Pass Przełęcz Szklarska im Westen zu den Pomezní boudy (Grenzbauden) im Osten. Die Wanderung auf dem Kammweg in 1300 bis 1500 Meter Höhe, die abwechselnd über Bergwiesen und Geröllfelder führt, ist wegen der grandiosen Ausblicke der Höhepunkt einer Riesengebirgsfahrt. Erst seit dem Fall der alten Regimes in Prag und Warschau ist der Grenzweg wieder für ausländische Wanderer benutzbar. Der Przełęcz Karkonoska (Spindlerpass, 1198 Meter, ehemals auch ›Löchel‹ genannt) teilt den Hauptkamm in zwei Flügel: Den westlichen beherrscht das Hohe Rad, den östlichen überragt die Schneekoppe. Begrenzt werden beide Kammflügel vom Reifträger im Westen und dem Skalny Stół (Tafelstein) im Osten.

Majestätisch verschleiert der Nebel manchmal die Täler

Die Schneegrubenbaude

Parallel zum Haupt- oder Grenzkamm verläuft südlich davon der 18 Kilometer lange Böhmische Kamm, den oberhalb von Špindlerův Mlýn (Spindlermühle) das tiefeingeschnittene Elbtal durchbricht. Den westlichen Teil des Böhmischen Kamms überragt der Kotel (Kesselkoppe, 1435 Meter), den östlichen der Berg Studniční hora (Brunnberg) – mit 1554 Metern der zweithöchste Gipfel des Riesengebirges. Durch die zwischen den beiden Kämmen gelegenen Gründe der Elbe (Labe), der Bílé Labe (Weißwasser) und der Mumlava (Mummel) steigt man hinauf zu den unter Naturschutz stehenden Quellwiesen der Bäche und von dort weiter auf den Hauptkamm.

Anders als auf der böhmischen Seite fällt der Kamm in Richtung Norden steil ab. Dort präsentieren sich unterhalb des Hohen Rades die imposanten Śnieżne Kotły (Schneegruben), die Hala Szrenica (Reifträgerwiese) mit einem lohnendem Ausblick und, zu ihren Füßen im Tal der Kamienna (Zacken), die weit auseinandergezogene Feriensiedlung Szklarska Poręba (Schreiberhau). Unweit der Schneekoppe liegen wie zwei Perlen der Mały und Wielki Staw (Kleiner und Großer Teich) nebeneinander. Weiter unten schließt sich das Urlaubszentrum Karpacz (Krummhübel) an – der Ausgangsort für eine Besteigung der Schnee koppe von der polnischen Seite aus.

Niedrigere Kämme zweigen – wie der Přední Žalý (Heidelberg-Kamm) – in südwestlicher Richtung vom Böhmischen Kamm ab. Mehrere Zweigkämme erstrecken sich von der Schneekoppe und vom Berg Studniční hora nach Süden. Ausläufer schließen sich am östlichen Ende an den Hauptkamm an. Während sich der Kamm Rudawy Janowickie (Landeshuter Kamm) nach Norden zieht, bilden die Rýchory (Rehhorngebirge) die natürliche Begrenzung des Riesengebirges im Südosten.

Zwischen einige Zweigkämme haben sich Flusstäler eingewaschen. Die hier noch schmale Elbe fließt durch den engen Labský důl (Elbgrund) hinunter nach

Špindlerův Mlýn, die Úpa (Aupa) schlängelt sich durch den malerischen Obří důl (Riesengrund) nach Pec pod Sněžkou (Petzer). Beide haben ihre Quellen in der Nähe des Hauptkamms. Die Jizera (Iser), die auch durch das Riesengebirge fließt, entspringt im westlich daran anschließenden Isergebirge im tschechisch-polnisch-deutschen Dreiländereck. Dessen markanteste Berge wie der Smrk (Tafelfichte) im böhmischen Teil sind etwas über 1100 Meter hoch. Charakteristisch für das Isergebirge sind Hochebenen, Torfmoore und herrliche Blumenwiesen.

Das Waldsterben – mitverursacht durch die Braunkohlekraftwerke in der Lausitz – hat zwar in den 1970er und 1980er Jahren auf den Kammlagen verheerende Schäden angerichtet; die Wiederaufforstung ist aber bereits in vollem Gange.

Die vorherrschende Gesteinsart des Isergebirges ist Granit. Geologisch bildet es mit dem Riesengebirge eine Einheit. Dessen mittlerer und nördlicher Teil – mit dem weiten Talkessel um Jelenia Góra – besteht auch aus Granit; südlich des Kamms dominieren Glimmerschiefer und Gneis. Aufgetürmt hat sich dieses Granitmassiv vor rund 400 Millionen Jahren, während der sogenannten variskischen Faltung im jüngeren Paläozoikum (Erdaltertum). Nach tektonischen Brüchen und Verwerfungen am Ende des Tertiärs – vor fünf bis zehn Millionen Jahren – erreichten die Berge schließlich ihre heutige Höhe. ›Jung‹ sind dagegen die Gletscher im Elb- und im Riesengrund: Sie stammen aus der Eiszeit vor rund zwei Millionen Jahren.

Klima und Reisezeit

Auch der heißeste mitteleuropäische Hochsommer lässt den Feriengast im Riesengebirge nur maßvoll und freiwillig ins Schwitzen kommen. Denn selbst im wärmsten Monat Juli bewegt sich die Durchschnittstemperatur in den Tälern und im Vorland nur zwischen 15 und 18 Grad – bestes Wanderwetter. Je höher man steigt, desto kühler wird es. Die Temperatur nimmt pro hundert Höhenmeter jeweils um ein halbes Grad ab und liegt auf der Schneekoppe im Sommer bei 8 bis 9 Grad – dafür ist es dort oben aber auch wesentlich sonniger als in den schattigen Waldtälern.

In den Herbst- und Wintermonaten stellt die sogenannte Inversion die Temperaturverhältnisse häufig auf den Kopf: Weiter oben ist es dann manchmal plötzlich wochenlang wärmer und gemütlicher als in den Niederungen. Das passiert, wenn sich die untere Schicht der Atmosphäre abkühlt und die schwere kalte Luft von den Bergen in die Täler rutscht. Während diese dann in dickem, feuchtkaltem Nebel versinken, glänzen Hänge, Bergwiesen und Kammwege in angenehm mild-warmer Sonne, vor allem auf der Südseite, wo auffällig mehr Häuser und Bauden stehen. Allerdings kann es auf den Gipfeln – besonders im Winter im Gebiet um die rauhe Schneekoppe – auch recht stürmisch werden. Mit Geschwindigkeiten von bis zu 50 Metern in der Sekunde bläst der vorwiegend aus Westen und Südwesten kommende trockene Föhnwind dann über Kamm und offene Hochebenen.

Die Niederschläge sind abhängig von der Höhenlage und der Sonneneinstrahlung. Auf dem Kamm fallen im Jahr durchschnittlich 1200 bis 1600 Millimeter Niederschlag, im Gebirgsvorland etwa 800 Millimeter. Das Riesengebirge zählt

Insbesondere der Frühsommer und der Herbst bieten sich für Wanderungen an

damit zu den niederschlagsreichsten Regionen Mitteleuropas. An Sommernachmittagen muss man auch schon mal mit einem schnellen Wetterumschwung und Gewittern rechnen und sollte Anorak und trockene Zweitsocken im Rucksack haben.

Der Wechsel der Jahreszeiten ist deutlich. Das Riesengebirge rühmt sich zu Recht, eines der schneesichersten Mittelgebirge Europas zu sein, in dem man normalerweise noch zu Ostern skilaufen kann: Der erste Schnee fällt häufig schon im September, der letzte oft erst im Mai. Auf dem Kamm schneit es durchschnittlich rund 120 Tage, auf der Schneekoppe sogar 170, im Gebirgsvorland immerhin noch etwa 50 Tage im Jahr. Die weiße Pracht bleibt hier erfreulicherweise den ganzen Winter und an ein paar sonnengeschützten Flecken selbst im Sommer liegen. Schneehöhen von zwei bis drei Metern auf den Bergen sind keine Seltenheit. Nach Schneestürmen im Januar und Februar oder bei raschem Tauwetter im Frühling können sich diese Schneemassen in Lawinen entladen. Einige lawinengefährdete Gebiete sind in den Wintermonaten gesperrt. Das schlimmste Lawinenunglück in der Geschichte des Riesengebirges ereignete sich am 20. März 1968 im Biały Jar (Seifengrube) auf der polnischen Seite der Berge. Dabei kamen 19 Menschen ums Leben.

Das beste Wintersportwetter herrscht im Riesengebirge in den Monaten Februar und März, wenn günstige Schneeverhältnisse, Sonne und annehmbare Temperaturen zum Skilaufen einladen. Der Frühling beginnt im April, in den Kammlagen erst im Mai oder Juni. Die Sommerferienmonate Juli und August mit ihren schönen Sonnentagen bringen gutes Wanderwetter, sind jedoch gelegentlich unbeständig und dunstig. Auch mit plötzlichen Regenfällen und Gewittern muss man im Sommer rechnen. Riesengebirgskenner bevorzugen deshalb als beste Reisezeit den September und die erste Oktoberhälfte. Das ausgeglichene milde Wetter bietet dann die klarste Sicht auf die frühherbstliche Farbenpracht der Berge.

Pflanzen- und Tierwelt

Lockere Buchen- und Mischwälder mit Bergulmen, Tannen, Fichten und Ahornbäumen, wie sie für die unteren Regionen des Riesen- und auch des Isergebirges typisch waren, begegnen dem Besucher nur noch selten. Sie sind zum großen Teil abgeholzt und durch wirtschaftlich ertragreichere Fichten-Monokulturen ersetzt worden. Da Fichten den Boden versauern und viel Schatten werfen, sind von dem einst reichlich sprießenden Unterholz und -wuchs teilweise nur einige Farnkraut- und Gräserarten übriggeblieben. Eine Ausnahme bilden manche Kahlschläge, die zu saftigen Weiden und Feuchtbiotopen geworden sind. Dort blühen Frühlingsknotenblumen und mehrere Orchideenarten. In der Nähe von sprudelnden Bächen wachsen Pestwurz und Alpen-Milchlattich.

Der Schwalbenschwanz-Enzian liebt feuchte Wiesen und Flachmoore

Die mit den Bergbauden und ihrer Landwirtschaft entstandenen höhergelegenen Heuwiesen und Weideflächen sind die Lebensgrundlage für so seltene Pflanzen wie die Böhmische Glockenblume, das Gelbe Stiefmütterchen und den Schwalbenwurz-Enzian. Seitdem die Bergwiesen nicht mehr regelmäßig gemäht werden, wird die sommerlich-bunte Blütenfülle allerdings immer mehr von schnellwachsenden Wucherpflanzen verdrängt. Am Wegrand sprießen Heidelbeeren und Preiselbeeren. Auch Kräuter- und Pilzsammler kommen im Sommer auf ihre Kosten.

An der Waldgrenze zwischen 1200 und 1400 Metern schrumpfen die stattlichen Fichten schnell zu kniehohen holzigen Sträuchern, die trotz ihres Krüppelwuchses über hundert Jahre alt werden. Typisch für diese subalpine Region sind außerdem Borstgraswiesen und – wie in Malá Úpa und im Isergebirge – Hochtorfmoore, die aus abgestorbenen Torfmoosen bestehen. Da das Klima dem im nördlichen Skandinavien ähnelt, haben hier Pflanzen überlebt, die in der späten Eiszeit in ganz Mitteleuropa heimisch waren, zum Beispiel die Schellbeere, das Sudeten-Läusekraut und das Lindberg-Torfmoos.

Im rauhen Klima der bis zu 1500 Meter hohen Gipfel wächst nicht einmal mehr Knieholz. Nur Flechten scheinen sich auf den Steinen als grüngelbe Flecken abzuzeichnen. Um so überraschter ist man, hier oben zwischen Geröll noch auf einige besonders zarte Pflänzchen zu treffen: die Zwergprimel (Primula minima), auch Habmichlieb genannt, die Alpenkuhschelle und einige Habichtskrautarten, die nur hier im Riesengebirge und sonst nirgends auf der Welt zu finden sind.

Die reichhaltigste Flora trifft man aber in einigen windgeschützten Gletschermulden mit steilem Rand, sogenannten Karen. Weil darin Pflanzen verschiedener Vegetationszonen in bunter Vielfalt nebeneinander blühen, heißen sie hier zahrádky (Gärten): Śertova zahrádka (Teufelsgarten), Krakonošova zahrádka (Rübezahls Garten), Šustlerova zahrádka (Schustlers Garten). In den ›Gärten‹ wachsen die Sudetenvogelbeere, der dunkle Süßklee, die Prachtnelke, der Gegenblättrige Steinbrech, der Rosenwurz und der fleischfressende Rundblättrige Sonnentau.

Pflanzenfresser sind die größten Tiere des Riesengebirges: Hirsch und Reh. Einen Rothirsch bekommt mit etwas Glück auch mal der Wanderer zu Gesicht. Die großen Raubtiere sind verschwunden: Schon 1802 wurde der letzte Braunbär erlegt, ein paar Jahrzehnte später der letzte Wolf geschossen; dann traf es auch Luchs und Wildkatze. Deshalb tummeln sich die kleineren Raubtiere heute relativ zahlreich: Fuchs, Baum- und Steinmarder, Mauswiesel und Dachs. Dagegen sind einige der imposantesten Raubvögel wie Steinadler und Wanderfalke nicht mehr vertreten. Beobachten kann man aber Mäusebussarde, Habichte und Sperber. Von den Waldvögeln sind Auerhuhn und Haselhuhn selten, das Birkhuhn häufiger anzutreffen. In den Fichtenwäldern nisten Buchfinke, Gimpel, Specht, auch die Ringdrossel und der Fichtenkreuzschnabel. Tiefer im Wald hört man den Uhu, den Sperlings- und den Rauhfußkauz. Zwischen den Krüppelfichten und in den Torfmooren flattern Bergpieper und Wiesenpieper, gelegentlich auch mal ein Alpenzeisig herum. Den früher hier heimischen, aus Skandinavien stammenden Mornell-Regenpfeifer bekommt man nur noch als Zugvogel zu Gesicht, dafür aber in Felsgegenden den Steinschmätzer und den Turmfalken sowie rings um die Schneekoppe die rare Alpenbraunelle. Eine Eiszeit-Überlebende ist die Alpenspitzmaus, die im Knieholz ihre Schlupfwinkel hat.

Der Riesengebirgs-Nationalpark

Schon im Frühjahr 1923 reichte der angesehene Botaniker František Schustler seinen Vorschlag für einen Riesengebirgs-Nationalpark ein. Einige Jahrzehnte gingen jedoch noch ins Land, bis Schustlers Idee Wirklichkeit wurde. Heute gibt es sowohl auf der polnischen als auch auf der böhmischen Seite einen Riesengebirgs-Nationalpark. Der 55 Quadratkilometer große polnische Karkonoski Park Narodowy (KPN) existiert seit 1959. Er umfasst vor allem die sensiblen Hoch- und Gipfellagen des Gebirges ab etwa 900 bis 1000 Meter Höhe und einige besondere Naturreservate unterhalb dieser Zone. Sein größeres tschechisches Pendant – Krkonošský Národní Park (KRNAP) – umfasst eine Fläche von 385 Quadratkilometern und besteht seit 1963. Unter Schutz stehen nicht nur die subalpinen Kammlagen, sondern auch die Bereiche bis an den Fuß des Gebirges. Seit 1992 hat das Gebiet außerdem den Status eines UNESCO-Biosphärenreservats. Beide Parks zusammen bilden eines der umfangreichsten Naturschutzgebiete Europas. Innerhalb ihrer Parks richten die Riesengebirgsranger ihre wachsamen Blicke auf besonders wertvolle Perlen: die Schneegruben, den Großen und den Kleinen Teich, die Elbe- und die Aupa-Quelle. Sie kümmern sich um alte Bäume und geschützte Pflanzen- und Tierarten.

In den Jahrzehnten vor 1989 war das größte Umweltproblem der Region die von den Schwefeldioxidemissionen der Braunkohlekraftwerke verursachte Luftverschmutzung. Sie führte dazu, dass sich das Waldsterben immer weiter in Riesen- und Isergebirge hineinfraß. Nach dem Zusammenbruch des Kommunismus begann mit Unterstützung der holländischen Stiftung FACE die systematische Wiederaufforstung, so dass man heute bei Wanderungen im Riesengebirge vielerorts immer wieder auf relativ frisch gepflanzte Bäumchen trifft. Die KRNAP-Verwaltung kümmert sich auch um die Pflege und Erneuerung der Waldwege sowie der Trassen für Skiläufer und Mountainbiker. Sie hat Lehrpfade angelegt, Ausstellungen und Informationszentren eingerichtet und gibt die naturkundliche Zeitschrift ›Krkonoše‹ heraus.

Abenteurer und Handwerker

Lange blieb das Riesengebirge eine rauhe, unzugängliche Region, in die sich kaum Menschen wagten. Zu den ersten Pionieren, die in diese Urwaldwildnis vordrangen, gehörten die geheimnisumwitterten Walen. Angelockt hatte sie die Kunde von märchenhaften Goldfunden. Immerhin: Für einige von ihnen scheint sich die Hoffnung auf den schnellen Taler erfüllt zu haben. Sie kamen im 13. Jahrhundert aus Venedig, Bologna und Florenz und wurden deshalb in Böhmen und Schlesien die Wälschen oder die Walen genannt. In ihren Walenbüchern haben die sagenumwobenen Schatzgräber geheimnisvolle Wegbeschreibungen, abergläubisch anmutende Deutungen und Ratschläge für Goldsucher hinterlassen. Anhand von Skizzen lassen sich einige Wege noch heute wiederfinden. Einer der Autoren, Antonius de Medici aus Florenz, lieferte zugleich die erste handschriftliche Reisebeschreibung des Gebirges.

Die italienischen Abenteurer wuschen nicht nur Gold in den Bächen am Fuß der Berge, sondern suchten auch nach Halbedelsteinen. Die fanden sie reichlich im Isergebirge. Kistenweise schickten die Walen Achate, Jaspise, Karneole und Bergkristalle nach Italien, die dort für bunte Fenster von Kirchen und Schlössern und für die Mosaiken von Rom und Ravenna verwendet wurden. ›Goldspendende Berge machten uns zu Herren‹, lautete der Spruch am Palast eines venezianischen Schatzgräbers.

Das wilde Riesengebirge war damals ein Einwanderungs- und Kolonisationsgebiet. Der böhmische König Ottokar II. hatte Anfang des 13. Jahrhunderts fränkische Siedler ins Land geholt, die sich im südlichen Vorland niederließen. Benediktinermönche bezogen 1249 das Kloster Grüssau nahe der Boberquelle und überließen es 40 Jahre später den Zisterziensern. Sächsische Bergleute begannen um 1400 nach Erzen zu graben. Der Wald lieferte Bau-, Gruben- und Brennholz. Holz und reichlich vorhandener Quarzsand bildeten die Grundlage der Glasmacherei, die weitere Siedler anzog. Wenn die Umgebung einer Glashütte abgeholzt war, wurde die Hütte geschlossen und weiter hinein in den Wald verlegt. Schreiberhau ist auf diese Weise gewachsen. Auch die im westlichen Teil des Riesengebirges gelegenen Orte Rokytnice und Harrachov sind als Glasmachersiedlungen entstanden.

Die Wasserräder der Glasschleifereien wurden von Gebirgsbächen angetrieben. Das Wasser wurde auch gestaut, um Holzstämme flößen zu können, was viel Kraft und Geschicklichkeit verlangte. Die für die Glashütten gerodeten Flächen beackerte man und baute Getreide an. Im Talkessel von Jelenia Góra mit Erfolg, doch je höher man kam, desto bescheidener wurde die Ernte. Weiter oben wuchsen dann gerade noch Kartoffeln und kümmerlicher Hafer.

Die erzwungene winterliche Muße war lang. Eine existenzsichernde häusliche Beschäftigung musste her und fand sich in der Leinwandweberei, »weilen sich Bauern und viele arme Leute, wenn sie mit der Ackerarbeit nicht zu tun haben, hiervon ernähren müssen«, wie es in einem Bericht von 1590 heißt. In Jelenia Góra wurden Schleierstoffe gewebt und bis nach Spanien geliefert.

Während der Reformation verwüsteten Hussiten das Kloster Grüssau in Niederschlesien; als die Gegenreformation wieder Oberwasser hatte, revanchierte sie sich und jagte die Protestanten aus dem Land. Die Religionsflüchtlinge fanden in den Bergen Zuflucht. Um das Jahr 1700 kamen auch zwei Prager Studenten der Medizin, die wegen eines Duells untertauchen mussten, ins Riesengebirge. Mangels Doktordiplom verlegten sie sich auf die Fabrikation von Naturheilmitteln und wurden die Stammväter der Zunft der Laboranten von Krummhübel (Karpacz).

Das Wissen um die heilende und belebende Wirkung von Kräutern, Wurzeln und Beeren war im Riesengebirge schon lange verbreitet. Die geheimen Rezepte für die daraus gebrauten Hausmittel und Wässerchen wurden in wunderlich abgefassten Rezeptbüchern festgehalten und jeweils vom Vater auf den Sohn weitervererbt. Durchreisende nahmen die kostbaren Elixiere gelegentlich auch mit in die Ferne. Die Laboranten machten daraus ein florierendes Gewerbe. Ihre

Ein Webstuhl im Riesengebirgsmuseum in Vrchlabí

Zunft wachte über die fünfjährige Ausbildungszeit des Nachwuchses, über Preise und Absatzmärkte. Die Gerätschaften, Gefäße und Zutaten zur Arzneiherstellung bewahrten die Naturapotheker in ihren Häusern auf. Von den schlichten Bauern ihrer Nachbarschaft unterschieden sich die Laboranten durch Bildung, Lateinkenntnisse und Wohlstand. »So heimsten sie durch rührige Arbeit ansehnliche Vermögen ein, und schon gegen Ende des achtzehnten Jahrhunderts waren Leute unter ihnen, die 30 000 Taler und mehr besaßen.« So Theodor Donat in seinem Buch ›Die riesengebirgischen Laboranten‹. Für die schlesischen Kräuterelixiere interessierte sich Anfang des 19. Jahrhunderts auch der Destillateur- und Brauergeselle Christian Körner in Stonsdorf (heute Staniszów). Das Ergebnis war der ›Stonsdorfer‹, ein Waldheidelbeerlikör, der noch heute – wenn auch nicht im Riesengebirge – nach dem Originalrezept hergestellt wird.

Alpenländischen Ursprungs war ein Wirtschaftszweig, der sich weiter oben in den Bergen auszubreiten begann – die Baudenwirtschaft. Aus Tirol, Kärnten und der Steiermark kamen Bergleute und Holzarbeiter ins Riesengebirge, die wie zu Hause in den Alpen Ziegen und Rinder hielten. Als Holzgewinnung und Bergbau zurückgingen, machten sie die Viehwirtschaft zu ihrer Lebensgrundlage. Sie weideten das Vieh auf Lichtungen und direkt im Hochwald, später auch auf den Höhen an der Waldgrenze. Dort oben bauten sie Blockhütten aus übereinandergelegten, behauenen Baumstämmen. Die Fugen wurden mit Moos oder Lehm zugestopft, das Dach mit Schindeln gedeckt – fertig war die Baude. So entstanden die Martinsbaude, die Bradlerbauden und auch die Wiesenbaude, heute eines der größten Berghotels Europas.

Am stärksten blühte die Baudenwirtschaft im 18. Jahrhundert, als in den Bergen hochherrschaftliche Bauden mit großen Viehherden errichtet wurden. Nach der Aufhebung der Leibeigenschaft 1781 wurden sie an die Bergbewohner verkauft oder verpachtet. Neue Bauden wie die Spindlerbauden, die Peterbaude und die Davidsbaude kamen hinzu. Im 19. Jahrhundert waren es im ganzen Riesengebirge ungefähr 2500. Oft an Wegkreuzungen gelegen, entwickelten sich aus den Bauden die ersten Schank- und Gasthäuser wie zum Beispiel die 1653 errichtete Hampelbaude (heute Strzecha Akademicka) am alten, schon im 9. Jahrhundert benutzten ›Schlesingschen Weg‹, der von Hohenelbe durch das Aupa-Moor und weiter über den Kamm nach Hirschberg führte.

Unterwegs in den rauhen Bergen waren damals noch keine Vergnügungsreisende, sondern Leute, deren Gewerbe es erforderte: Händler und Hausierer, Jäger und Wilddiebe, Räuber und Polizisten, wandernde Handwerksgesellen und Schmuggler. Für letztere bot sich lohnende Betätigung, nachdem Friedrich der Große nach mehreren Kriegen die Provinz Schlesien der Habsburgerin Maria Theresia weggeschnappt und mit dem Hubertusburger Frieden von 1763 seinem Königreich Preußen einverleibt hatte. Jetzt verlief auf dem Kamm des Riesengebirges die preußisch-österreichische Staatsgrenze. Die sicherte manchem Pascher, wie sich die Schmuggler hier nannten, seine bescheidene Existenzgrundlage. Branntwein, Tabak – also auch schon damals – und Papier waren die gängigsten Schmuggelwaren. Der Herbst war die Zeit für ein gleichfalls lichtscheues Gewerbe, dem vor allem im Isergebirge nachgegangen wurde: der Vogelstellerei.

Spinnabend im Riesengebirge

»Besonders zur Winterzeit, wenn der Schnee so hoch liegt, dass man nur mit Mühe von einem Haus zum anderen gelangen kann, da ist die Zeit der Spinnabende. Da kommen Männer, Frauen, junge Mädchen und die jungen Burschen des Dorfes bald bei diesem, bald bei jenem Nachbar zusammen. Die niedrige Holzstube wird vom Spanleuchter erhellt. Es ist dies ein länglicher vierbeiniger Holzschemel, auf dem eine in die Höhe ragende Holzzwinge befestigt ist. In diese werden vom Spinnstubenvater, das ist der jeweilige Hauswirt, die zwei bis drei Finger breiten trockenen Buchenspäne, auch Kienspäne genannt, hineingezwängt, immer wieder abgerispelt und dann wieder durch neue ergänzt. Die ganze Beleuchtung gibt der Spinnstube ein eigenartiges, schwermütiges Gepräge.

Wenn dann die Räder schnurren und jene uralten, längst verklungenen Volksweisen dazu ertönen, die Flachsklopfe in gleichmäßigen Schlägen auf den großen Buchenklotz saust, die Hechel knarrt und die Weife summt, dann ist Spinnstubenstimmung. Da hört man ein leises Hüsteln. Es kommt aus der Ofenhölle, wo auf dem niedrigen, sogenannten Höllenschemel die Großmutter sitzt. Wegen ihres Alters kann sie nicht mehr spinnen, aber trotz des zahnlosen Mundes noch erzählen, wie sie selber behauptet: ewig und drei Tage lang. Das Hüsteln war das Zeichen für das Stillstehen der Räder, denn nun lauscht alles den Erzählungen der Großmutter. Sie weiß zu erzählen: vom Großen Leuchter, von den Irrlichtern, vom Wilden Jäger, der in Begleitung eines dreibeinigen Hasen nachts durch die Wälder ritt, vom siebenköpfigen Drachen, von den Busch- und Moosweiblein, die den auf dem Felde arbeitenden Frauen die Kinder vertauschten und ihnen einen Wechselbalg in die Wiege legten, von den Graumännlein, vom Mann ohne Kopf, von den Elfen und Wassernixen und wie die Sagen alle heißen.

Da unsere abergläubischen Gebirgsbewohner noch an das Vorhandensein dieser unheimlichen Wesen glauben, so ist es kein Wunder, dass Furcht und Zittern die Spinnstubenleute beherrscht. Niemand wagt es darum, jetzt allein nach Hause zu gehen. Kein Wunder, dass alle entsetzt auffahren, als es plötzlich draußen mit lauten Schlägen an die hölzernen Fensterläden klopft, glauben sie doch, der leibhaftige Gottseibeiuns käme schon zur Tür herein. Der Spinnstubenvater aber weiß, was das Klopfen zu bedeuten hat. Er geht hinaus, schiebt den mächtigen Holzriegel, der die Tür verschließt, weg und führt eine Schar junger Burschen herein. Die jungen Burschen verstehen es gar bald, die furchtsamen Gedanken zu verscheuchen. Sie treiben allerhand Kurzweil, blasen den Mädchen den Flachs ins Gesicht, greifen in die Speichen der Spinnrädchen und necken auf die mannigfaltigste Weise. Aber auch die jungen Mädchen sind nicht auf den Mund gefallen und verstehen es trefflich, Gegenrede zu geben. So sagen sie, vom vielen Netzen des Fadens sei ihnen die Zunge ganz trocken geworden. Das lassen sich die jungen Burschen nicht zweimal sagen. Dann wird ›gewimmert‹, das heißt, jeder gibt einen ›Böhm‹ (ein Silbergroschen), und der Spinnstubenvater geht in die nahe Schenke und holt dafür einen süßen ›Rosol‹. Im Nu sind Spinnräder, Spanleuchter, Hechel und Weife beiseite geräumt, und unter den Klängen einer Harmonika, die ein Bursche trefflich zu spielen versteht, drehen sich die Paare in der großen Holzstube.«

Aus: Wilhelm Müller-Rüdersdorf, Das Riesen- und Isergebirge, Leipzig 1925

Weder in Preußen noch in Österreich ließ sich verhindern, dass der wichtigste Gewerbezweig, die Leinenindustrie, im 19. Jahrhundert immer mehr an Boden verlor. Das bekamen vor allem die Heimarbeiter zu spüren. Viele von ihnen waren jedoch trotz aller Not nur schwer dazu zu bewegen, ihre heimeligen Bauden zu verlassen und in den nun entstehenden mechanischen Spinnereien, Webereien, Sägewerken und Papierfabriken zu arbeiten.

Wenn an klaren Herbsttagen Vogelschwärme aus dem nördlichen Europa über den Kamm der Sudeten in den sonnigen Süden zogen, gingen die ›číhari‹, die Vogelfänger, auf die Jagd. Auf dem Rücken trugen sie das Gestell mit ihrer Ausrüstung: Holzkäfige mit Lockvögeln, mit Mistelsaft und Leinöl bestrichene Leimruten, Netze und selbstgebaute Fallrahmen. In gut getarnten Verstecken warteten die Vogler auf ihre Beute. Näherte sich ein Schwarm, begannen die abgerichteten Lockvögel zu rufen. Wenn sich der Schwarm dann auf den Sträuchern des Vogelherdes niedergelassen hatte, griffen die Vogelsteller zu. Sie fingen vor allem Grünfinken, Zeisige, Stieglitze, Ringeltauben, Gimpel und Drosseln. Die Vögel landeten in der Küche des Schlosses Friedland am Ostrand des Isergebirges, aber auch in den Kochtöpfen der Bergbewohner. Nachdem Österreichs Behörden 1872 die Vogelstellerei verboten hatten und die Zubereitung von Vögeln als Speise in Vergessenheit geriet, starb die zweifelhafte Beschäftigung dennoch nicht aus. Singvögel wurden in die Städte verkauft und erfreuten sich dort großer Beliebtheit, besonders der rote Fichtenkreuzschnabel: Seine Anwesenheit sollte das Haus vor Blitzschlag bewahren.

Baumeister und Künstler

Heiligenstatuen und Marterln, Kreuzwege und Kapellen, Marktplätze mit barocken Brunnen und schattigen Laubengängen: An Oberbayern oder Tirol fühlt sich manchmal erinnert, wer durch Dörfer und Kleinstädte am Fuß des Riesengebirges spaziert – vor allem im böhmischen Teil, der länger als Schlesien zur Habsburger Monarchie gehörte. Eine Meisterleistung barocker Bildhauerkunst ist die schöne Mariensäule von Žacléř. Auf dem Marktplatz von Jilemnice (Starkenbach) sind die Jungfrau Maria, die heilige Barbara und die heilige Maria Magdalena zu bewundern. Die Statuengruppe entstand um 1720 in der Werkstatt von Matthias Bernhard Braun, dem bedeutendsten böhmischen Barockbildhauer. Von ihm stammt auch die berühmte Statuenreihe im Schloss Kuks im südöstlichen Riesengebirgsvorland. Sehenswerte Barockkirchen finden sich in Rokytnice und in Trutnov (Trautenau). Klöster aus der Barockzeit stehen in Vrchlabí und in Hostinné. Die Renaissancekirchen in Dolní Lánov und Horní Maršov sind barock umgestaltet worden.

Die trutzigen Burgen, die im frühen Mittelalter als Grenzfestungen und zum Schutz der das Gebirge überquerenden Handelswege errichtet wurden, sind längst verfallen und verschwunden oder als malerisch überwucherte Ruinen Teil der Landschaft geworden. Die bekannteste ist die Burgruine Chojnik (Kynast) bei Jagniątków (Agnetendorf).

Manche ehemaligen Grenzfesten sind im 16. und 17. Jahrhundert zu Renaissanceschlössern umgebaut worden. Viele dieser Herrensitze gehörten dem weitverzweigten Adelsgeschlecht der Grafen Schaffgotsch. Der Geist der Romantik, der in den Parks und Schlösschen im Hirschberger Talkessel lebte, drückte sich in Grotten, Tempeln, Wasserspielen und Plastiken aus. Joseph von Eichendorff, in Oberschlesien geboren, ließ sich in seinen Dichtungen (›Aus dem Leben eines Taugenichts‹) immer wieder davon inspirieren. Gerade angesichts von Vergänglichkeit und Verfall kann sich der heutige Besucher gut in diese etwas melancholische Stimmung hineinversetzen. Er muss nur aus dem Auto steigen und sich Zeit lassen.

Das Schloss von Vrchlabí, in dem heute die Verwaltung des böhmischen Riesengebirgs-Nationalparks residiert, entstand Mitte des 16. Jahrhunderts nach französischem Vorbild. Einige der alten Schlösser haben im eher zweckorientierten 20. Jahrhundert ungeahnte neue Verwendungen bekommen. Ins Schloss von Hostinné zog beispielsweise eine Papierfabrik ein, ins Schloss von Rudnik eine Brauerei.

Bescheidener war die Volksarchitektur der Behausungen, in denen die Gebirgsbewohner lebten. Ihre ebenerdigen Fachwerkhäuser haben meist nur drei Räume – Diele, Stube, Kammer. Je höher man in die Berge kommt, desto kleiner werden die Häuser; sie schließen unter ihrem Dach auch noch den Stall mit ein. Oft ist der Hang, an den sich das Haus anlehnt, so steil, dass die Mahd unmittelbar in den Heuboden gefahren werden konnte. Die Holzbalken sind grau, schwarz oder rot gestrichen, die Lehm- und Kalkstreifen dazwischen weißgetüncht. Über dem Herd hängen verzierte Porzellan- oder Steingutteller, auch Truhen und Schränke sind bemalt. An der Wand tickt der ›Seeger‹, eine Art Schwarzwälder Uhr mit buntem Zifferblatt. Über der Haustür prangt eine fromme Inschrift. Umgeben ist die Behausung des Gebirglers von aufgestapelten Holzvorräten und einem kleinen Kräutergarten.

Maler haben sich von der Landschaft des Riesengebirges immer wieder aufs Neue begeistern lassen. Vor allem die Romantiker fanden hier Sujets und

Typisches Riesengebirgshaus bei Rokytnice

Caspar David Friedrich, Erinnerungen an das Riesengebirge (1835)

Inspiration. Bekannt sind ›Das Kreuz im Gebirge‹ von Caspar David Friedrich, der im Juli 1810 durch das Riesengebirge gewandert war, und Ludwig Richters ›Koppenträger‹. Stahlstiche von Richter illustrieren einen der ersten Riesengebirgs-Reiseführer, die ›Wanderungen durch das Riesengebirge und die Grafschaft Glatz‹ von Karl Herloßsohn, erschienen 1841 in Leipzig (Neuausgabe: München 1978). Moritz von Schwind malte sein berühmtes Bild von Rübezahl, dem Berggeist, das heute in der Münchner Schackgalerie hängt. Anfang des 19. Jahrhunderts bereiste der zweite amerikanische Präsident, John Adams, das Riesengebirge. Adams malte und berichtete in den ›Briefen aus Schlesien‹ von seinen Reiseeindrücken.

Das Riesengebirge und die Literaten

Zahlreiche deutsche Dichter ließen sich vom Riesengebirge zu literarischen Werken anregen. Auch Goethe, der auf seiner Italienischen Reise schon den Vesuv und später im Harz den Brocken bestiegen hatte, zog durch das Riesengebirge. Am 14. September 1790 wanderte er von Krummhübel zur Hampelbaude. Über das Nachtquartier dort berichtet ein Zeitgenosse:

»Beim Eintritt in die Baude fand ich sie unerträglich heiß, und mir war vor der Nacht bange, da der Ofen erst kurz vorher aufs neue geheizt war, und in der Stube noch eine Menge von Fremden mit ihren Führern und Trägern die Luft zum Atmen unbrauchbar machten. … Morgen wartet ein mühsamer Tag auf uns, zu dem man durch einen möglichst langen Schlaf Kraft sammeln sollte. Die

Anstalten dazu sind bereits gemacht: eine große Streu von frischem aromatisch duftendem Heu, worauf statt des Lakens und der Betten ein jeder seinen Mantel ausbreitet und zusammengewickelte Kleider unter den Kopf legt.«

Am Morgen bricht der 41-jährige Geheimrat aus Weimar zeitig auf zur Schneekoppe, wo ihn der Sonnenaufgang zu einem Epigramm anregt:

»In der Dämmerung des Morgens den höchsten Gipfel erklimmen,
Frühe den Boten des Tages grüßen, dich, freundlichen Stern!
Ungeduldig die Blicke der Himmelsfürstin erwarten,
Wonne des Jünglings, wie oft locktest du nachts mich heraus!
Nun erscheint ihr mir, Boten des Tags, ihr himmlischen Augen
Meiner Geliebten, und stets kommt mir die Sonne zu früh.«

Auch Theodor Körner bedichtete 1809 den ›Sonnenaufgang auf der Schneekoppe‹, und Heinrich von Kleist schrieb im Juli 1797 seine ›Hymne an die Sonne‹ ins Gästebuch des Gipfels. Das Heft bot aber auch Gelegenheit zu wütenden Missfallensbekundungen:

»Rübezahl du Raben Aaß,
Diese Reise war kein Spaaß,
Denn bey sehr kalten Winds, Sturm und Wettern
Und dem hinauf und nieder klettern,
Hatt ich meine Lust gebüst,
Und nach einer warmen Supp gedürst.

Christoph Baumerth/Musicus u.
Schumacher von Birngrütz.«

Ähnlich frustriert schimpfte ein Musiker-Kollege:

»Capellmeister Tob. Seemann ist genandt,
Der dieses schreibt mit eigner Hand,
Ich wollt lieber zu Hauß pfeiffen und geigen
Als mehr auf die Schneekopp steigen.«

Die Riesengebirgslandschaft und ihre Menschen hatten schon in den Dichtungen des 1597 im schlesischen Bunzlau geborenen Barockdichters Martin Opitz eine zentrale Rolle gespielt. Sie bildeten auch den Hintergrund für das literarische Schaffen von Gerhart Hauptmann, der 1862 in Obersalzbrunn geboren wurde. Seine bekanntesten Dramen ›Die Weber‹, ›Fuhrmann Henschel‹ oder ›Hanneles Himmelfahrt‹ atmen die Atmosphäre des schlesischen Riesengebirges und sind teilweise in der Mundart seiner Bewohner geschrieben. 1902 bezog Hauptmann sein maßgeschneidertes Haus Wiesenstein in Agnetendorf, wo er 1946 starb. Weniger bekannt ist sein älterer Bruder Carl, der als Novellist und Lyriker hervorgetreten ist:

Carl Hauptmann

»Meine Berge leuchten wieder
menschenfern und nachtbetaut,
atme wieder Heimatodem,
Wälder rauschen laut.

Und wie Kinder mich umringen
meine Quellen in der Nacht,
stehe stumm am Silberwasser,
wo's durch dunkle Erlen lacht -

Funkeln Sterne – rings in Weiten
hört man keinen Menschenlaut.
Meine Berge leuchten wieder
zauberstill und nachtbetaut.«

Das bedeutsamste Werk Carl Hauptmanns, der Roman ›Einhart der Lächler‹, erzählt das Leben des expressionistischen Malers Otto Mueller, der 1874 im Riesengebirge geboren wurde. Die Brüder Hauptmann lebten Anfang der 1890er Jahre gemeinsam in einem Haus in Mittelschreiberhau mit Blick auf den Gebirgskamm. Es bildete den Mittelpunkt der Künstlerkolonie Schreiberhau, zu der Maler, Gelehrte wie Wilhelm Bölsche und Werner Sombart und Dichter gehörten. Carl Hauptmann wohnte hier bis zu seinem Tod 1921. Noch heute gut bekannt ist sein ›Rübezahlbuch‹.

Theodor Fontane im Riesengebirge

Theodor Fontane (1819–1898) gehört nicht nur zu den bedeutendsten deutschen Romanciers des 19. Jahrhunderts, er war auch ein begeisterter Reisender und Wanderer, der seine Reiseerlebnisse literarisch festhielt. Berühmt sind die ›Wanderungen durch die Mark Brandenburg‹. Weniger bekannt ist die ausgeprägte Vorliebe, die der Dichter für das schlesische Riesengebirge hegte. Im Sommer, wenn er als Theaterkritiker in Berlin Ferien hatte, hielt er sich oft mit seiner Familie in Krummhübel und Umgebung am Fuß der Schneekoppe auf. Landschaft und Menschen Schlesiens sind in seine literarische Arbeit eingeflossen, mehrere Werke Fontanes sind dort entstanden. Zwischen 1868 und 1892 unternahm er insgesamt zehn Reisen ins Riesengebirge, Tagebuchaufzeichnungen und Briefe legen davon Zeugnis ab. Mit dem Schmiedeberger Amtsrichter Dr. Georg Friedlaender, der einer angesehenen jüdischen Gelehrtenfamilie aus Berlin entstammte, stand Fontane in langjährigem, engen Briefwechsel.

Im August 1868 reiste Fontane – er war damals 48 Jahre alt und Redakteur der Berliner Kreuz-Zeitung – erstmals ins Riesengebirge. Er kam mit der märkisch-schlesischen Gebirgsbahn in Hirschberg an und fuhr mit der Pferdekutsche weiter nach Erdmannsdorf, wo er ein Zimmer beim Ortsgendarmen Brey mietete. »Um

›Das magische Schweigen des Bodens‹

Versetze ich mich in die Zeiten zurück, als ich mich in der doch recht ungewöhnlichen Riesengebirgswelt heimisch machte, so registriert die Erinnerung eine neue Art der Verbundenheit mit der Natur. Diese bot sich ganz anders und in beinahe immer reger Dramatik dar, anspruchsvoller als in der Ebene oder am Fuß der Salzbrunner Vorberge. ... Hier war man von waldigen Bergen eingeschlossen. Man schritt bergauf oder schritt bergab, man schlängelte sich auf Fußsteigen über Lehnen und Böschungen, man verließ den Weg, kletterte, sich an Baumstämmen haltend, über Wurzelwerk oder rutschte ab. Ein Felstal, eng, granitenen Getürms links und rechts, tat sich auf, durchrauscht von den kupferfarbenen Wassern des Zacken. Sie schwollen mitunter gleichsam zu einem hüpfenden, springenden, rauschenden, tosenden, reißenden Heerwurm an. Etwas Befreites, Frohlockendes, Tolles lag darin. Da war im Gewirr der Blöcke des Flussbetts eine Tiefe, ein Stillstand, eine Teufe, wie der Gebirgler sagt. Sie führte den Namen ›Schwarze Wog‹. Hier hausten Nymphen und andere Berggeister. Die Holzfäller sagten, hier habe kein Lot je Grund gefunden. Ich sah mich nicht um nach Berggeistern oder nach Rübezahl. Es war aber trotzdem nicht zu verhindern, sie guckten mir durch die Fenster ins Haus hinein. Zu allen Zeiten des Lebens wirkt die Erinnerung, und immer wird sie, wenn auch die Lotung wie bei der Schwarzen Wog ins Grundlose fällt, in die Tiefen der Jugend hinabsteigen. ... Als ich hierher kam, ahnte ich kaum, in welchem Maße mich diese gewaltige Welt sich angleichen sollte. Sie umschloß mich mit ihrer tiefen Magie. Sie ließ nicht nach, mit der wilden Dramatik ihrer Gewölke, ihren Föhnen und Äquinoktialrasereien zugleich den Zauber der Jahreszeiten, den unerschöpflichen Reiz alpiner Schönheiten zu entfalten. Je mehr ich mich in das Damals hineinspinne, je ungeheurer in meinem kleinen Leben erstehen die Folgen dieses Schritts, der mich in diese Gebirge führte. Sie wurden die eigentliche Welt in der Welt für mich. Der Sinn meines Lebens in der Welt zum wahren Sein und Genießen darin ward mir hier erschlossen. Und ich wollte darüber hinaus nichts sehen, was nicht durch diesen Rahmen gesehen wurde ... Trat ich doch nur mit Überwindung aus ihm heraus und gewann durch alles das, was Höhen und Tiefen, Täler und Gipfel mir sagten, in die Tiefen und Höhen darunter und darüber hinaus einen unbeschränkten geistigen Blick ... Die Natur also stellte hier überall ihre Forderung. Nicht wie ein Despot, sondern ähnlicher einer Magna Mater, die ihre Reize nur dem Tüchtigen schenkt. Oft stiegen wir auf die Hochebene des Gebirgswalles über die Baumgren-

Gerhart Hauptmann um 1905

EXTRA

ze. Dort sind die sogenannten Bauden spärlich verstreut. Die Luft ist dünn, und man wandert leicht. Das Auge dringt weit über Schlesiens Erde. Wieder und wieder erstieg man die Schneekoppe, wo das Lichtphänomen eines Sonnenaufgangs bei klarem Himmel berauscht, fast betäubt. Die Stille des ›Kamms‹ – wer wollte es leugnen? – ist rätselhaft. Das magische Schweigen des Bodens nicht minder. Ich habe das nicht im Schwarzwald, auch nicht in den Alpen auch nur ähnlich gefühlt. Es ist aber eine sprechende Ruhe, ein sprechendes Schweigen, als könnte sich jeden Augenblick ein hunderttausend Jahre verschollenes, in die Geheimnisse des Granites gefesseltes und gebanntes Leben mythisch und mystisch wiederherstellen. An gewissen Stellen, so in der Nähe der Schneegruben, liegen Halden verwaschener Blöcke, die selbst einer nicht ganz leicht erregbaren Phantasie Formen und Lebewesen darstellen, Fische, Seehunde, Wasserjungfern von der Art, wie man sie da und dort im Mittelalter beschrieben hat. Türme ähnlicher Gebilde riesiger Granitblöcke zeigen sich. Pferdeköpfe, Turmsteine, Quarksteine, was augenscheinlich auf Zwerge deutet. Die alte Schieferkappe der Schneekoppe, Rest der Gesamtbedeckung, hat kleine Platten, die nach Veilchen duften, überdeckt mit Veilchenmoos. Köstlich hier oben in reinster Luft diese duftenden Steine. Nicht zu erschöpfen, wie hier Natur jeden Augenblick beschäftigte und gleichsam zwang, so wenig wie möglich von der unendlichen Fülle der Schönheit und Gewalt ihres Jahreslaufs zu versäumen.

aus: Gerhart Hauptmann, Die großen Beichten, Berlin 1966, S. 679–681.

Porträt Hauptmanns von Lovis Corinth, 1904

So sah Krummhübel etwa zur Zeit Fontanes aus

8 1/2 Uhr steh ich auf. Gustel bringt Kaffee und Buttersemmel. Dann blicke ich eine Viertelstunde ins Gebirge hinein und sauge Morgenluft. Mein Auge labt sich an dem Grün, mein Ohr an der Stille. Dies letztere ist ein ganz unsagbarer Genuß«, schrieb der Dichter an seine Frau. In diesem Sommer bestieg er von der Kirche Wang aus die Schneekoppe. Im nächsten Jahr – 1869 – quartierte er sich in Hermsdorf ein und speiste in ›Tietze's Hotel‹, damals das ›erste Haus am Platze‹. Im Juli 1872 kam Fontane mit seiner Frau Emilie zum ersten Mal nach Krummhübel. Sie wohnten wahrscheinlich im Haus Nr. 57, am sogenannten Gehängeweg. An seinem Lieblingsplatz, einer Bank am Eingang zum Melzergrund, schrieb Fontane das Einleitungsgedicht zum Band ›Havelland‹ der ›Wanderungen durch die Mark Brandenburg‹.

Nach zwölfjähriger Unterbrechung, 1884, kam Fontane wieder nach Krummhübel. Er nahm Quartier im Haus Nr. 41 von Fremdenführer Julius Schreiber, im mittleren Dorf, zwischen ›Gerichtskretscham‹ und Gasthof ›Zur Schneekoppe‹. Weil das Zimmer bei den Schreibers noch nicht frei war, musste er zunächst für drei Tage ins ›Augustabad‹ ausweichen, ein christliches Hospiz im Unterdorf. »Die Koppe sieht mir gerad ins offen stehende Fenster und die Wiesen vor mir tragen mir balsamische Luft zu«, schrieb Fontane an seine Frau, die später nachkam.

Seine Lieblingswege führten durch den Wald in die Orte Ober-Steinseiffen und Wolfshau. Dabei kehrte er gern bei Ehrenfried Brauner ein, dem Wirt des einsamen Gasthauses ›Zum Rabenstein‹. In seinem im Riesengebirge spielenden Roman ›Quitt‹ hat Fontane das Gasthaus unter dem Namen ›Rabenklippe‹ verewigt. Der Roman basiert auf der Geschichte eines Verbrechens, die Fontane vom Krummhübler Lehrer August Lösche erfuhr: Ein Förster war von einem Wilddieb erschossen worden.

ESSAY

Förster Opitz

Während Lehnert dieses Gespräch hatte, schritt der, dem all diese Drohungen galten, heimwärts auf Wolfshau zu, wo seine Försterswohnung mit der Menzschen Stellmacherei grenzte. Der nächste Weg nach Haus wäre der unten im Tal, an der Lomnitz hin, immer flussaufwärts, gewesen, er mied ihn aber, weil dieser nähere Weg ohne Wirtshaus war und er ernstlich vor hatte, sich bei einem Glase Bier und einem guten Gespräch von den Anstrengungen der Siebenhaarschen Predigt, die wie gewöhnlich gut, aber etwas zu lang gewesen war, zu erholen.

So stieg er dann, den Umweg nicht scheuend, die große Straße bergan auf Krummhübel zu, wo er sicher war, in dem prächtig gelegenen Wirtshause ›Zur Schneekoppe‹ den ersehnten guten Trunk und vor allem auch eine gute, das heißt eine gefällige Gesellschaft zu finden, die sichs angelegen sein ließ, ihn reden zu lassen und ihn bei jedem dritten Worte ›Herr Förster‹ zu nennen. Denn sich umworben und ausgezeichnet zu sehen und Ehre vor den Menschen zu haben, war das, wonach ihm zumeist der Sinn stand. Sein Hühnerhund Diana, der darauf dressiert war, die Predigt draußen auf einer von der Sonne beschienenen Kiesstelle zu verschlafen, folgte dicht hinter ihm, ein schönes, schwarz und weiß geflecktes Tier.

Und keine halbe Stunde, so bog er in Krummhübel ein, drin eine sonntägliche Stille herrschte. Links lief ein Wässerchen und schäumte, Hühner und Sperlinge pickten überall umher, wo eine Krippe gestanden hatte, und in der offenen Haustür lehnten einzelne Dorfbewohner und genossen der Sonntagsruhe.

»Guten Tag, Herr Förster«, sagte Gerichtsmann Klose, seine Pfeife respektvoll aus dem Munde nehmend, und »Guten Tag, Herr Förster«, wiederholte die nebenan wohnende, für gewöhnlich mit ihren Gunstbezeigungen etwas kargende Frau Böhmer den Gerichtsmann Kloseschen Gruß auch ihrerseits und trat aus ihrem Kramladen in die Dorfstraße hinaus, um dem Vorübergehenden die Hand zu geben, ja, sie schien ihn sogar anreden zu wollen. Des Försters Haltung aber war so steif und gemessen, dass selbst Frau Böhmer mit ihrer Frage zurückzuhalten für gut fand.

Und nun noch hundert Schritte, so stand unser Förster Opitz vor Exners ›Schneekoppe‹, trat aber nicht über den Schwellstein in den Flur, sondern bog gleich daneben in einen von einem Staketenzaun eingefassten Garten ein, in dem um einen plätschernden Springbrunnen herum und zugleich in Front einer großen Veranda viele Sommergäste saßen. Sich diesen zu gesellen, fiel Opitz aber nicht ein, weil er im Vorübergehen herausgehört hatte, dass es Berliner waren, also Leute, von denen eigener Eingebildetheit er für die seinige nicht viel zu erhoffen hatte. So ging er denn lieber auf eine kleine, von

Theodor Fontane, Gemälde von Carl Breitbach (1883)

wildem Wein umwachsene Holzlaube zu, wo noch niemand saß, und ließ sich hier an einem langen braungestrichenen Eßtisch nieder, von dem aus, unmittelbar an der Wand daneben, ein Klingeldraht nach dem Wirtshause hinüberführte. Diesen zog er. Die Bedienung war einigermaßen säumig, was ihn, weil er eine Verkennung seiner Wichtigkeit und Würde darin erblickte, sofort heftig ärgerte. Wirklich, sein ohnehin etwas auf Schlagfuß deutendes Gesicht wurde von Minute zu Minute röter, und erst den Hut vom Kopf nehmend und gleich danach das Sacktuch aus seiner Tasche ziehend, begann er sich in nervöser Unruhe bald mit dem einen, bald mit dem anderen zu beschäftigen. Endlich kam die Bedienung, eine schöne schwarzhaarige Person, von der es hieß, dass sie Kunstreiterin gewesen sei und als Kind durch fünf Reifen gesprungen sei, was ihr jetzt freilich etwas schwer hätte werden sollen, und entschuldigte sich, dass der ›Herr Förster‹ so lange habe warten müssen.

Quitt, Einband der Originalausgabe (1891)

»Schon gut, Marie, schon gut.« Und nun bestellte er sich eine Kulmbacher und ein Schnitzel. »Aber ohne Kapern und Sardellen!«

Die Kulmbacher kam denn auch bald, aber das Schnitzel au naturel ließ auf sich warten, und in der ihm sofort wiederkehrenden Unruhe nahm er diesmal, statt des Sacktuches, ein Notizbuch aus seiner Tasche und begann Einzeichnungen zu machen, die seiner Miene nach von besonderer Wichtigkeit sein mußten. In Wahrheit aber waren es bloß Krikelkrakel, bei deren gedankenloser Hinmalung er, aller Aufregung und Wichtigtuerei zum Trotz, nach der großen Veranda und den in Front derselben stehenden Tischen hinübersah.

Der ihm zunächst stehende Tisch war der unzweifelhaft anziehendste: zwei Herren und eine Dame saßen daran, mit ihnen zwei hübsche Kinder. Letztere freilich waren von einer Beweglichkeit, daß man sie kaum noch als Tischgäste rechnen konnte, woran neben angeborener Fahrigkeit vor allem der Springbrunnen schuld war, von dessen Staubregen sich treffen zu lassen, ein nicht enden wollendes Vergnügen für sie war. Die weißen Waschkleider machten denn auch bereits ihrem Namen Ehre und wurden in ihrer Durchnäßtheit nur noch von dem blonden Haar übertroffen, das in einzelnen langen Strähnen bis auf die rosafarbenen Schärpen herabhing.

»Geraldine«, sagte der ältere der beiden Herren, indem er sich der trotz ihrer neununddreißig immer noch sehr schönen Dame zuwandte, »du solltest es ihnen verbieten. Es ist weder opportun noch sanitätlich zulässig.«

»Aber unterhaltlich und vergnüglich«, antwortete die Dame mit sehr überlegener Miene. »Nur keine Philistereien, Espe; dazu hast du zu Hause Zeit genug, in unserem lieben schrecklichen Berlin.«

Theodor Fontane, Quitt, zitiert nach der Ausgabe Cotta'sche Buchhandlung 1926.

In seinem Tagebuch schreibt Fontane über diesen Urlaub: »Die ganze Krummhübler Zeit war so angenehm wie kaum irgendein Sommeraufenthalt früherer Jahre, was zur Hälfte an der Bravheit und Freundlichkeit der Wirtsleute, zur anderen Hälfte an den netten Leuten lag, die wir dort trafen.«

Im Sommer 1885 gefiel es Fontane in Krummhübel so gut, dass er dreieinhalb Monate blieb. Seine Spaziergänge führten ihn unter anderem auf den 628 Meter hohen Pfaffenberg zwischen Krummhübel und Ober-Steinseiffen. An die mit ihm befreundete Mathilde von Rohr schrieb er: »Hier ist es wundervoll, und ich bin voll Dank, dass ich mit 65, wo doch die meisten schon sehr klapprig sind, noch so schöne glückliche Tage leben kann. Ich kann arbeiten, in die Berge gehen, mit freundlichen Menschen plaudern und genieße dabei des Vorzugs, eine bei jedem Atemzug mich erquickende Luft zu atmen. In Berlin kann ich eigentlich nicht leben, und wenn nicht die Theaterstellung wäre, so würde ich Berlin aufgeben und in eine kleine Stadt ziehen, wie beispielsweise Schmiedeberg.«

Im August 1887 reiste Fontanes Tochter Martha nach Krummhübel und mietete eine Unterkunft im Haus Nr. 60 bei Meergans. Ihr Vater kam zwei Tage später nach. Das Mittagessen nahm man bei Rummler im Gasthof ›Goldener Frieden‹ ein. Adolf Meergans, der 1887 neun Jahre alt war, hat dem Krummhübler Heimatforscher Hans Reitzig 1940 von diesem Aufenthalt Fontanes – dem letzten in Krummhübel – berichtet.

Im Sommer 1888 quartierte sich Fontane in der Brotbaude in Brückenberg ein. (»In der Tat ein Einsamkeitspunkt, aber eine der Koppenstraßen führt an unserer Tür vorbei ...«) In diesem Jahr entstand die in Krummhübel spielende Erzählung ›Der letzte Laborant‹ über Ernst August Zölfel, den Fontane noch flüchtig gekannt hat. Als gelernter Apotheker interessierte sich Fontane besonders für die ›Laboranten‹ und ihre Mixturen. Auch 1890 wohnte Fontane wieder in der Brotbaude und unternahm von dort eine Wanderung zum Kleinen Teich und auf den Kamm zu der neuen, nach dem Bruder des Kaisers benannten Prinz-Heinrich-Baude. 1892 kam Fontane zum letzten Mal ins Riesengebirge. Er wohnte in der ›Villa Gottschalk‹ in Schmiedeberg. Sein Freund Dr. Georg Friedlaender hatte die Unterkunft für ihn besorgt.

Danach hat Theodor Fontane sein geliebtes Riesengebirge nicht mehr wiedergesehen. Als Schauplatz taucht es aber nochmals in seinem Roman ›Die Poggenpuhls‹ auf, der 1896 herauskam. Es war der letzte seiner Romane, der noch zu Lebzeiten Theodor Fontanes erschienen ist.

Rübezahl, der Geist der Berge

Rübezahl, die Sagen- und Kultfigur des Riesengebirges, sei so ›alt wie die Steine‹, berichtet Hauptmann. Von Forschern wird die uralte mythologische Gestalt auf den heidnischen Himmelsvater Wodan zurückgeführt, den im Sturmwind dahinbrausenden Nachtjäger. Später machte ihn die Volksphantasie zum schalkhaften Waldschrat, zum Kobold, der immer zu derben Späßen aufgelegt ist und es liebt, die Leute zu necken.

Die Sagenfigur Rübezahl wurde literarisch oft verarbeitet

Je nach Laune führt er Wanderer irre oder steckt ihnen auch silberne Löffel in den Ranzen. Er kann sich ein Bein ausreißen und damit Holz hacken, Laub verwandelt er in Gold. Den Henker von Hirschberg verulkt er, indem er statt des verurteilten Diebes einen Strohwisch an den Galgen hext, mit dem Delinquenten inzwischen aber fröhlich zecht.

Ein Bauer, der für seinen Geiz bekannt war, suchte einen Knecht, der ihm beim Dreschen des Korns helfen sollte. Als Lohn bot er ihm Getreide. Rübezahl ging hin, und als der Bauer seine kräftige Gestalt sah, stellte er ihn sofort in Dienst. Rübezahl verlangte als Lohn für zwei Wochen Arbeit nur soviel Korn, wie er tragen könne. Der Bauer war mit dem Geschäft sehr zufrieden. Rübezahl arbeitete zwei Wochen emsig von früh bis spät. Dann aber verlangte er seinen verdienten Lohn: Er nahm das gesamte Korn mitsamt der Scheune, lud sich alles auf den Buckel und verschwand über die Berge.

Einmal aber wird er selbst hereingelegt: Die schöne Fürstentochter Emma, die er entführt hat und heiraten will, verlangt als Beweis seiner Liebe und Treue, dass er die Rüben auf dem Acker zähle. Derweil er auf dem Feld zählt und rechnet, flüchtet sie unbemerkt auf einem schnellen Pferd zu ihrem Geliebten Ratibor. Fortan heißt Rübezahl Rübezahl und ist auf die Menschen nicht mehr so gut zu sprechen …

In der Literatur tritt er uns bereits im 16. Jahrhundert in einem Gedicht von Franz von Koeckritz entgegen, damals noch als unheimliches Berggespenst im Lomnitztal. Rübezahl-Geschichten, die im Volk erzählt wurden, sammelte und bearbeitete er zuerst in seiner ›Daemonologia Ribunzalii Selisii‹ von 1662. Ein reichliches Jahrhundert später folgten die fünf ›Legenden von Rübezahl‹ von Karl August Musäus, dem bedeutendsten deutschen Märchenerzähler und -sammler vor den Brüdern Grimm. Auch Maler wie Moritz von Schwind und Ludwig Richter haben sich mit Rübezahl beschäftigt.

Im Zeitalter des Tourismus ist der launische Verwandlungskünstler als urwüchsiger Berggeist mit langem Bart, kräftigen Waden und Knotenstock auf Ansichtskarten und Andenken zu sehen. Eingefleischte Riesengebirgswanderer sind davon überzeugt, dass Rübezahl – polnisch: Liczyrzepa – auch heute noch in den Bergen unterwegs ist.

EXTRA

Die Legende von Rübezahl

Ein nachdenklicher Rübezahl

Auf den oft und matt besungenen Sudeten, dem Parnaß der Schlesier, hauste in friedlicher Eintracht neben Apollo und seinen neuen Musen der berufene Berggeist, Rübezahl genannt... Dieser Fürst der Gnomen besitzt zwar auf der Oberfläche der Erde nur ein kleines Gebiet von wenig Meilen Umfang, mit einer Kette von Bergen umschlossen, und teilt dieses Eigentum noch mit zwei mächtigen Monarchen, die sein Kondominium nicht einmal anerkennen. Aber wenige Lachter unter der urbanen Erdrinde hebt seine Alleinherrschaft an... und erstreckt sich... bis zum Mittelpunkt der Erde. Zuweilen gefällt es dem unterirdischen Starosten, seine weitgedehnten Provincen in dem Abgrunde zu durchkreuzen, die unerschöpflichen Schatzkammern edler Fälle und Flöze zu beschauen, die Knappschaft der Gnomen zu mustern und in Arbeit zu setzen, teils um die Gestalt der Feuerströme im Eingeweide der Erde durch feste Dämme aufzuhalten, teile mineralische Dämpfe zu fahen, mit reichhaltigen Schwaden taubes Gestein zu beschwängern und es in edles Erz zu verwandeln. Zuweilen entschlägt er sich aller unterirdischen Regierungssorgen, erhebt sich zur Erholung auf die Grenzfeste seines Gebiets und hat sein Wesen auf dem Riesengebirge, treibt da Spiel und Spott mit den Menschenkindern, wie ein früher Übermütler, der, um einmal zu lachen, seinen Nachbar zu Tode kitzelt.

Denn Freund Rübezahl, sollt ihr wissen, ist geartet wie ein Kraftgenie, launisch, ungestüm, sonderbar; bengelhaft, roh, unbescheiden; stolz, eitel, wankelmütig, heute der wärmste Freund, morgen fremd und kalt; aber mit sich selbst in stetem Widerspruch; albern und weise, oft weich und hart in zween Augenblicken, wie das Ei, das in siedend Wasser fällt; schalkhaft und bieder, störrisch und beugsam; nach der Stimmung, wie ihn Humor und innerer Drang beim ersten Anblick jedes Ding ergreifen lässt.

Von Olims Zeiten her toste Rübezahl schon im wilden Gebirge, hetzte Bären und Auerochsen aneinander, daß sie zusammen kämpften, oder scheuchte mit grausendem Getöse das scheue Wild vor sich her und stürzte es von den steilen Felsenklippen hinab ins tiefe Tal. Dieser Jagden müde, zog er wieder seine Straße durch die Regionen der Unterwelt und weilte da Jahrhunderte, bis ihn von neuem die Lust anwandelte, sich an die Sonne zu legen und des Anblicks der äußern Schöpfung zu genießen.

In: Johann Karl August Musäus, Legenden vom Rübezahl (1782)

Der Tourismus

Ungeahnte Möglichkeiten brachte dem Gebirge der Anschluss ans Eisenbahnnetz. Mit der Einweihung der Riesengebirgsbahn vom preußischen Petersdorf ins österreichische Tannwald (heute Tanvald) 1902 wurde die Gegend als schnell und bequem zu erreichendes Erholungsreiseziel – zuerst vor allem von Sachsen und Berlinern – entdeckt. Großartige Landschaft und klare Gebirgsluft, Heilquellen und hervorragende Wandermöglichkeiten ließen den Tourismus bald zu einem florierenden Wirtschaftszweig werden. Geologen, Botaniker und Geographen setzten die naturwissenschaftliche Erforschung des Gebirges fort.

Begonnen damit hatte ein gewisser Christoph Schilling, Rektor der Hirschberger Lateinschule, der schon 1560 die Höhe der Schneekoppe gemessen hatte. In den Schulferien pflegte Schilling mit seinen Schülern in die Berge zu steigen – damals ein höchst wunderliches Unterfangen. Simon Hüttel, ein anderer früher Pionier des Bergwanderns, hielt in seiner Chronik fest, dass er 1577 elf Bürger von Trautenau (Trutnov) bei einem Ausflug in die Berge führte. Die Obrigkeit reiste schon damals etwas bequemer, wie aus einem alten Bericht hervorgeht:

»Der Hochwohlgebohrne des Heil. Röm. Reichs Ihro Excellentz Semper Frey Graff und Herr Christoph Leopold Schaffgotsche genant ›Ritter des Goldenen Flusses‹ haben Sonntags den 15. Sept. 1697 sich nach dem Mittagsmahl biß in diese Baude tragen lassen, und allhier über Nacht geblieben, heut Fruhe aber um 5 Uhr als den 16. Sept. sind Sie vollents auf die Riesenkoppe mit Dehro großen Vergnügen getragen worden, alda Sie die Heil. Meß in der Capellen gehöret, und alsdann Ihren Zuruckweeg wiedrumb nach Warmbrun genehmen; es ist aber auf der Riesenkoppe gantz neblicht gewest …«

Zur Messe in der im August 1681 geweihten Sankt-Laurentius-Kapelle pilgerten fünfmal im Jahr Mönche auf die Schneekoppe. Sie waren die eigentlichen Vorläufer der heutigen Riesengebirgstouristen. 1812 öffnete dort oben die erste Herberge mit Ausschank ihre Pforten. Im 19. Jahrhundert wurden viele alte Bauden in Berggasthöfe umfunktioniert oder – wie 1830 die Elbebaude – für touristische Zwecke neu gebaut. Die ersten Reiseführer erschienen und lockten immer mehr Gäste ins Riesengebirge. Für das Erschließen, Markieren und Instandhalten der Wanderwege sorgte der 1880 von dem Buchhalter Theodor Donat gegründete Riesengebirgs-Verein (RGV), der auch

Verirren unmöglich: Die Wanderwege sind hervorragend ausgeschildert

›Zimmer frei‹ – Einladung in Pec pod Sněžkou

die Monatszeitschrift ›Der Wanderer im Riesengebirge‹ herausgab. Beim Bau der Wege arbeitete der RGV mit dem ›Klub českých turistů‹ (KCT), dem Klub tschechischer Touristen, zusammen. Die Wegemarkierungen, die die Baudenwirte an Kreuzungen aufstellen ließen, waren in der Regel zweisprachig. Die österreichisch-deutsche Landesgrenze bildete damals kein Hindernis. Um die Jahrhundertwende zählte man auf der Schneekoppe schon 50 000 Besucher im Jahr!

Im Winter erfreuten sich Vergnügungsfahrten mit den ursprünglich vor allem für den Heutransport benutzten, bergauf von Pferden gezogenen Hörnerschlitten wachsender Beliebtheit. Um 1880 tauchten die ersten aus Skandinavien eingeführten Skier auf, und 1898 wurde in Hohenelbe der ›Verein Deutscher Skiläufer‹ aus der Taufe gehoben. Die Tschechen gründeten 1903 ihren ›Svaz lyžařů v Království českem‹ (Verband der Skifahrer im Königreich Böhmen). Nach norwegischem Vorbild versuchte man sich auch bald im Skispringen, wozu in Sankt Peter (heute Svatý Petr) bei Spindlermühle 1906 die erste Holzsprungschanze gebaut wurde. Die tollkühnen Champions jener Tage sollen darauf schon mehr als 20 Meter weit geflogen sein.

Der Wintersport zog noch mehr Touristen ins Riesengebirge. Wer heute in alten Reiseführern von Baedeker oder Grieben, von Woerl oder Meyer blättert, bekommt eine Vorstellung vom Treiben zwischen Schreiberhau, Spindlermühle und Krummhübel. Von Griebens ›Riesengebirge. Kleine Ausgabe‹ aus dem Verlag von Albert Goldschmidt in Berlin erschien 1928 die 30.(!) Auflage. Auf der Schneekoppe wurden damals rund 100 000 Ansichtskarten im Jahr abgeschickt. Hunderte von Pensionen, Hotels und Bauden wetteiferten um die Gunst der Gäste. Die heutigen Gastgeber und Tourismusverantwortlichen vor Ort tun alles, um an diese Blütezeit wieder anzuknüpfen.

Mit der Eisenbahn ins Riesengebirge: Die Zackenbahn

»Die schlesischen Gebirgsbahnen gehören zu den schwierigsten Strecken der Deutschen Reichsbahn. Die Strecke Hirschberg-Schreiberhau-Polaun kann sich den schwierigsten Alpenbahnen wenn auch nicht in der Höhenlage so doch nach der zu überwindenden Höhe durchaus zur Seite stellen.« (aus: ›Elektrisch in die schlesischen Berge‹, Reichsbahndirektion Breslau, 1928)

Die Zackenbahn verdankt ihren Namen nicht der Streckenführung, sondern ihrem Verlauf entlang des Flusses Zacken. Nachdem Hirschberg bereits 1866 an das Eisenbahnnetz angeschlossen war, bemühte man sich um den Bau einer Bahn hinauf ins Riesengebirge, um den aufstrebenden Tourismus zu fördern. Am 1. Juli 1891 fuhr der erste Zug von Hirschberg nach Warmbrunn, bis zum 20. Dezember 1891 konnte die Strecke bis Petersdorf verlängert werden. Danach dauerte es über zehn Jahre, ehe der nächste Streckenabschnitt bis Schreiberhau eingeweiht werden konnte. Die Gründe für diesen langen Zeitraum sind in der Topographie der Strecke zu finden. Verläuft die Strecke bis Petersdorf weitgehend im Flachland, erheben sich dahinter die Berge des Riesengebirges. Von Petersdorf bis Ober Schreiberhau war ein Höhenunterschied von etwa 350 Metern zu überwinden. Felsen mussten abgetragen und Dämme aufgeschüttet werden, um die Trasse in mehreren großen Schleifen bis hinauf nach Schreiberhau zu führen.

Während des Baus der Strecke von Petersdorf nach Ober Schreiberhau wurde auf der österreichischen Seite des Riesengebirgskammes der Anschluss von Tannwald nach Grünthal vorangetrieben. Per Staatsvertrag zwischen Österreich-Ungarn und dem

Die Zackenbahn an der Gebertbaude

Deutschen Reich im Jahr 1898 beschlossen, konnte am 30. Juni 1902 der Betrieb eröffnet werden. Somit fehlte nur noch der Lückenschluss zwischen Ober Schreiberhau und Grünthal/Polaun. Eine Besonderheit der Strecke war, dass sie vor Erreichen des Grenzbahnhofes Grünthal/Polaun zwei Mal über österreichisches Staatsgebiet führte: zwischen Strickerhäuser und Neuwelt sowie ein Streckenabschnitt von etwa zwei Kilometer Länge ab dem Iserviadukt bis zum Bahnhof Grünthal. Die Fertigstellung der Zackenbahn erfolgte, indem man die Strecke an Ober Schreiberhau weiter Richtung Josephinenhütte vorantrieb, und indem man von Jakobstal (mit 886 Metern über Meereshöhe der damals höchstgelegene Bahnhof Preußens) die Gleise in beide Richtungen vorschob. Endlich konnte am 1. Oktober 1902 diese Reststrecke eröffnet und der durchgehende Eisenbahnbetrieb auf der Strecke Hirschberg-Grünthal (Polaun) aufgenommen werden.

Die Bahn wurde von vielen Ausflüglern in Anspruch genommen. 1904 verkehrten täglich acht Zugpaare je Richtung, zehn Jahre später waren es schon 13 Zugpaare. Der Güterverkehr jedoch blieb hinter den Erwartungen zurück. Grund hierfür waren die vielen Verkehrsstörungen, unter anderem durch starken Schneefall. So geriet beispielsweise am 7. Januar 1905 ein Güterzug kurz hinter Grünthal in einen Schneesturm und blieb in einer Schneewehe stecken. Erst am 21. Februar konnte er endgültig befreit werden.

Die Zackenbahn gehörte zu den ersten Strecken, die ›elektrisiert‹ werden sollten. Bereits 1913 war der Bau der Fahrleitungsanlagen weit fortgeschritten. 1914 aber – mit Ausbruch des Ersten Weltkrieges – stagnierten die Arbeiten. Mit Ende des Krieges und der Niederlage des Deutschen Kaiserreichs änderte sich die geopolitische Lage. Die Endstation der Zackenbahn hieß nun nicht mehr Grünthal/Polaun, sondern Polubny/Polaun und gehörte zur neugegründeten Tschechoslowakei. Doch bald wurden die Arbeiten zur Elektrifizierung der Strecke wieder aufgenommen, und am 15. Februar 1923 konnte der durchgehende elektrische Zugbetrieb auf der Zackenbahn aufgenommen werden.

Der Fremdenverkehr im Riesengebirge hatte enorm zugenommen. Die meisten Gäste kamen aus Berlin, Breslau und Sachsen. Der Fernverkehr wurde deshalb an die Zackenbahn angeschlossen: es gab Durchgangszüge aus Breslau, Kurswagen aus Berlin und Stettin und besonders im Winter zahlreiche Sonderzüge. Mit der Annexion des Sudetenlandes im Jahr 1938 verschob sich die Grenze zur Tschechoslowakei nach Süden, Polaun war nun nicht mehr Grenzbahnhof. Ab 1944 wirkte sich das Kriegsgeschehen auf den Betrieb der Zackenbahn aus: Es gab Truppen- und Rüstungsgütertransporte, die Zahl der Flüchtlinge stieg an, die Alliierten weiteten ihre Luftangriffe aus, aus dem Osten rückte die Rote Armee heran. Anfang 1945 rollte die Front über Schlesien. Mit der Bombardierung Dresdens und der Zerstörung des dortigen Eisenbahnknotens nach Süden wurden viele Militärtransporte, Lazarett- und Räumungszüge über die Zackenbahn umgeleitet. Am 8. Mai 1945 sprengte eine Nachhut der Wehrmacht den Boberviadukt, die Zackenbahn verlor ihren Anschluss nach Hirschberg. Viele schlesische Lokomotiven waren bereits zuvor über Polaun Richtung Süden und dann nach Bayern abgefahren worden. Unmittelbar nach Kriegsende erfolgte die Demontage der Fahrleitung und der Fahrleitungsanlagen.

Quelle: Verein Schlesische Gebirgsbahnen, www.zackenbahn.de.

Völker und Nationen

Die Idee des Nationalstaates, die im 19. Jahrhundert in Europa Fuß gefasst hatte, war auch bei den slawischen Völkern auf fruchtbaren Boden gefallen, doch das Riesengebirge blieb von nationalen Auseinandersetzungen verschont. Hier waren die Deutschen fast unter sich. Das Land, in dem sie lebten, war vielen von ihnen wichtiger als die Nation, der sie angehörten. Die Grenze oben auf dem Kamm trennte zwar Preußen-Deutschland im Norden von Österreich im Süden, aber der gebirglerische Menschenschlag war auf beiden Seiten derselbe. Die bewegten Zeiten, in denen sich beide Mächte erbittert bekriegt hatten, gehörten der Vergangenheit an, an die man sich kaum noch erinnerte.

Bis ins 13. Jahrhundert hinein war das Riesengebirge eine unwegsame Urwaldlandschaft geblieben. Die Herrscher aus dem Geschlecht der Přzemysliden, von denen einige mit deutschen Frauen verheiratet waren, holten die ersten Siedler ins Land. Schon um 1200 wurden im Riesengebirgsvorland die ersten Städte gegründet. Im 14. Jahrhundert, als Kaiser Karl IV. in Prag regierte und Böhmen zur führenden Macht im deutschsprachigen Raum machte, geriet auch Schlesien – neben der Lausitz und Brandenburg – unter die Lehenshoheit der böhmischen Krone.

Im nächsten Jahrhundert hatte das Land unter den Kriegszügen der Hussiten zu leiden, die auf dem Weg nach Brandenburg auch in der Riesengebirgsgegend Dörfer und Städte verwüsteten. Das Ergebnis der Hussitenkriege war für Böhmen verheerend, die Blütezeit, die es unter Karl IV. erlebt hatte, dahingeschwunden. Im Jahr 1526 fiel es zusammen mit Schlesien und der Lausitz an die Habsburger. Ferdinand von Habsburg wurde zum König von Böhmen gewählt. Schlesische Freiwillige halfen mit, Ungarn und Österreich gegen die vorrückenden Türken zu verteidigen. Der Protestantismus, der sich in Schlesien in Windeseile verbreitet hatte, wurde von den Habsburgern zurückgedrängt, mit den Jesuiten zog die Gegenreformation ins Land. Viele Schlesier blieben allerdings Protestanten und orientierten sich fortan nach Norden – in Richtung Preußen. Herzog Friedrich II. von Liegnitz pflegte Kontakte ins lutherische Wittenberg und schloss 1537 einen folgenreichen Erbvertrag mit den brandenburgischen Hohenzollern.

Typische Tracht aus Schreiberhau

Als sich der große Religionskonflikt schließlich im Dreißigjährigen Krieg entlud, stand ein Feldherr im Brennpunkt, der seinen Stammsitz in Friedland am nördlichen Rand des Isergebirges hatte: Herzog Albrecht von Wallenstein. Sein enger Vertrauter war der junge Adlige Hans Ulrich von Schaffgotsch, der im Riesengebirge viel Land besaß. Er wurde 1634 in Regensburg verhaftet und auf Befehl des Kaisers hingerichtet, Wallenstein im gleichen Jahr in Eger ermordet. Ihr Ziel, die Bevölkerung in den Sudetenländern vollständig zum Katholizismus zurückzuführen, erreichten die Habsburger nicht, auch nicht mit prächtigen Barockkirchen, Jesuitenklöstern und Beichtzwang. Viele Protestanten siedelten nach Sachsen oder Preußen über. Um Schlesien kümmerte sich Wien wenig; es hatte genug in Südosteuropa zu tun, das ihm näher lag.

Im Jahr 1740 ließ Friedrich II. von Preußen (›der Große‹) seine Regimenter in Schlesien einmarschieren, um seine Erbansprüche einzulösen. Er führte drei Kriege gegen die österreichische Kaiserin Maria Theresia. Nach dem dritten, dem ›Siebenjährigen Krieg‹, an dem sich halb Europa – Russland, Frankreich, England, Schweden – beteiligte, war die Entscheidung gefallen: Der größte Teil von Schlesien, darunter das nördliche Riesengebirge, wurde preußisch. Obwohl dadurch viele Handelsbeziehungen nach Österreich zerrissen, ging es wirtschaftlich unter den pragmatischen Preußen gut voran. Ein Wiederaufbauprogramm mit Steuererleichterungen und günstigen Darlehen ließ das Land bald aufblühen. Spinnereien, Webereien, Berg- und Eisenwerke entstanden. Der König selbst kümmerte sich mit Vorliebe um die Landwirtschaft: Seidenraupenzucht, Imkerei, Schafzucht, Obstplantagen, Flachs-, Tabak- und Hopfenanbau lagen ihm am Herzen. Schwierig war es, den Bauern das Kartoffelessen nahezubringen. Ein Bauer, der ihn nicht erkannte, soll dem König erzählt haben: »Dr Landrot keeft

Die Siedlung Zillertal-Erdmannsdorf ist eine Gründung von Holzfällern aus dem Zillertal, die als Protestanten in Preußen Zuflucht fanden

se, wir hoan de Arbeet und inse Schweinle und inse König, die tun se fraßn.« Daraufhin ließ der König die Bauern des Dorfes zum Zwangskartoffelessen in den Gerichtskretscham zusammentrommeln, wo sie zu hören bekamen: »Seine Majestät wünschen, dass außer ihm und den Schweinen auch ihr verdammten Bauernlümmel die Kartoffeln fressen lernt.«

Der südliche Teil des Riesengebirges blieb österreichisch und katholisch. Wie bei anderen Völkern der multikulturellen Habsburger Monarchie begann im 19. Jahrhundert auch bei den Tschechen die Suche nach ihrer nationalen und kulturellen Identität, die in das Streben nach einem eigenen Staat mündete. Als nach dem Ersten Weltkrieg Österreich-Ungarn aufgelöst wurde, erfüllten die Siegermächte in Versailles und St. Germain diesen Wunsch: Die Tschechoslowakei wurde gegründet. Eine Art ›Geburtsfehler‹ dieses Staates war allerdings die Tatsache, dass etwa ein Drittel seiner Einwohner Deutsche waren, die sich lieber Rest-Österreich oder Deutschland angeschlossen hätten, es aber nicht durften. Als dann nicht die versprochene Musterdemokratie nach Schweizer Vorbild, sondern ein zentralistischer Nationalstaat entstand, immer mehr deutsche Schulen geschlossen und deutsche Beamte entlassen wurden, verlangten sie die Autonomie. Ihre Forderungen gipfelten in dem Ruf: »Das Sudetendeutsche Gebiet den Sudetendeutschen!« Je stärker sie sich bedrängt fühlten, desto enger schlossen sie sich zusammen. 1935 erhielt ihre ›Sudetendeutsche Partei‹ mehr als 1 250 000 Stimmen, errang damit 44 Sitze im Prager Parlament und wurde zur stärksten Partei der tschechoslowakischen Nationalversammlung. Von den Nationalsozialisten wurde sie unterstützt und ermuntert, unter Führung von Konrad Henlein immer radikalere Forderungen zu stellen, was das Klima zwischen Deutschen und Tschechen weiter vergiftete und die Lage zuspitzte. Im September 1938 kam es zu blutigen Zusammenstößen zwischen ihren Anhängern und tschechischen Sicherheitsorganen. Prag verbot die Partei und verhängte das Kriegsrecht. Die Lage spitzte sich immer weiter zu. Lord Runciman, der als englischer Sonderbotschafter im August und September 1938 das Sudetenland bereiste, empfahl die Abtretung der Grenzgebiete mit deutscher Mehrheit an Deutschland. Unter dem Druck der Engländer und Franzosen stimmte die Prager Regierung zu. Im sogenannten ›Münchner Abkommen‹ vom 29. September 1938 wurden die Modalitäten der Gebietsabtretung festgelegt. Mitte Dezember stimmte ihnen auch das Prager Parlament zu.

Hitler indessen verfolgte das Ziel einer vollständigen Auslöschung der Tschechoslowakei. Unter deutschem Druck erklärte die Slowakei ihre Unabhängigkeit, worauf die Wehrmacht im März 1939 die Tschechei besetzte. Am 16. März 1939 wandelte Hitler das Gebiet der Tschechei in das ›Protektorat Böhmen und Mähren‹ um. Beim Einmarsch der Deutschen in die Tschechei kam es zu äußert brutalen Übergriffen auf die tschechische Bevölkerung, die während des Zweiten Weltkrieges im Zuge des Kampfes gegen Partisanen noch zunahmen.

Nach dem Zweiten Weltkrieg wurden die im ›Münchner Abkommen‹ abgetretenen Gebiete wieder von der Tschechoslowakei in Besitz genommen. Die dort lebenden Deutschen wurden 1945/46 enteignet und ausgewiesen. Zeugen schildern in ihren Berichten Plünderungen, Vergewaltigungen und zahllose

Grausamkeiten. Betroffen davon war auch das südliche Riesengebirge. Zur Vertreibung der deutschen Bevölkerung mit ähnlich schlimmen Begleiterscheinungen kam es auch im schlesischen Teil des Gebirges, der – wie Schlesien insgesamt – an Polen fiel.

Manche Wunden hat die Zeit geheilt. In den Jahren nach dem Fall des ›Eisernen Vorhangs‹ waren es vor allem viele damals aus ihrer Heimat Vertriebene, die das Riesengebirge auf beiden Seiten wieder besucht und dabei viele neue Kontakte geknüpft haben.

Das Riesengebirge heute

Spätestens seit dem Beitritt Polens und Tschechiens zur Europäischen Union herrscht im Riesengebirge Aufbruch-, mancherorts sogar Goldgräberstimmung. Die Region profitiert vom Trend zu Reisen innerhalb Deutschlands und in die Nachbarländer, der sich seit Jahren beobachten lässt. Viele Riesengebirgsorte wirken lebhafter und bunter, sind aber trotzdem nicht überlaufen. Der Bauboom ist nicht zu übersehen, und sowohl auf der polnischen als auch auf der tschechischen Seite der Berge spürt man, dass eine einheimische Mittelschicht mit Geld und Ansprüchen entstanden ist: Einfamilienhäuser wachsen aus dem Boden, alte Villen werden stilvoll hergerichtet und neue schmucke Hotels eröffnet. Wie man es aus den Bergregionen der Alpenländer kennt, wird auch im Riesengebirge jetzt wieder viel mit Holz und in überschaubaren Dimensionen gebaut. Die teilweise monströsen Betonbauten früherer Jahre wirken dagegen wie Gebilde aus einer fremden Welt.

Aus vielen einst vom Verfall bedrohten, leerstehenden Häusern sind längst einladende, freundliche Pensionen und privatisierte Familienhotels geworden, deren Wirte auf das Wohl ihrer Gäste bedacht sind. Neue geschmackvolle und komfortable Drei- und Vier-Sterne-Häuser haben die Lücke geschlossen, die in diesem Segment bestand. Oft bieten sie Annehmlichkeiten wie Sauna, Fitnessraum, Spiel- und Kaminzimmer und einen hauseigenen Fahrrad- und Skiverleih. Die meisten Hotels und viele Pensionen haben eine eigene Homepage, fast immer auch in deutscher Sprache. Dort findet man aktuelle Preise, Angebote und Kontaktdaten, Informationen über Wetter und Region, auch Fotos werden gern ins Netz gestellt. Per E-Mail kann man sofort mit den Vermietern Kontakt aufnehmen. Viele Hotelzimmer kann man auch online über Portale wie Booking.com, HRS, Tripadvisor oder Holidaycheck buchen. In jüngster Zeit wurden und werden auch immer mehr Apartmenthäuser mit Ferienwohnungen gebaut. So gibt es trotz gewachsener Nachfrage keinen Mangel an Quartieren unterschiedlicher Preisklassen, und die ankommenden Gäste finden auch ohne Vorausbuchung fast immer ein Zimmer nach ihrem Gusto – außer in der Hochsaison zwischen Weihnachten und Silvester; dann ist fast jedes Bett belegt.

In privaten und städtischen Touristenbüros kann man sich über das vielseitige Quartierangebot informieren. In Špindlerův Mlýn, Harrachov und Pec pod Sněžkou zeigen rote und grüne Lämpchen an, ob in dem gewünschten Haus noch Zimmer frei sind. Gleich daneben kann man den Hörer abheben, anrufen und sich und sein Gepäck bei Bedarf abholen lassen. Die Zahl der Anbieter ist überall größer geworden, es herrscht Wettbewerb. Wo es früher nur einen Skiverleih oder nur ein Restaurant gab, hat man jetzt die Wahl zwischen einem halben Dutzend. Das hebt die Qualität – und drückt auf die Preise.

Das Preisniveau liegt immer noch deutlich niedriger als in vergleichbaren westlichen Gebieten. In vielen Quartieren ist es saisonabhängig und in der stärker frequentierten Wintersaison höher als im ruhigeren Sommer. Auf Websiten von Hotels und Zimmervermittlungen kann man – vor allem in der Nebensaison – günstige Last-Minute-Angebote finden. Besonders preiswert sind Bergbauden mit Etagendusche und -WC und Jugendherbergen.

Zwischen den EU-Ländern Deutschland, Polen und Tschechien hat man längst freie Fahrt, der Wegfall der Grenzkontrollen hat das Reisen ins Riesengebirge noch angenehmer und entspannter gemacht. Ins Auge fällt, dass der Autoverkehr auf polnischen und tschechischen Straßen dichter und schneller geworden ist. Viele Tankstellen sind – vor allem in Polen – häufig rund um die Uhr geöffnet, Kraftstoff ist immer noch etwas günstiger zu haben als in Deutschland. Pferdefuhrwerke, die noch vor nicht allzu langer Zeit am Rand von polnischen Landstraßen entlangzuckelten, sucht man heute zumindest im Riesengebirge und seinem Vorland vergebens.

Wechselstuben sind reichlich vorhanden. Polnischer Złoty und tschechische Krone sind seit Jahren relativ stabil, aber auch der Euro ist weitgehend akzeptiert und gängiges Zahlungsmittel. Die gesamte Urlaubskasse in bar mitzunehmen, ist nicht nötig: Es gibt Geldautomaten (›Bankomat‹), an denen man wie gewohnt mit der ec-Karte abheben kann. In vielen Hotels, Restaurants und Geschäften kann man auch mit der Kreditkarte zahlen.

Die böhmische Küche und das dazugehörige Bier erfreuen sich bei vielen deutschen Gästen nach wie vor großer Beliebtheit. In einigen Ferienorten gibt es

Der Eingang zum Aquapark in Špindlerův Mlýn

inzwischen auch chinesische, mexikanische, italienische und andere ausländische Restaurants, für die man etwas tiefer in die Tasche greifen muss. Biertrinker sind im Riesengebirge besonders gut aufgehoben: Für einen halben Liter frisches Budweiser oder Pilsner Urquell vom Fass zahlt man oft nicht viel mehr als zwei Euro.

Sport wird großgeschrieben. Mountainbikes oder Skier auszuleihen, ist kein Problem. In touristischen Zentren wie Špindlerův Mlýn oder Karpacz gibt es Sommerrodelbahnen, Skikurse, öffentlich zugängliche Hotelschwimmhallen, geführte Wanderungen, Mountainbike-Strecken, Kutschfahrten, Reitschulen, Gleitschirmfliegerei, Fitness-Studios, Golf- und Minigolfanlagen, Tennis- und Squash-Plätze und anderes mehr. Špindlerův Mlýn hat außerdem ein Spaß- und Erlebnisbad (›Aquapark‹) und eine Kletterwand, im Winter kann man sich auch beim Snowtubing vergnügen.

Viele Läden sind in den Urlaubsorten auch sonntags geöffnet und bieten alles Lebensnotwendige und genug Überflüssiges. Die großen deutschen Tageszeitungen bekommt man am Kiosk ohne Verspätung am gleichen Tag. Auch gute Wanderkarten sind überall sehr preiswert zu haben, und allerorten kann man auch deutschsprachige Reiseführer kaufen. Ein Internetcafé zu finden, um E-Mails zu lesen oder ins Internet zu gehen, bereitet in den größeren Orten keine Probleme. Die meisten Hotels bieten ihren Gästen W-LAN an.

Wie attraktiv das Riesengebirge als touristisches Reiseziel ist, hat sich längst auch in Holland, England und Skandinavien herumgesprochen – niederländische Wohnwagen gehören im Sommer und Frühherbst mittlerweile zum gewohnten Bild auf den Campingplätzen. Die Mehrheit der Besucher aber – 70 bis 80 Prozent – kommt jedoch aus der benachbarten Bundesrepublik. Darauf haben sich die Gastgeber eingestellt, Deutsch wird fast überall verstanden und auch gesprochen. Mit der jüngeren Generation kann man sich auch ohne Probleme auf Englisch verständigen. Dass junge Tschechen oder Polen ein Jahr als Austauschschüler in den USA oder Westeuropa verbringen, ist längst keine Seltenheit mehr. Speisekarten, Hinweiszettel, Informationstafeln und touristische Angebote sind meist zweisprachig. Gegenüber deutschen Touristen neigen auch Tschechen und Polen oft dazu, die alten deutschen Ortsbezeichnungen zu benutzen. Im Handel sind Büchlein mit reproduzierten alten Ansichtskarten und Rübezahl-Sagen erhältlich. Wie überall auf der Welt freuen sich aber auch hier die Einheimischen, wenn der Gast wenigstens ein paar Worte ihrer Sprache gelernt hat und gelegentlich anzuwenden vermag: ›Guten Tag‹ heißt auf tschechisch ›dobry den‹, auf polnisch ›dzien dobry‹.

Allerorten findet man Geldautomaten

Das Märchen von Schloss Lomnitz

Glück, Zufall, Abenteuerlust, ein gutes Händchen, jede Menge Mut und viel ›warum nicht? das schaffen wir‹. Dazu Liebe, Freundschaft und jene natürliche Offenheit, deren Charme niemand widerstehen kann. All das kam zusammen, in einer Zeit des Umbruchs, der Anfänge, der Wieder- und der Neuentdeckungen, als Elisabeth und Ulrich von Küster voller Euphorie ihren Traum begannen. Die Mauer war gerade gefallen, beide studierten Jura, lebten in einer Studenten-WG in Berlin-Moabit. »Moment mal, Polen, Schlesien, da haben wir doch alten Familienbesitz«, sagte Ulrich von Küster zu seiner künftigen Frau, die nicht wissen konnte, dass er nicht nur einen Bauernhof im Niemandsland meinte. Sondern ein Schloss, ein herrschaftliches Anwesen in einem der lieblichsten Täler Schlesiens, am Rande des Riesengebirges. ›Schneekoppe? Liegt die nicht irgendwo im Schwarzwald?‹, dachte Elisabeth damals. Und ahnte nicht, das dies alles einst der Stolz ihrer eigenen Familie sein würde. Denn heute ist Schloss Lomnitz Kulturstätte, Hotel, ein wiederbelebter schlesischer Adelsbesitz, Tagungsstätte, Museum, Veranstaltungs- und Ausstellungsort sowie Wohnsitz der Familie von Küster in einem. Und weithin berühmt durch Wanderausstellungen übers Hirschberger Tal oder Filme über Schlesien mit seinen Reizen, seiner Vergangenheit und Zukunft.

Das Schloss Lomnitz, im Barock erbaut und 1835, als es der preußische Legationsrat Gustav Ernst von Küster erwarb, vom Schinkel-Schüler Albert Tollberg im Biedermeierstil umgestaltet, war einzigartig – und Ruine. Als die drei Deutschen in dem Dörfchen Lomnice ankamen, hatte das Schloss keine gute Zeit hinter sich. 1945 waren die letzten Besitzer von Küster geflohen, die Gutsherrin verließ den Ort gen Westen nach Deutschland, wurde enteignet und das Anwesen polnisches Eigentum. Eine Schule im Herrenhaus, eine landwirtschaftliche Genossenschaft im kleineren, Witwenschloss genannten Haus von 1800, verfielen die wertvollen Gebäude nach dem polnischen Kriegszustand 1981, ohne dass sich jemand darum sorgte oder es instandhalten konnte. Das Denkmalamt hatte den Abriss schon beschlossen. Bäume wuchsen aus den Fenstern und vom Boden bis durchs Dach, das nur noch zur Hälfte das Haus bedeckte. »Die Balkone hielten zusammen wie ein Haufen Mikadostäbe«, sagt Elisabeth von Küster, »alles lag voller Schutt«. Görlitz kannten sie längst vom Durchfahren, und als die Stadtwerke einen Justiziar suchten, war für Ulrich von Küster klar, er würde ab nun zwischen der Stadt an der Neiße, Berlin, wo Elisabeth ja noch studierte, und Lomnitz pendeln. Einen polnischen Freund gab es, »mit dem gründeten wir die deutsch-polnische Schloss Lomnitz Gesellschaft, um auch als Ausländer Grund und Boden kaufen zu können«, erzählt Elisabeth von Küster. »Dafür brauchte man damals ein nur kleines Startkapital, selbst für mittellose Studenten aufzubringen, wenn man etwas sparte oder sein Auto verkaufte.« 1991 konnten sie das große Schloss erwerben, denn die polnischen Behörden waren an deutschen Investoren und der Rettung von Architekturdenkmälern interessiert.

Alle paar Wochen, dann immer häufiger, schließlich jedes Wochenende fuhr Elisabeth von Küster nach Lomnitz. »Trotz Sprachbarriere, Geldmangel und ohne Telefon fingen wir ganz langsam an. Ziel war, das Schloss unter Dach und Fach zu bringen.« Sehr amüsiert und voller Sympathie spricht sie von den ersten Annäherungsversuchen zwischen den polnischen Bewohnern des Ortes und ihnen, den wiedergekehrten neuen Besitzern, die so gar nicht als reiche, bornierte Investoren mit großen Plänen auftraten.

EXTRA

»Ich fühlte mich da so wohl, weil es ähnlich chaotisch war wie unser eigenes Leben«, sagt Elisabeth von Küster. Vier Jahre später war es dann so weit. Als 1995 ein neuer Dachstuhl das Schloss krönte, waren die Küsters schon verheiratet, eine unsanierte, damals unglaublich preiswerte Riesenwohnung in der Görlitzer Südstadt diente als Zwischenlager für alles, was man zur Ausstattung des Schlosses verwenden konnte. »Und wollte uns damals jemand etwas schenken, sagten wir immer, gebt uns einen Sack Zement oder eine Ladung Ziegel«, erzählt Elisabeth von Küster, »wir bekamen Hilfe von allen Seiten, unseren Eltern, Freunden, Verwandten.«

Ganz überraschend bot Lomnitz damals das nur 20 Meter entfernte kleine Schloss zum Verkauf an. Das Grundstück und den historischen Gesamtkomplex zu teilen, war aber nicht im Sinne der örtlichen Verwaltung, »und so mussten wir es praktisch dazu nehmen.« Geld war immer noch knapp bei den von Küsters, »aber irgendwie schafften wir das, und so hatten wir plötzlich zwei Schlösser.« Görlitz war inzwischen Hauptwohnort, Ulrich von Küster wurde Richter, seine Frau studierte noch immer in Berlin, tauchte dennoch immer mehr in Lomnitz ein. Unterstützung bekam sie vom Verein zur Pflege schlesischer Kunst und Kultur. Auch private Spenden kamen, und das Anwesen gedieh. Hotel und Restaurant sollte das kleine ›Witwenschloss‹ werden, die in Görlitz eingelagerten Stühle und Tische bekamen nun endlich eine Funktion. »Ganz klein, mit selbst gebackenem Streuselkuchen und Kaffee aus vier Kaffeemaschinen fingen wir an«, erzählt Elisabeth von Küster. Ein paar junge Frauen aus dem Ort stellte sie an, einen polnischen Geschäftsführer gab es auch, doch das meiste nahm die junge Schlossherrin selbst in die Hand.

Kontakte waren schnell geknüpft, und mit der ersten großen Ausstellung zum wiederentdeckten Hirschberger Tal, dem ›Tal der Schlösser und Gärten‹ im ›Schlesischen

Schloss Lomnitz um 1860, Farblithographie von Winckelmann und Söhne

Elysium‹ war ein Anfang gemacht. Und immer noch war alles sehr persönlich. Elisabeth von Küster lud das ganze Dorf zur Eröffnung ein, schenkte bei minus 25 Grad Glühwein aus und vergewisserte sich wieder einmal ihrer Überzeugung: »Das deutsch-polnische Verhältnis klappt auf privater Ebene am allerbesten.« Sie bewundert, wie leicht sich Konflikte, gleich welcher Art, innerhalb von zwei, drei Minuten klären ließen, und ein beliebtes, schon traditionelles Ereignis ist ihr ›Kleines Osterfest‹, zu dem sie immer einen Sonntag nach Ostern alle einlädt, die in Gutsnähe wohnen. Der Park rundherum, »eine Mülldeponie, als wir hier anfingen«, erblüht inzwischen zu einem Landschaftsgarten, das große Schloss ist ausgestattet mit historischen Wandmalereien und antiken Möbeln. In der ersten Etage ist die Ausstellung ›Tal der Schlösser und Gärten‹ dauerhaft etabliert, und Konferenzen, Seminare und Konzerte finden hier statt. Das Hotel beschäftigt fast 30 Leute, und der Gutshof, nun auch im Besitz der von Küsters, soll in Zukunft als lebendiger Bauernhof Groß und Klein nach Lomnitz locken. Schon jetzt kommen manchmal bis zu fünf Reisebusse täglich, um Schloss Lomnitz und sein wunderbares Drumherum zu besuchen.

»Insgesamt haben wir zwei Drittel aller Investitionen selbst erwirtschaftet«, sagt Elisabeth von Küster, »jede Tasse Kaffee und jedes Stückchen Kuchen hat uns nach und nach dahin gebracht, wo wir heute sind.« Als ›Maskottchen‹ unter den Schlössern im Hirschberger Tal sei ihr Schloss Lomnitz inzwischen und dazu der einzige Ort dieser Art, der von den Nachfahren einer alten schlesischen Adelsfamilie wieder bewirtschaftet wird.

Wir danken der Autorin Ines Eifler für die Genehmigung zum Abdruck ihres – leicht gekürzten – Textes.

Schmuckstück: Schloss Lomnitz im Hirschberger Tal

Nicht nur wie hier in Malá Úpa finden sich Attraktionen für junge Besucher

Die Lifte und Seilbahnen wurden fast überall modernisiert, vergleichsweise preiswert sind sie immer noch. Vom tschechischen Ferienort Pec pod Sněžkou (Petzer) führt eine neue Kabinenseilbahn bequem hinauf auf den Gipfel der Schneekoppe. Umweltschützer freuen sich darüber, dass viele durch den Wald zu höhergelegenen Bauden führende Straßen für den öffentlichen Autoverkehr gesperrt wurden. Gäste erhalten eine Sondergenehmigung oder werden samt ihrem Gepäck von den Wirten abgeholt, im Sommer mit dem Allrad-Geländewagen, im Winter mit dem Raupenschlepper. In Špindlerův Mlýn sind Tagesbesucher gehalten, ihren Wagen auf dem bewachten Großparkplatz stehen zu lassen; im Ort ist Parken verboten. Ähnliches gilt für Janské Lázně (Johannisbad): Das Auto bleibt auf dem neuen Parkplatz am Ortseingang, die Hauptstraße gehört den Fußgängern.

Die Umweltschützer können vor allem aufatmen, was die schlimmste Heimsuchung betrifft, die das Riesengebirge über sich ergehen lassen musste: Das verheerende Waldsterben der vergangenen Jahrzehnte ist gestoppt. Die Wiederaufforstung hat schon begonnen, auch Buchen und andere Laubbäume werden jetzt wieder im Riesengebirge angepflanzt. Mehrere tausend Hektar Wald sollen noch aufgeforstet werden.

Essen und Trinken

Die alte Riesengebirgsküche war eine Mischung verschiedener Einflüsse aus Böhmen, Österreich, Schlesien und Süddeutschland. Bedingt durch die geringen landwirtschaftlichen Erträge der Bergbauern und die bescheidenen Einkünfte, war sie eher einfach. Die Kartoffel bildete seit dem 18. Jahrhundert die Ernährungsgrundlage: Viel gegessen wurden Kartoffelpuffer, -krapfen (mit Schinkenwürfeln gefüllt und mit geriebenem Käse bestreut), Kartoffelstrudel (mit Semmelbröseln), Kartoffelauflauf und -salat. Aus Hefeteig wurden Liwanzen und Buchteln gemacht und mit Marmelade, Mohn oder Quark gefüllt. Getrunken wurde Malzkaffee, Tee aus selbstgepflückten Hagebutten, Lindenblüten oder Vogelbeeren, frische Milch und ›Himbeerwasser‹, Himbeersirup gemischt mit frischem Quellwasser. Viele ihrer traditionellen Rezepte haben die deutschen Bewohner nach Kriegsende mit in Richtung Westen genommen.

Wer heute hierher kommt, sollte sich die Gelegenheit nicht entgehen lassen, die polnische und die tschechische Küche zu probieren. Daneben gibt es natürlich auch die üblichen (preiswerten) internationalen Touristen-Menüs. Seit einiger Zeit tauchen vor allem in den Städten ›Italiener‹, ›Chinesen‹ und ›Griechen‹ auf. Die Speisekarten sind in den Ferienorten fast überall zweisprachig, was aber nicht immer heißt, dass die Bedienung auch Deutsch versteht. Die Preise liegen zum Teil erheblich unter denen in in Deutschland.

Eine gute polnische Mahlzeit beginnt mit einer Suppe. Das kann Borschtsch (polnisch Barszcz) – eine Kohlsuppe mit Fleisch, Roten Rüben und Pastetchen –, Tomaten- oder Sauerampfersuppe (Zupa Szczawiowa) sein. Weitere landestypische Spezialitäten sind Bigos (gedämpftes Sauerkraut mit gehacktem Fleisch), Piroggen (gefüllte Teigtäschchen), Eisbein (polnisch Golonka) und Fleischspieße (Schaschlik). Im polnischen Riesengebirge wird viel Wild angeboten, aber auch Fisch findet sich auf fast allen Speisekarten. Der Zusatz ›Riesengebirgsart‹ deutet oft auf besonders reichliche Portionen hin. Zum Essen kann man ein helles oder dunkles ›Żywiec‹ vom Fass bestellen, ein hervorragendes Bier. Mit Freunden sollte man auch einmal einen polnischen Wodka trinken; es gibt einige sehr gute Marken.

Die tschechische (›böhmische‹) Küche erfreut sich bei vielen deutschen Touristen – ungeachtet ihres Kalorienreichtums – großer Beliebtheit. Ganz

Deftig ist die Küche im Riesengebirge

In der Gaststätte ›Karzma Polska‹ bei Podgórzyn

oben auf der Rangliste stehen nach wie vor die berühmten, in Scheiben servierten, böhmischen Semmelknödel, die auf keiner Speisekarte fehlen dürfen. Dazu gibt es Schweinebraten mit Kraut, Gulasch oder gekochtes Rindfleisch mit Sahnesoße; Knödel-Verächter können selbstverständlich auch andere Beilagen wie Reis oder Kartoffeln wählen. Die tschechische Küche ist bekannt für ihre vielfältigen Mehlspeisen. Im Riesengebirge trifft man allerdings die Buchteln, Kolatschen, Gugelhupf und wie die süßen Leckereien alle heißen, heute nicht mehr so häufig an. Oft gibt es aber Hefeklöße mit Heidelbeeren, manchmal Pflaumenknödel – und natürlich auch Palatschinken. Oft findet man Suppen: Knoblauchsuppe, Sauerteigsuppe oder ›Riesengebirgs-Suppe‹. Letztere – früher im Gebirge ein typisches Armeleuteessen – besteht nur aus Kartoffeln, Dill, getrockneten Pilzen, Mehl, Wasser und einem eingerührten Ei. Süß-sauer serviert schmeckt sie sehr lecker. Die wohl beste Riesengebirgssuppe gibt es in der ›Hospoda na Peci‹ im Zentrum von Pec pod Sněžkou.

Zu solcherlei deftigen Spezialitäten passt gut ein kühles Bier vom Fass. Ob es ein ›Budweiser‹, ein ›Staropramen‹ (= alte Quelle) aus Prag, ein ›Krakonos‹ (= Rübezahl) aus Trutnov oder ein ›Pilsner Urquell‹ sein soll, bleibt jedem selbst überlassen; es sind alles hervorragende Biere. War das Essen gar zu reichlich, empfiehlt es sich, einen ›Slivowitz‹ oder einen ›Karlsbader Becherbitter‹ (Becherovka) hinterher zu schicken. Eine alte Spezialität aus dem Riesengebirge ist der ›Echt Stonsdorfer Bitter‹, ein rötlicher Likör, der aus Gewürzen, Kräutern und Früchten unter Verwendung von Heidelbeeren hergestellt wird und süß-bitter, leicht fruchtig-herb schmeckt. Er kam aus Stonsdorf (poln. Staniszów) und wird heute in Schleswig-Holstein produziert.

Rezepte

Sauerteigsuppe

Zutaten (für vier Personen):
4 größere Kartoffeln,
40 g Butter,
1 kleine Zwiebel,, Kümmel, Salz,
eine Handvoll getrocknete Pilze,
30 g Hefe, , 3 Eßlöffel Mehl,
1 Liter Wasser

Die mit Mehl bestäubte Hefe in lauwarmem Wasser einweichen, verquirlen und im warmen Raum mehrere Stunden aufgehen lassen (am besten über Nacht). Am nächsten Tag die Pilze mit Salz und Kümmel in ein Liter Wasser kochen lassen, das Hefestück und die feingehackte, in Butter geröstete Zwiebel einrühren. Die in Würfel geschnittenen Kartoffeln entweder in der Suppe oder extra kochen und heiß in einer gesonderten Schüssel zur Suppe reichen.

Böhmische Semmelknödel

Zutaten (für vier Portionen):
500 Gramm Mehl,
3 Eigelb, 500 Milliliter Milch,
210 Gramm Semmeln (alt),
5 Esslöffel Butter oder 4 Esslöffel Rinderfett

Mit 500 g Mehl, 3 Dottern, in 1/2 Liter Milch verquirlt, und Salz wird der Teig gemacht und gut abgeschlagen. 210 g alte Semmel, zu kleinen Würfeln geschnitten, kommen kurz vor dem Einkochen auf den Teig, werden mit 5 Löffeln Butter oder 4 Löffeln Rindsfett begossen und in den Teig verrührt. Daraus werden mit bemehlten Händen 5 bis 6 Knödel geformt, gleich in kochendes Wasser gegeben und 15 Minuten gekocht. Diese Knödel schwimmen sogleich. Herausgehoben können sie zu Scheiben geschnitten oder gerissen werden. Man bestreut sie mit gerösteten Bröseln und gießt braune Butter über. Dazu sind Saucen von Fleischbrühe oder von Früchten gut.

Das ausgezeichnete tschechische Bier passt zu vielen Mahlzeiten

Vom touristischen Zentrum Jelenia Góra über die alte Glasmachersiedlung Szklarska Poręba bis hin zum idyllischen Podgórna-Tal bietet der zu Polen gehörende Teil des Riesengebirges mitsamt seinem Vorland vielfältige Möglichkeiten zu Erholung und zu Ausflügen in Kultur und Geschichte.

Am Rynek in Jelenia Góra

DIE POLNISCHE SEITE DES RIESENGEBIRGES (KARKONOSZE)

Jelenia Góra

Jelenia Góra, das frühere Hirschberg, ist das nördliche Tor und zugleich das Fremdenverkehrszentrum der polnischen Seite des Riesengebirges. Die Stadt mit dem roten Hirsch im Wappen liegt in einem weiten Talkessel an der Mündung des Flusses Kamienna (Zacken) in den Bóbr (Bober). »Es kann nichts Schöneres geben als die Lage von Hirschberg: eine schön angelegte Stadt mit stattlichen Bauwerken im Tal, von allen Seiten mit Bergen umgeben, mit einer herrlichen Aussicht auf das Riesengebirge!« schrieb der spätere amerikanische Präsident John Adams in einem begeisterten Brief von seiner Schlesienreise Anfang des 19. Jahrhunderts. Heute leben hier nach der Eingemeindung mehrerer Vororte wie Cieplice (Bad Warmbrunn) und Sobieszów (Hermsdorf) knapp 100000 Menschen. Die Wojewodschaft Jelenia Góra, die seit 1975 bestand, wurde bei einer Verwaltungsreform am 1. Januar 1999 abgeschafft. Jelenia Góra ist seitdem kreisfreie Stadt.

Sitzt man im Sommer vor einem der Cafés und Restaurants in den Laubengängen am Markt unter einem Sonnenschirm und hört den Straßenmusikanten zu, fühlt man sich an südlichere Breiten erinnert: In den 1920er Jahren wurde die Stadt, die sich im 19. Jahrhundert vergeblich um eine Universität bemüht hatte, oft mit Freiburg im Breisgau verglichen. Altehrwürdig ist Jelenia Góra jedenfalls. Einen Marktflecken soll es nach alten Chroniken an der Kamienna-Mündung schon um das Jahr 1000 gegeben haben. Hundert Jahre später legte Herzog Boleslaus der Schiefmund hier eine befestigte Grenzburg an, um die herum eine Siedlung wuchs. Erstmals erwähnt wurde Hirschberg 1281 als ›Hyrzberc‹ in einer Urkunde, mit der Herzog Bernhard I. von Löwenberg den Johannitern von Striegau einen Grund am Oberlauf des Flusses Zacken verlieh. Eine weitere Erwähnung erfolgte 1288 in einer Urkunde des Herzogs Bolko I., in der dieser ›unseren Bürgern von Hyrzberc‹ die Errichtung einer Schenke in Warmbrunn erlaubte. Für das Jahr 1299 ist Hirschberg als Stadt (civitas) belegt. Unter Herzog Bolko II. erhielt Hirschberg 1338 das Meilenrecht, 1355 das Salz- und Bergwerksrecht sowie die Freiheit von Abgaben im Handel mit Böhmen, 1361 das Waag- und Münzrecht und 1366 die gegenseitige Zollfreiheit mit Breslau. Solche Privilegien bildeten die Grundlage der frühen wirtschaftlichen Blüte im Mittelalter; Glasherstellung, Gold- und Silberbergbau machten die Bürger wohlhabend. Die Stadt wurde mit einer doppelten Mauer umgeben, die Burg abgerissen, ›da man in den blutigen Wirren des Hussitenkrieges, wo auch unter den Rittern mancher verdächtig war, ihr nicht traute‹. Mit der Einführung der Reformation 1524 entwickelte sich Hirschberg zu einem wichtigen evangelischen Zentrum. In der Stadtkirche wurde evangelisch gepredigt und ein evangelisches Schulhaus errichtet. Ein schwerer Rückschlag war allerdings das Feuer von 1549, das die ganze Stadt in Schutt und Asche legte – außer dem Pulvermagazin. Neuen Reichtum brachte die Leinwandweberei, vor allem die Herstellung dünner Schleier. Joachim Girnth, der diese Technik als wandernder Handwerksgeselle in Holland kennengelernt hatte, führte sie im 16. Jahrhundert ein. Die Tuchmacher wurden zur wohlhabendsten Zunft. Der Handel mit ihren Erzeugnissen machte Hirschberg zu einer der reichsten Städte Schlesiens. Das begann sich zu ändern, als das Land im 18. Jahrhundert von Österreich an Preußen fiel. Alte Handelsbeziehungen zer-

▲ Karte: hintere Umschlagklappe

rissen, und der sparsame König von Preußen rügte in einem Edikt den unmäßigen Aufwand an Tuch bei Trauerfällen. Ein Übriges tat die bald darauf aufkommende Industrialisierung, die viele Leinweber brotlos machte. Statt dessen entstanden Papier-, Zement- und Maschinenfabriken.

Nach der Neugliederung Preußens gehörte Hirschberg seit 1815 zur Provinz Schlesien und war ab 1816 Sitz des Landkreises Hirschberg. Mit dem Eisenbahnanschluss 1866 nach Görlitz und Berlin und ein Jahr später nach Waldenburg (heute Wałbrzych) und Breslau entwickelte sich Hirschberg zu einem beliebten Ausflugs- und Touristenort. Am 9. Juli 1927 erhielt die Stadt Hirschberg, die bisher auch den Zusatz i. Schles. trug, die neue Bezeichnung Hirschberg im Riesengebirge, wobei sich bald die amtliche Schreibweise Hirschberg i. Rsgb. durchsetzte.

Hervorragende Bedingungen bot die Gegend für das nach dem Ersten Weltkrieg aufkommende Segelfliegen. Denn bei Südwind und Föhnlage steht über dem Riesengebirge die ›Moazagotl-Wolke‹, eine große Linsenwolke, benannt nach dem Schäfer Gottlieb Motz, der sie zuerst beobachtet hat. Die Moazagotl-Wolke ist ideal für den Wellensegelflug, der hier von Fliegern der Segelflugschule Grunau/Jeżów Sudecki ›erfunden‹ wurde. Ohne Sauerstoffgeräte stiegen einige von ihnen 1937 erstmals über 6000 Meter (!) hoch. Hanna Reitsch, eine der bekanntesten deutschen Fliegerinnen und Fluglehrerinnen, wurde 1912 in Hirschberg geboren. Eine Segelflugschule gibt es auch heute noch in Jelenia Góra. Für Gäste werden dort Rundflüge angeboten.

Im Zentrum von Jelenia Góra

Als Folge des Zweiten Weltkriegs fiel Hirschberg 1945 wie fast ganz Schlesien an Polen und wurde in Jelenia Góra umbenannt. Die deutsche Bevölkerung musste das Land verlassen. Die neuen Bewohner waren zum Teil Heimatvertriebene aus Ostpolen, das an die Sowjetunion gefallen war. Obwohl die Stadt keine Kriegszerstörungen erlitten hatte, wurden zahlreiche Häuser der Altstadt nach 1945 dem Verfall preisgegeben. Die Industrialisierung brachte für Jelenia Góra und seine Umgebung massive Umweltbelastungen mit sich. Als Dreckschleuder ersten Ranges erwies sich die in den 1930er Jahren entstandene Zellstofffabrik, die erst 1989 geschlossen wurde. Seitdem tut sich viel in der Stadt, vor allem am Markt, wo die stilvoll renovierten alten Bürgerhäuser mit ihren Arkaden wieder in frischem Glanz erstrahlen.

Ein Stadtrundgang

Für den Besucher empfiehlt es sich, vor seinem Rundgang das Fahrzeug auf dem benachbarten – und bewachten – Parkplatz abzustellen. Dort fesselt den Blick zuerst die schöne Giebelfassade des schmucken kleinen Hotels ›Baron‹. Nur ein Katzensprung ist es von hier zum **Markt.**

Schöne Giebel schmücken den Hauptplatz

Die beachtliche Größe des ›Rings‹ (Rynek) fällt kaum ins Auge, weil mittendrauf das **Rathaus** steht. Nachdem der Turm seines Vorgängers eingestürzt war, wurde es 1747 bis 1749 in klassizistischem Stil neu erbaut; es war das erste öffentliche Gebäude, das der preußische Staat in Schlesien errichten ließ. Eine lateinische Inschrift unter dem Satteldach der Südseite weist darauf hin, dass die Stadt 1108 durch Boleslaus den Schiefmund gegründet wurde. Im Sitzungssaal ist ein Holzrelief mit Szenen aus der Stadtgeschichte und Rübezahl-Legenden zu bewundern. Ein überdachter Verbindungsgang im ersten Stockwerk führt vom Rathaus zu den **Siebenhäusern**, in denen im Mittelalter Bäcker, Fleischer, Fischhändler, Schuhmacher, Apotheker und Barbiere ihre Waren und Dienstleistungen anboten und auch die Armenküche ihre Töpfe hatte. Beide Gebäude beherbergen heute das Wojewodschaftsamt.

Umgeben ist der Platz von schönen **Bürgerhäusern**. Während manche vor etlichen Jahren etwas lieblos und steril hergerichtet wurden, gibt man sich heute alle Mühe, auch prächtige barocke Details an den Giebeln wieder hervortreten zu lassen. Die charakteristischen Laubengänge darunter dienten früher dem Schutz der Waren vor Regen und Sonne. In der südwestlichen Ringzeile wurde mit Tuch gehandelt, in der nordwestlichen hielt man Sattlerwaren feil. In den anderen gab es Garne, Seile, Butter und vieles mehr. Gegenüber vom **Neptunbrunnen** wurde weiches Leder gegerbt und Getreide verkauft. Neptun mit dem Dreizack – hier früher ›Gabeljürge‹ genannt – und die zwei Delphine zu seinen Füßen dekorierten ursprünglich einen vorstädtischen Garten. Auf Initiative des Riesengebirgsvereins ziert die Statue seit der Jahrhundertwende den Marktspringbrunnen. In den schattigen Laubengängen locken heute Restaurants mit viel-

▲ Karte: hintere Umschlagklappe

versprechenden Namen wie ›Pokusa‹ (Versuchung) oder ›Smok‹ (Drachen).
Hinter der Nordostecke des Marktes sieht man den achteckigen Turm der katholischen **Pfarrkirche St. Erasmus und Pankratius**. Dieses älteste Gebäude der Stadt wurde in der ersten Hälfte des 14. Jahrhunderts anstelle einer abgebrannten Holzkirche gebaut und nach dem Stadtbrand im 16. Jahrhundert erweitert. Aus dieser Zeit stammt das prächtige Außenportal an der Südwand des Presbyteriums. Das geschnitzte Chorgestühl wurde 1567 – während die Kirche protestantisch war – von der Gemeinde gestiftet. Die Kanzel mit den vier Evangelisten Markus, Matthäus, Lukas und Johannes ist von 1591. Der schwedische Holzbildhauer Thomas Weissfeld schnitzte die 14 Barockfiguren des wertvollen Hochaltars. Aus dem 18. Jahrhundert stammen auch die barocke Turmhaube und die von dem Italiener Casparini gebaute, mit vergoldeten Akanthusblättern verzierte Orgel.
Der **Kirchplatz** diente als Friedhof, woran einige Kapellen und Stelen erinnern; eine **Mariensäule** von 1712 soll den Sieg des Katholizismus über den Protestantismus symbolisieren. Neben der Sakristei steht ein **Denkmal des heiligen Johannes Nepomuk**, das ursprünglich als Brückenfigur auf einer Boberbrücke seinen Platz hatte. An der Südseite der Kirche ist ein Haus erhalten, in dem früher eine Lateinschule untergebracht war. Von dieser Schule sollen die ersten Wanderungen auf die Berge des Riesengebirges ihren Ausgang genommen haben.
An der vom Markt in Richtung Osten abzweigenden M.-Konopnickiej-Straße, einer Fußgängerzone, erhebt sich rechts die **St.-Anna-Kapelle**, die im 16. Jahrhundert als Wehrbastei und Teil der Stadtbefestigung entstand und später von den Jesuiten zum barocken Gotteshaus umgebaut wurde. Die Schießscharten in den Wänden sind noch heute zu sehen. Zusammen mit der benachbarten Schildauer Torbastei wachte sie über den wichtigsten Zugang zur Stadt. Das Schildauer Tor selbst wurde 1867 abgetragen.
Spaziert man weiter durch die Fußgängerzone, ist rechts das **Europa** zu sehen, früher Hirschbergs in ganz Schlesien berühmtes Hotel ›Drei Berge‹. In dieser Straße finden sich viele Geschäfte und Boutiquen mit Schmuck, Accessoires und modischer Bekleidung, die man hier besonders günstig kaufen kann.
An der nächsten Kreuzung stößt man auf die einstige Marienkapelle, die seit 1952 als **Peter-und-Paul-Kirche** der griechisch-orthodoxen Gemeinde dient. In die Nordwand sind zwei Sühnekreuze mit Schwert und Armbrust eingemauert. Dahinter, an der Straße des 1. Mai, liegt links die **Gnadenkirche zum Heiligen Kreuz**, eines von sechs evangelischen Gotteshäusern, die Kaiser Joseph I. von Österreich aufgrund des Altranstädter

In der reichgeschmückten Gnadenkirche

Vertrages von 1707 den schlesischen Protestanten zugestehen musste. Errichtet wurde sie 1709 bis 1714 von dem schwedischen Baumeister Martin Frantz aus Reval, der sich dafür die Katharinenkirche in Stockholm zum Vorbild nahm. Mehr als 4000 Gläubige finden darin Platz. Die von einem Hirschberger Kaufmann gestiftete Orgel über dem Hauptaltar ist eine der größten und wohlklingendsten in Schlesien. Das Taufbecken besteht aus bläulichem Marmor mit eingelegten Alabaster-Reliefs, die das Leben Christi darstellen. Die Kanzel ist aus einem Sandsteinblock gearbeitet. Auf ihr wurde am 1. August 1745 Pastor Adolph während der Predigt zum Entsetzen seiner Gemeinde vom Blitz getroffen und getötet. Der Blitz war durch einen Metallstab übertragen worden, an dem der Kanzelbaldachin befestigt war.

Ein sehenswerter Jugendstilbau ist das an der Wojska-Polskiego-Straße gelegene **Theater**, das als Kunst- und Vereinshaus aus privaten Spenden finanziert und 1904 fertiggestellt wurde. Nicht weit davon, in der J.-Matejki-Straße, steht das auf Initiative des Riesengebirgsvereins 1914 eröffnete **Riesengebirgsmuseum**. Dort sind unter anderem das Modell eines der Bürgerhäuser am Markt und der Nachbau eines typischen Bauernhauses aus dem Riesengebirge zu sehen. Das heutige **Regionalmuseum Jelenia Góra** besitzt die größte Glassammlung in Polen und eine der reichhaltigsten Europas. Es zeigt außerdem Graphik, Zinngegenstände, Keramik, Pfefferkuchenformen, niederschlesische Hauben, Truhen, Schränke und Webstühle.

Außerhalb des Zentrums

Vom Museum empfiehlt sich ein Spaziergang auf den **Wzgórze Kościuszki** (Kavaliersberg), der als Park gestaltet ist. Noch bis Ende des 18. Jahrhunderts diente der Ort als Galgenberg. Für geologisch Interessierte befindet sich hier ein besonderer Leckerbissen: ein geologisches Modell der Westsudeten, das 1902 aus den natürlichen Gesteinen der einzelnen Gebirgspartien angefertigt wurde und von den Góry Stołowe (Heuscheuer-Gebirge) über das Riesengebirge bis zum Pogórze Kaczawskie (Bober-Katzbach-Vorgebirge) reicht.

Ein grün markierter Weg führt von der Innenstadt in nordwestlicher Richtung zum Wzgórze Krzywoustego (Hausberg). Nach einer halben Stunde ist man auf dem Hügel, auf dem sich in grauer Vorzeit die Burg (das ›Haus‹) erhob. Archäologische Grabungen beseitigten inzwischen Zweifel an ihrer Existenz. 1911 wurde ein Aussichtsturm errichtet, der wegen seiner Form heute der ›Pilz‹ genannt wird.

Sagen und Feste

Eine Sage weiß von einem Schatz zu berichten, der leider nur einmal im Jahr zugänglich ist, dann nämlich, wenn in der Pfarrkirche gerade die Weihnachtsmesse gelesen wird. Unterhalb des Hausberges sprudelt am Ufer des Bóbr eine Wunderquelle, die die Kraft hat, einen Ehebruch anzuzeigen. Viele Einwohner von Jelenia Góra holen sich hier ihr Teewasser. Auch sportlich und kulturell hat die Stadt mit dem Hirsch im Wappen viel zu bieten: jedes Jahr im Mai wird in Jelenia Góra das ›Festival der Wiener Musik‹ veranstaltet, im Juni führt das Radrennen Ostsee–Riesengebirge durch die Stadt. Im Sommer gibt es außerdem das Straßentheater-Festival und das Fliegertreffen, gefolgt von der Riesengebirgs-Autorallye und dem Internationalen Festival der Orgelmusik im September.

▸ Karte: hintere Umschlagklappe

EXTRA

Das Hirschberger Tal

Das Hirschberger Tal, das idyllisch gelegene Tal der Schlösser und Gärten, erstreckt sich im nördlichen Vorland des Riesengebirges. Im Osten grenzt es an den Landeshuter Kamm, im Norden an das Bober-Katzbach-Gebirge. Das ›Schlesische Elysium‹, wie es von den Romantikern des 19. Jahrhunderts schwärmerisch genannt wurde, beeindruckt bis heute Einheimische wie Fremde nicht nur durch die Schönheit seiner Natur, sondern auch durch seine von berühmten Architekten erdachten Burgen, Schlösser und Herrenhäuser mit den dazugehörigen Garten- und Parkanlagen.

Diese faszinierende Kulturlandschaft mit ihrer in Europa einzigartigen Dichte solcher Bauten ist über einen langen Zeitraum hinweg entstanden. Sie spiegelt die Geschichte der Grenzregion wider, in der deutsche, polnische und böhmische Einflüsse aufeinander stießen. Menschen kamen seit dem 11. Jahrhundert ins Hirschberger Tal. Hier wuchsen seit der von den Piasten vorangetriebenen Besiedelung Schlesiens mit deutschen Siedlern ab dem 12. Jahrhundert neue Adelsgeschlechter, die Burgen und Schlösser errichteten. Später waren es die wohlhabenden Hirschberger Tuchmacher und -händler, die sich ihre Landsitze in der heimatlichen Umgebung bauen ließen. Ganz entscheidend aber wurde das Tal im 19. Jahrhundert geprägt, als es der preußische Hochadel für sich entdeckte und zu einer der nobelsten Adressen seines sommerlichen Landlebens erkor. Prinz Wilhelm von Preußen erwarb 1822 im östlichen Teil des Hirschberger Tals das Gut und Schloss Fischbach, König Friedrich Wilhelm III. kaufte als Sommerresidenz 1832 Schloss Erdmannsdorf und 1839 als Sommersitz für seine Lieblingstochter Luise das nahegelegene Schloss Schildau.

Große preußische Baumeister wie Karl Friedrich Schinkel und Friedrich August Stüler, geniale Gartenarchitekten wie Peter Josef Lenné waren im Hirschberger Tal am Werk. Sie schufen Bauwerke und Anlagen, die vor dem imposanten Hintergrund des Riesengebirges eine Kulturlandschaft von europäischem Rang bilden. Insgesamt kann man von 36 Schlössern und Burgen in dem Gebiet zwischen Kowary und Czernica, Piecho-

Schloss Fischbach

wice und Mniszków sprechen. Die ursprünglich zur Repräsentation und Erholung ihrer Besitzer errichteten Anlagen entwickelten sich auch zu Zielen der Touristen, die mit der Errichtung von Bahnverbindungen unter anderem nach Breslau, Berlin und Dresden die ausgedehnten Schloss- und Parkanlagen für sich entdeckten. Erst mit dem Ende des Zweiten Weltkriegs ging die große Zeit der Schlösser im Hirschberger Tal vorerst zu Ende. Zwar fiel kaum ein Gebäude direkten Kriegshandlungen zum Opfer, wurden viele Schlösser in der Folgezeit in Schulen und Kultureinrichtungen, Ferienheime und Sanatorien, Verwaltungssitze oder landwirtschaftliche Betriebe umgewidmet, doch konnte das den Verfall in vielen Fällen bestenfalls verzögern. Zudem waren diesen Nutzungen in der unmittelbaren Nachkriegszeit oft Plünderungen und mutwillige Zerstörungen vorausgegangen. Mit den Grenzziehungen ab 1945 geriet das Hirschberger Tal zudem politisch ins Abseits, bei vielen Deutschen in Vergessenheit. Erst seit dem Fall des Eisernen Vorhangs erstrahlen einige der prachtvollen Bauwerke wieder in ihrem alten Glanz.

Schloss Fischbach im heutigen Karpniki liegt elf Kilometer östlich von Hirschberg am Fuße der Falkenberge. Seine bewegte Geschichte reicht bis ins Mittelalter zurück. Bevor es die Hohenzollern erwarben, war das Schloss im Besitz schlesischer Adelsfamilien. Zuletzt gehörte es dem Freiherrn Otto von Zedlitz. Prinz Wilhelm von Preußen und seine Ehefrau Marianne verlebten mit ihren vier Kindern viele Sommer auf Schloss Fischbach, oft blieb man bis zum Herbst. Fischbach avancierte zum gesellschaftlichen Mittel- und Treffpunkt des Hirschberger Tals. 1844 wurde das Schloss nach einem Entwurf des damaligen preußischen Stararchitekten Friedrich August Stüler im Stil der Neugotik umgebaut. Durch die Heirat von Prinz Wilhelms Tochter Elisabeth mit Prinz Karl von Hessen-Darmstadt kam das Schloss an das Haus Hessen, in dessen Eigentum es bis 1945 blieb. Während des Weltkriegs waren hier zum Schutz vor den Bombenangriffen auf Darmstadt die hessischen Kunstsammlungen eingelagert, darunter die berühmte Madonna von Hans Holbein dem Jüngeren. Nach Jahren des Leerstands und Verfalls wurde das Wasserschloss ab 2009 gründlich saniert. Seit Oktober 2014 beherbergt es ein stilvolles Schlosshotel mit behaglichem Wellnessbereich.

›Blick von der Terrasse des Schlosses Erdmannsdorf‹; Ölbild (1811) von Caspar David Friedrich

Schloss Schildau

Schloss Erdmannsdorf (Mylakowice) wurde 1751 von Maximilian Leopold von Reibnitz zu einer zweigeschossigen Barockresidenz mit dreiflügeligem Grundriss umgebaut. 1816 erwarb Generalfeldmarschall August Neidhart von Gneisenau das Anwesen. Nach Gneisenaus Tod 1831 kaufte Preußens König Friedrich Wilhelm III. das Schloss für die damals stolze Summe von 136000 Talern. In den Folgejahren wurde es von Karl Friedrich Schinkel umgebaut, der königliche Hofgärtner Peter Joseph Lenné entwarf den Schlosspark. Seine jetzige Gestalt im Stil der englischen Gotik verdankt es Friedrich August Stüler. Heute ist im Schloss Erdmannsdorf eine Schule untergebracht.

Landgut und Schloss Schildau (Wojanow) war jahrhundertelang im Besitz der Adelsfamilie von Zedlitz. Ein späterer Besitzer, der kurländische Justizrat Karl Albrecht Ike, ließ das Schloss durch einen Architekten aus dem Umfeld von Karl Friedrich Schinkel im Stil der Neugotik umbauen und verkaufte es an König Friedrich Wilhelm III. von Preußen. Der schenkte es seiner Tochter Luise und ihrem Gatten, dem Prinzen Friedrich von Oranien-Nassau. Der letzte Besitzer bis 1945 war Konsul Dr. Kurt Effenberg. Nach Kriegsende wurde es als Verwaltungsgebäude und Ferienheim genutzt. In der 1990er Jahren verfiel das alte Gemauer zur Ruine, 2002 brannte es aus. Nach aufwändiger Sanierung ist heute ein Luxushotel mit Hallenbad, Sauna, Konferenzräumen und edlem Bankettsaal daraus geworden. Als Hotel ›Palac Wojanow‹ wartet es mit seinen 92 Apartments und antik möblierten Zimmern auf Gäste. Von der Gartenterrasse des Schlosses Schildau genießt man einen wunderschönen Blick auf die Schneekoppe.

Schloss Lomnitz (→ S. 47) gleich gegenüber wurde schon 1991 von einer deutsch-polnischen GmbH – der auch die Nachkommen des ehemaligen Schlossbesitzers angehören – erworben und ist heute ein gern besuchtes Hotel und Ausflugslokal, eine Stätte für internationale Kulturveranstaltungen sowie der Sitz des Vereins zur Pflege schlesischer Kunst und Kultur in Polen. Hier hat die sehr sehenswerte Ausstellung ›Das Tal der Schlösser und Gärten. Das Hirschberger Tal in Schlesien – ein gemeinsames Kulturerbe‹ seinen dauerhaften Sitz gefunden.

Jelenia Góra

PLZ: 58-500.
Vorwahl: 0048/(0)75.
Karkonoska Informacja Turystyczna, Plac Ratuszowy 6/7, Tel. 0048/519509343, it-jeleniagora@dot.org.pl, www.jeleniagora.pl; Mo–So 8–18 Uhr. Das Büro hält Reiseführer, Karten, Stadtpläne und Veranstaltungskalender bereit.

Internet-Café PC Power, ul. Konopnickiej 3 (unweit vom Rathaus), 1. Etage, Tel. 7532595.

Baron, ul. Grodzka 4, Tel. 7523351, recepcja@hotelbaron.pl, www.hotelbaron.pl. Geschmackvoll restauriertes Haus in der Altstadt, wenige Schritte vom Markt entfernt, 16 gepflegte DZ mit Telefon und Kabel-TV, Frühstücksbüfett und bewachtem Parkplatz. DZ mit Frühstück ab 50 Euro, gängige Kreditkarten werden akzeptiert. Die angeschlossene Bierstube ›Karczma Grodzka‹ offeriert polnische, schlesische und italienische Spezialitäten. Nichtraucherhotel.

Jelonek, ul. 1 Maja 5, Tel. 7646541, recepcja@hoteljelonek.pl, www.hoteljelonek.pl. Schmuckes, kleines Drei-Sterne-Haus in der Fußgängerzone, verbirgt sich hinter einer Barockfassade von 1736. DZ mit Frühstück etwa 200 Złoty; Kreditkarten: Diners Club, American Express, Polcard, Eurocard, Mastercard, Visa. Im Erdgeschoss befindet sich ein ›Pizza-Hut‹-Restaurant.

Hotel Fenix Strauss, ul. 1 Maja 88, Tel. 6416600, info@hotelstrauss.com, www.hotelstrauss.com. Nahe dem Bahnhof gelegen, 70 Betten. Ähnlicher Standard wie das ›Jelonek‹: Zimmer mit Minibar und Sat-TV, Sauna und Solarium im Haus, eine Garage ebenso. Der Transport zur 8 km entfernten Skipiste ist im Preis inbegriffen.

Europa, ul. 1. Maja 16–18, Tel. 6495500, recepcja@europa-hotel.com.pl, www.europa-hotel.com.pl. Denkmalgeschütztes Haus (ehemaliges Hotel ›Drei Berge‹) mit 110 Betten, Restaurant, Billard-Club, Solarium, Wechselstube und eigenem bewachten Parkplatz. DZ mit Frühstück 195 Zloty, an Wochenenden und bei längeren Aufenthalten gibt es Rabatt.

Mercure Jelenia Góra, ul. Sudecka 63, Tel. 7549148, h3408@accor.com. Großer Neubau gegenüber dem Kavaliersberg, Schwimmbad, Sauna und Solarium, Konferenzräume und bewachter Parkplatz.

Schloss Lomnitz, ul. Karpnicka 3, Łomnica, Tel. 7130460, hotel@schloss-lomnitz.pl, www.schloss-lomnitz.pl. Stilvolles, einige Kilometer außerhalb in einem Park im Hirschberger Tal gelegenes Hotel, das von der deutschen Familie von Küster betrieben wird. DZ mit Frühstück ab 90 Euro, Kinder bis 4 Jahre frei. Terrasse mit Blick auf die Schneekoppe!

Pałac Wojanów (Schloss Schildau), Wojanów 9, Tel. 7545300, recepcja@palac-wojanow.pl, www.palac-wojanow.pl. Unweit von Schloss Lomnitz gelegen und aufwändig restauriert, 92 Apartments und Zimmer, Konferenzräume, Bankettsaal. Hallenbad, Sauna, Wellnessangebote. DZ in den Gartenhäusern 390 Złoty, im Schloss 500 Złoty.

Auto-Camping Park, ul. Sudecka 42, Tel./Fax 754525; campingpark@interia.pl, www.camping.karkonosz.pl. An der Straße Richtung Karpacz, unterhalb des Kavaliersberges. Stellplätze

▲ Karte: hintere Umschlagklappe

für Wohnmobile, Campinganhänger und Zelte, auch Bungalows und Gästezimmer mit Bad. Kostenloser WLAN-Zugang. Grill- und Lagerfeuerplatz. Nur 200 Meter entfernt gibt es einen Tennisplatz und ein Schwimmbad.

Pension Rhein, Dzialkowicza 28, Tel./Fax 7643868, Sechs komfortable, auch behindertengerechte Zimmer. Viele Stammgäste. Inhaberin Regina Labuda spricht Deutsch.

Hostel Traper, Jolanta Lisiecka, ul. Romualda Traugutta 20/6, Tel. 642668, hostel.liesecka@gmail.com, www.hostel-traper.pl. Mehrbettzimmer, Küche, kostenloses Internet. Einfach, preiswert.

Zahlreiche Cafés und Restaurants findet man in den Laubengängen um den Markt, zum Beispiel das ›Pokusa‹ und das ›Sofa‹. Hier trifft man Einheimische, vor allem junges Publikum.

Im Hotel ›Europa‹ in der Fußgängerzone gibt es ein **McDonalds**-Restaurant, Tel./Fax 7676645, und das Restaurant **Salsa Mexikana**.

Tanzen kann man in der **Bar des Hotel Europa**, Tel. 7647125, im **Club Latino**, Grunwaldzka 2, Tel. 7671895, im **Lochy Music Pub**, Chelmonskiego, Tel. 641250, oder zu Technoklängen im **Riverside**, Wojska Polskiego 66, Tel. 753110.

Riesengebirgsmuseum (Muzeum Karkonoskie), ul. Jana Matejki 28, Tel. 7523465, sekretariat@ muzeumkarkonoskie.pl, www.muzeumkarkonoskie.pl. Südlich der Altstadt Richtung Kavaliersberg; umfangreiche Sammlungen von Glas und Keramik, Gebirgsbauernhaus mit Einrichtung aus dem 18. Jahrhundert, neue multimediale Ausstellung über die Geschichte Hirschbergs. Eintritt 7 Złoty, montags geschlossen.

Aeroklub Jelenia Góra, ul. Łomnicka-Lotnisko, Tel. 7526020, Fax 753701, aeroklubjg@jg.home.pl, www.aeroklub.jgora.pl/. Rundflüge, Drachen- und Gleitschirmfliegen, Ausbildung, Training und Charterflüge.

Cieplice

Der heute älteste Kurort Polens, bekannt durch seine heißen Schwefelquellen, liegt etwa sechs Kilometer südwestlich vom Zentrum Jelenia Góras ebenfalls im Tal der Kamienna und wurde 1976 eingemeindet. Bad Warmbrunn gehörte einst zu den mondänen Plätzen, an denen sich die elegante Welt Alt-Europas zur Badekur traf. Entdeckt wurde der Ort, als Herzog Boleslaus der Lange mit seinem Gefolge im Jahr 1175 einen angeschossenen Hirsch verfolgte. Der schleppte sich zu einer warmen Quelle, um seine Wunden zu heilen. Boleslaus soll daraufhin hier eine Kapelle zu Ehren Johannes des Täufers gebaut haben. So jedenfalls will es die Sage. Um 1400 kam die heilkräftige Quelle in den Besitz des Ritters von Schaffgotsch, der hier eine Propstei der Grüssauer Zisterzienser mit Warmbad und gelehrten Badeärzten stiftete. Die dem fränkischen Uradel entstammende Familie von Schaffgotsch wurde zum reichsten schlesischen Adelsgeschlecht, dem große Teile des nördlichen Riesengebirges gehörte. Nach der Reformation trat sie zum Protestantismus über. 1635 wurde General Hans Ulrich von Schaff-

gotsch, der sich auf die Seite Wallensteins geschlagen hatte, auf Befehl des Kaisers in Regensburg enthauptet. Seine Kinder erzog man katholisch. Die Familie kehrte – wie viele Schlesier im Zuge der Gegenreformation – zum katholischen Glauben zurück.
Nach dem Brand ihrer sagenumwobenen Burg Kynast verlegten die Schaffgotschs ihren Wohnsitz zunächst nach Hermsdorf (heute Sobieszów) und anschließend nach Bad Warmbrunn.

Sehenswürdigkeiten

Noch heute wird Cieplice von der monumentalen, hufeisenförmigen **Residenz** derer von Schaffgotsch beherrscht, einem prachtvollen, spätbarocken Palais, das von 1784 bis 1788 der Oppelner Baumeister Johann Georg Rudolf errichete. Sehenswert ist besonders der zweigeschossige Ballsaal im Empire-Stil mit seiner stuckverzierten Decke, dem schönen Intarsien-Fußboden, dem klassizistischen Kachelofen, den Spiegeln und Kristalleuchtern. Gegenwärtig befindet sich hier eine Außenstelle der Technischen Universität Wrocław.
An das Palais grenzt der gepflegte **Kurpark**, ursprünglich als französischer Park angelegt, später zum englischen Landschaftsgarten umgestaltet. Darin wurde um 1800 für die Badegäste das ›Kaffee- und Gesellschaftshaus Galerie‹, ein Kuppelbau nach italienischem Vorbild mit Ball-, Konzert-, Billard- und Speisesaal, und 1836 ein klassizistisches Kurtheater eröffnet. Hinter dem Theater steht eine Statue des Erzengels Michael, der mit dem Speer gerade den zu seinen Füßen röchelnden Satan durchbohrt.
Die Hauptallee führt nach Süden weiter zum **Park Norweski**, dem norwegischen Park, der 1906 von dem norwegischen Papiermaschinenfabrikanten Eugen Füllner angelegt wurde. Von seiner südlichen Spitze hat man einen schönen Blick auf das Riesen- und Isergebirge. Die Füllners brachten Ende des 19. Jahrhunderts übrigens die ersten Skier nach Schlesien. Das Blockhaus im Park – früher ein Restaurant – beherbergt ein vielbesuchtes **Naturkundemuseum** mit der Vogel-, Käfer- und Schmetterlingssammlung der Reichsgrafen von Schaffgotsch.
Das ehemalige Zisterzienserkloster, jetzt ein **Pfarrhaus**, stammt in seiner heutigen Form aus dem späten 17. Jahrhundert. Die angrenzende barocke **St. Johannes-Kirche** besitzt ein Altarbild des ›schlesischen Raffael‹ Michael Willmann, das die Himmelfahrt Mariens zeigt. Die Gemälde am Orgelchor sind Werke seines Schülers Anton Hoffmann. An der Kanzel sieht man Szenen aus dem Leben Johannes des Täufers, des Schutzpatrons der Kirche. In ihrer Krypta liegt die Familiengruft der Grafen von Schaffgotsch. Weitere Grabmale sind an der Friedhofsmauer und auf dem Kirchhof zu erkennen. Neben der St. Johannes-Kirche erheben sich ein **Campanile**, ein freistehender Glockenturm, und eine **Stiftersäule**, die von einer Skulptur der Heiligen Dreieinigkeit und

Die Residenz derer von Schaffgotsch

▶ Karte S. 65

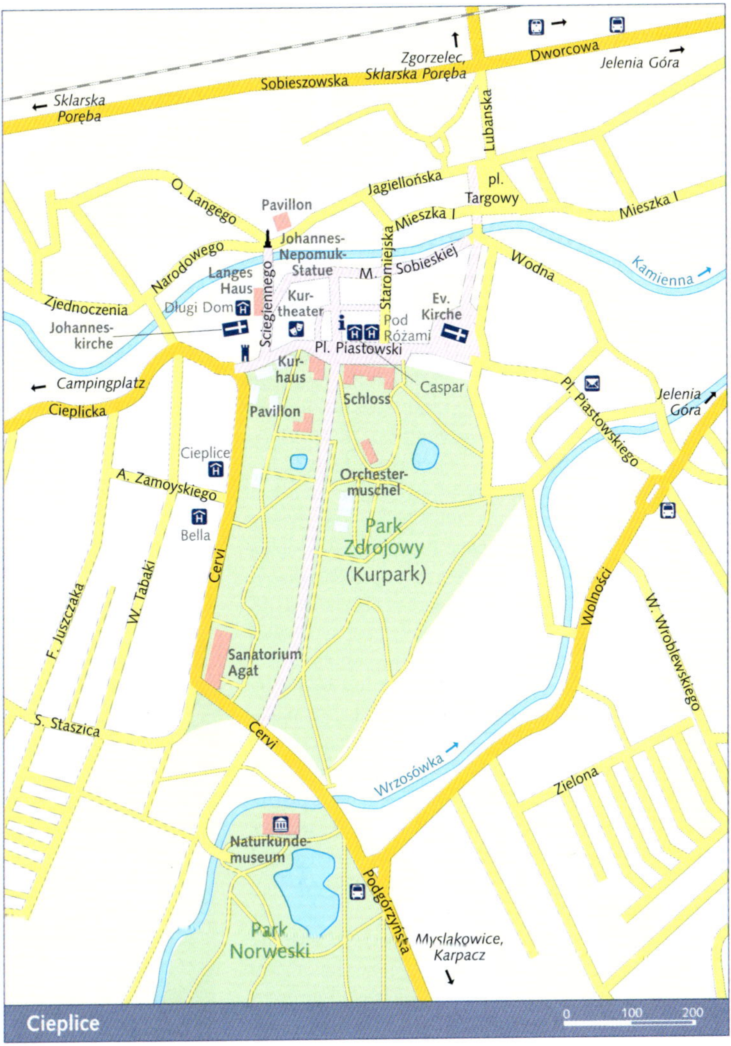

den Figuren von St. Hubertus und St. Sebastian gekrönt wird.

Am Piastowski-Platz steht auf ovalem Grundriss die **evangelische Erlöserkirche**, heute eine der wenigen im polnischen Riesengebirgsvorland. Es ist einer der schönsten barocken Sakralbauten in Schlesien. Für eine evangelische Kirche bemerkenswert ist der üppige Innenschmuck, der von dem Hirschberger Künstler Heinrich Wagner stammt.

Den Westteil des Platzes dominiert das **Kurhaus**, auch Quellenhof genannt, das in den 1930er Jahren entstand, als in

Echt Stonsdorfer - eine Spezialität aus dem Riesengebirge

Man schrieb das Jahr 1801, als sich der Wandergeselle Christian Gottlieb Koerner, aus Paris kommend, in Stonsdorf im Riesengebirge niederließ. Für einen Wochenlohn von einem Taler und drei Silbergroschen fand er Arbeit als Geselle in der örtlichen Brauerei. Stonsdorf war ein zwar idyllisch gelegenes, doch kaum bekanntes Gebirgsnest. Krummhübel dagegen hatte sich schon einen Namen als ›Laborantendorf‹ gemacht. Dort lebten Kräutersammler und geheimnisvolle Arzneihersteller, die die reichhaltige Pflanzenwelt ins Riesengebirge gelockt hatte. Was auf den sonnigen Gebirgsmatten und in den schattigen Talschluchten an Wurzeln, Moosen, Kräutern und Beeren wuchs, sammelten sie und mixten es zu ihren ›Laborantentränklein‹. Die Rezepte hielt man streng geheim und vererbte sie in alchimistisch abgefassten Medizinbüchern. Wie es dem Brauereigesellen Koerner gelang, in den Besitz eines der Geheimrezepte zu kommen, ist nicht überliefert. Ließ sich aus der Medizin nicht auch ein bekömmlicher Bitterlikör herstellen? Diese Frage ließ ihn nicht mehr los. In Paris hatte er die modernen Destillationsmethoden der feinen französischen Liköre kennengelernt. Koerner begann, mit dem Rezept aus Krummhübel zu experimentieren. Das Ergebnis war der ›Echt Stonsdorfer Bitter‹. Der 32-prozentige Likör wird aus Gewürzen, Kräutern und Früchten unter Verwendung von Heidelbeeren hergestellt und hat einen süß-bitteren, leicht fruchtig-herben Geschmack. Ab 1810 produzierte Christian Gottlieb Koerner sein neues Getränk in Stonsdorf. Mit dem Aufschwung des Fremdenverkehrs im 19. Jahrhundert wuchs die Nachfrage nach dem Stonsdorfer Bitter. Denn die Gäste, die ihn in Bauden und Gasthäusern kennengelernt hatten, wollten den Likör nun auch in ihren heimischen Wirts- und Wohnstuben trinken. Die kleine Brennerei in Stonsdorf platzte aus allen Nähten. Wilhelm Koerner, Sohn und Erbe des Gründers, zog daher um ins benachbarte Cunnersdorf an die Landstraße von Hirschberg nach Warmbrunn. Der eingebürgerte Name ›Stonsdorfer‹ aber blieb. Der Erfolg rief Nachahmer auf den Plan, doch die Inhaber der Fabrik erstritten sich das verbriefte Recht, nur ihr Original als ›Echten Stonsdorfer Bitter‹ zu bezeichnen. In Fässern und Korbflaschen verschickte man den Stonsdorfer nach Indien, China, Japan, Australien und Brasilien. 1945 wurde die Familie aus Schlesien vertrieben. Nach langem Suchen gründete sie 1957 im schleswig-holsteinischen Harksheide – vor den Toren Hamburgs – eine neue ›Stonsdorferei‹. Wertvollstes Startkapital war das alte Geheimrezept, das die Familie mitgebracht hatte. Den ›Echt Stonsdorfer‹ gibt es nach wie vor, und wichtige Zutaten kommen bis heute aus dem Riesengebirge.

Das Original seit 1810

Bad Warmbrunn der gesamte Kurbetrieb modernisiert wurde. Die Mineralwasser-Trinkhalle schließt sich daran an. Die wärmste der sechs Thermalquellen hat eine Temperatur von 43 Grad Celsius. Angewendet werden die Thermalwasserkuren vor allem bei Rheuma, Gicht, Nieren- und Nervenkrankheiten. Auch Moorbäder und -packungen mit Moorerde aus dem Isergebirge werden verabreicht. Die Verwaltung des Kurbetriebs von Cieplice-Zdrój (zdrój heißt Quelle) sitzt im **Langen Haus**. Es ist das älteste Warmbrunner Gebäude, das schon im 17. Jahrhundert von Mönchen aus Grüssau (heute Krzeszów) errichtet wurde und früher die berühmte Schaffgotsche Bibliothek beherbergte.

Dort wo die Piotr-ciegienny-Straße über die Kamienna führt, steht eine **Statue** von Johannes Nepomuk. Einer der Reichsgrafen von Schaffgotsch stiftete sie 1712, um dem für Brücken zuständigen böhmischen Schutzheiligen für seine wundersame Rettung zu danken: Als Herr von Schaffgotsch während eines Unwetters über die morsche Brücke fuhr, brach diese plötzlich unter ihm zusammen und hätte fast die Kutsche samt dem Grafen mit ins Wasser gerissen ... Dass Bad Warmbrunn aber nicht nur ein Badeort war, zeigt der **Tallsack-Markt**. Tallsack hieß in der niederschlesischen Mundart ein ungeschickter Mensch. Alljährlich zu Palmarum – am Sonntag vor Ostern – wurden in Bad Warmbrunn Tallsäcke verkauft: ein Milchteiggebäck in Form eines breitbeinig stehenden Mannes, die Arme in die Seiten gestemmt, Augen, Nase, Mund und Westenknöpfe aus Rosinen gebildet. Auf keinem Frühstückstisch fehlte der Tallsack. Dazu wurde ein Volksfest gefeiert, bei dem man, wie ein Chonist notierte, sich traf, sang, tanzte und trank: »Wirklich ist der Tallsack-Markt ein Stelldichein für die ganze weite Umgegend geworden. Leute, die sich durch die Entfernung ihrer Dörfer oft das ganze Jahr nicht sehen, treffen hier zusammen.«

Wanderung von Cieplice nach Staniszów

Von Cieplice führt ein grün markierter Weg ins 4,5 Kilometer entfernte Staniszów (Stonsdorf). Der Ort hat zwei Schlösser, von denen eines heute ein Hotel beherbergt. Ein lohnender **Aussichtspunkt** ist der 484 Meter hohe Berg Witosza (Prudelberg). Weltbekannt wurde der Name Stonsdorf durch den gleichnamigen Waldheidelbeerenlikör.

Cieplice

PLZ: 58-560.

Vorwahl: 0048/(0)75.

Centrum Informacji Turystycznej i Kulturalnej (Zentrum für Touristen- und Kulturinformation), Plac Piastowski 36, Tel. 7558844.

Hotel Cieplice, ul. Cervi 11, Tel. 7551041, hotelcieplice@hotelcieplice.pl, www.hotelcieplice.pl; DZ mit Frühstücksbuffet 220 Złoty. 2012 modernisiert, 98 Zimmer, auch behindertengerecht, Schwimmbad, Sauna, Fitness-Studio, Panorama-Terrasse.

Hotel Caspar, ul. Pl. Piastowski 28, Tel. 6455001, recepcja@caspar.pl, www.caspar.pl. Stilvoll, direkt an der Fußgängerzone, DZ ab 200 Złoty , Sonderkonditionen für Senioren.

Hotel Bella, ul. Zamoyskiego 3, Tel. 6431250, recepcja@hotelbella.pl, www.hotelbella.pl; DZ ab 180 Złoty. Kinderspielplatz, Angebote für Radler und Biker.

Hotel Pod Różami (Rosengarten), pl. Piastowski 26, Tel. 7551453, biuro@podrozami.pl; www.podrozami.pl. Zentral neben dem Kurpark, geschmackvoll; DZ mit Frühstück 49 Euro.

Hotel Długi Dom, P. Ściegiennego 5, Tel. 7551057, www.dlugidom.pl. Nur 150 Meter zum Kurpark, historisches Gebäude, renoviert, neue Zimmer, Nichtraucherhaus, WLAN kostenfrei, Sauna, Restaurant.

Kurbetrieb: Uzdrowisko Cieplice (Kurbetrieb Bad Warmbrunn), pl. Piastowski 38, Tel. 7551003, kontakt@uzdrowisko-cieplice.pl, www.zdrowisko-cieplice.pl. Behandlung von Erkrankungen der Bewegungsorgane, der Harnwege und Augenkrankheiten.

Sanatorium Agat, ul. Cervi 14, Tel. 7552064, marketing@agatjg.nazwa.pl, www.sanatorium-agat.pl. Kuraufenthalte mit medizinischer Betreuung, Thermalbad und Salzgrotte.

Campingplatz Słoneczna Polana, ul. Rataja 9, Tel. 7552566. Dort kann man auch Bungalows mieten.

Restaurant Dom Tyrolski (Tiroler Haus), Myslakowice (Zillertal-Erdmannsdorf), ul. Starowiejska 14, Tel. 7635547.

Naturkundemuseum, ul. Cieplicka 11A, Tel. 7551506, www.muzeum-cieplice.pl. Das Museum ist in einem Blockhaus im sogenannten norwegischen Park untergebracht. Es bietet Sammlungen von Vögeln, Schmetterlingen, Käfern und Pilzen. Mai bis Sept. Di–Fr 9–18, Sa/So 9–17 Uhr; Okt. bis April Di–So 9–16 Uhr, Mo und nach Feiertagen geschlossen. Eintritt 5 Zloty, samstags frei.

Sobieszów

Vier Kilometer südwestlich von Cieplice am Fuß der Burgruine Chojnik (Kynast) liegt Sobieszów (Hermsdorf). Wer auf der Landstraße 366 von Karpacz oder Szklarska Poręba hierher kommt, lasse sich nicht von dem Ortsschild ›Jelenia Góra‹ verwirren: Auch Sobieszów wurde im Zuge der Gebietsreform im Jahr 1976 dorthin eingemeindet.

Die Geschichte des Ortes ist eng mit der Burg verwoben, die ebenso wie Hermsdorf bis 1945 jahrhundertlang den Grafen von Schaffgotsch gehörte. Auch hier besaßen sie ein **Schloss**, das 1705 bis 1710 erbaut wurde und ihnen einige Jahre als Residenz diente. Später war es Verwaltungsgebäude mehrerer Güter und Aufbewahrungsort des Familienarchivs. Heute ist in dem Barockschloss eine Landwirtschaftsschule untergebracht. Sehenswert ist in Sobieszów außerdem die an der Straße nach Piechowice gelegene **Kirche St. Martini** mit ihrem einzeln stehenden Glockenturm aus dem späten 18. Jahrhundert. Ihre Innenausstattung schuf der Hirschberger Bildhauer Augustin Wagner. Im Zentrum von Sobieszów steht die früher evangelische, jetzt katholische **Pfarrkirche** zum Heiligen Herzen Jesu (1744/45).

Im 20. Jahrhundert mauserte sich Hermsdorf zu einer beliebten Sommerfrische mit vielen Gasthöfen und Pensionen und zum Ausgangspunkt für Ausflüge ins Riesengebirge.

Piechowice

Im Tal der Kamienna erstreckt sich das langgezogene Piechowice (Petersdorf), das im 14. Jahrhundert als Glasmachersiedlung entstand und erst 1967 nach

▲ Karte: vordere Umschlagklappe

der Eingemeindung mehrerer umliegender Dörfer das Stadtrecht erhielt. In dem in Richtung Sobieszów gelegenen Ortsteil Piechowice Dolne wächst der älteste Baum des Riesengebirges, eine 700-jährige Eibe mit einem Durchmesser von mehr als dreieinhalb Metern.
Oberhalb von Piechowice in Richtung Jagniątków liegt das kleine Bergdorf Michałowice (Kiesewald). Hier empfiehlt sich ein Spaziergang zum Złoty Widok (Goldene Aussicht), wo sich ein schöner Blick auf das Kamiennatal und die Berge des Riesen- und Isergebirges bietet.

Burgruine Chojnik

Die Ruine auf dem sogenannten Granitberg ist ein beliebtes Ausflugsziel. Am Fuß des Berges hat die Direktion des polnischen Riesengebirgs-Nationalparks ihren Sitz. An gleicher Stelle befindet sich ein naturkundliches **Museum** mit einer Ausstellung über die Pflanzen- und Tierwelt des Riesengebirges. Dargestellt ist darin auch die Arbeit der Naturschützer und der polnischen Bergwacht GOPR.
Die Burg Kynast wurde im 14. Jahrhundert als Grenzfestung von den Herzögen von Jauer und Schweidnitz errichtet. Bald danach kam sie in den Besitz der Grafen von Schaffgotsch, einer der mächtigsten Adelsfamilien in Schlesien, die sie zu ihrem Stammsitz ausbauten. Weder die Hussiten noch die Schweden im Dreißigjährigen Krieg konnten die Festung erobern. Während eines Unwetters am 31. August 1675 wurde die Burganlage allerdings vom Blitz getroffen und brannte aus. Die Ruine steht auf einem bewaldeten Berg am Fuß des Riesengebirges, auf dessen südöstlicher Seite ein Steilhang 150 Meter tief ins Höllental abfällt.
Um die malerische Ruine ranken sich Sagen. Die bekannteste ist die von der schönen Prinzessin Kunigunde, der Tochter des wohlhabenden Burgherrn. Viele stattliche Ritter hielten um ihre Hand an. Doch die stolze Kunigunde verlangte von jedem Bewerber eine schwere Prüfung: Hoch zu Ross musste er in voller Rüstung die Burg auf der schmalen Mauer umreiten. Viele junge Männer stürzten in den Abgrund unterhalb der Festung und fanden den Tod. Endlich kam der Landgraf von Thüringen, ein schöner Mann, der Kunigunde so gut gefiel, dass sie ihm auch ohne den höllischen Ritt ihre Hand geben wollte. Der kühne Held absolvierte die Prüfung ohne abzustürzen – und ritt ohne seinen Lohn davon. Kunigunde wolle er nicht zur Frau nehmen, ließ er verlauten, weil durch ihre Grausamkeit so viele Männer ums Leben gekommen seien. Diese Schmach konnte die Prinzessin nicht ertragen und

Schloss Wernersdorf

Die polnische Seite des Riesengebirges (Karkonosze)

Auch im Winter bietet der Chojnik ein romantisches Bild

stürzte sich vom Bergfried in den Tod. Auf einem Felsen im Höllengrund sind noch heute zwei regelmäßige Vertiefungen zu sehen, bei denen es sich angeblich um den Abdruck von Kunigundes Hinterteil handeln soll.

Schon im vorigen Jahrhundert war der Kynast eine Touristenattraktion. Ein Wirtshaus wurde eingerichtet und jeder Ankommende mit einem Trommelwirbel begrüßt. Im Sommer führte man im Burghof das Kunigunden-Festspiel auf. Heute werden hier Ritterturniere und Vorführungen im Bogen- und Armbrustschießen veranstaltet. Vom 30 Meter hohen **Bergfried**, auf den eine Wendeltreppe führt, hat man einen der schönsten Ausblicke auf das Riesengebirge und den Talkessel von Jelenia Góra. Beim Rundgang um die Burg sieht man noch den Hungerturm und die Wasserzisterne. Im Haupthof steht die knapp vier Meter hohe steinerne **Staup-säule**. Sie trägt Spuren eiserner Fesseln und hat Vertiefungen für die Köpfe der Verurteilten, die hier ausgepeitscht wurden. In der nördlichen Burgbastei lädt ein Gasthaus mit Übernachtungsmöglichkeit ein. Auch die polnische Bergwacht hat hier eine Zweigstelle.

▲ Karte: vordere Umschlagklappe

Jagniątków

Nur vier Kilometer sind es von Sobieszów in das idyllisch von Wald und Hügeln umgebene Jagniątków (Agnetendorf), das langjährige Domizil des Dichters und Literaturnobelpreisträgers Gerhart Hauptmann. Der im 17. Jahrhundert von böhmischen Protestanten gegründete Ort war nach der Witwe Agnes des im Dreißigjährigen Krieg hingerichteten Wallenstein-Anhängers Hans Ulrich von Schaffgotsch benannt. Die Straße ist nicht ausgeschildert. Kommt man auf der Landstraße 366 von Karpacz, folgt man in Sobieszów hinter der Brücke über die Wrzosówka (Schneegrubenwasser) nicht der nach rechts abbiegenden Hauptstraße, sondern biegt links ab; kommt man von Cieplice, fährt man einfach geradeaus weiter. Die schmale Straße führt im Tal der Wrzosówka leicht bergan. Links sieht man die Burgruine Chojnik. Vom Ortsschild ›Piechowice‹ sollte man sich nicht irritieren lassen, dorthin wurde das Dorf eingemeindet. Hinter einer Bushaltestelle fährt man rechts über die Wrzosówka-Brücke, geradeaus fällt der Blick nach oben auf den Riesengebirgskamm mit der Großen Sturmhaube, dem Hohen Rad und der Schneegrubenbaude. Rechts kommt man an einer schmucken, 1986 neugebauten Kirche vorbei und fährt weiter bis zum Ortsende.

Dort führt rechts ein kleiner Pfad mit Souvenirständen zu Hauptmanns prunkvollem Haus Wiesenstein, das er sich von 1900 bis 1902 von dem Berliner Architekten Hans Griesebach im Jugendstil errichten ließ.

In seinem ›Buch der Leidenschaft‹ hat Gerhart Hauptmann das Entstehen seines Hauses beschrieben, in dem er mit seiner zweiten Frau Margarete lebte. 1946 ist der Dichter in dem burgähn-

lichen Gebäude gestorben. Begraben wurde er auf seinem Sommersitz auf der Ostseeinsel Hiddensee. **Haus Wiesenstein** in Agnetendorf ist seit 2001 öffentlich zugänglich. Es zeigt eine Ausstellung zu Leben und Werk Gerhart Hauptmanns und dient als deutsch-polnische Begegnungsstätte.
Jagniątków ist Ausgangspunkt für lohnenswerte Ausflüge. Die Wanderwege beginnen in der Ortsmitte an der Brücke/Bushaltestelle, von wo aus sie auch ausgeschildert sind.

Hauptmanns Villa ›Haus Wiesenstein‹

Wanderungen rund um Piechowice

Piechowice ist Ausgangspunkt für eine anspruchsvolle Tageswanderung auf den Kamm und zurück. Von Jagniątków führen kürzere Touren hinauf zur tschechischen Petrovka-Baude oder über den Kochelfall nach Szklarska Poręba.

■ Von Piechowice zum Kamm

Ein blau markierter Weg führt zuerst durch ein kleines Tal und dann durch den Wald hinauf zu der Wegkreuzung Trzy Jawory (Drei Urlen, 665 Meter)

Bei Piechowice

und weiter zur Verzweigung Wysoki Most (Hohe Brücke). Von hier geht es mit der schwarzen Markierung aufwärts zur Hala pod Łabskim Szczytem (Almwiese unter der Veilchenspitze) mit der gleichnamigen Berghütte, die früher Alte Schlesische Baude hieß und die man nach zweieinhalb Stunden erreicht. Von hier führt ein gelb markierter Weg auf den Kamm und zu der mit ihrem roten Dach weithin sichtbaren Schneegrubenbaude. In diesem früheren 90-Betten-Hotel befindet sich eine Fernseh-Relaisstation. Leider gibt es hier zur Zeit keine Imbiss- und Erfrischungsmöglichkeit. Vom rot markierten Kammweg, der von hier über Steinstufen absteigt und das Hohe Rad (1509 Meter) rechts liegen lässt, hat man eine großartige Aussicht auf den Talkessel und die Schneegruben, zwei Gletscherkare, in denen auch im Sommer Schnee liegt und viele seltene Pflanzenarten heimisch sind. Ein Stück weiter zweigt der blau markierte Weg ab, der uns über die Verzweigung Rozdroże pod Wielkim Szyszakiem (Kreuzweg unterm Hohen Rad) zurück nach Michałowice (Kiesewald) bringt. Diese anspruchsvolle Rundwanderung dauert sechs bis sieben Stunden.

Von Sobieszów zur Burgruine Chojnik

Kurz vor dem Ortsausgang von Sobieszów in Richtung Karpacz, hinter der Brücke über die Wrzosówka, liegt ein kleiner bewachter Parkplatz, an dem auch Getränke, Wander- und Ansichtskarten verkauft werden. Von hier führen ein rot- und ein schwarz markierter Weg aufwärts. Im Wald trennen sie sich. Auf dem schwarzen Weg klettert man durchs Räuberloch - einen 20 Meter langen, schmalen Tunnel - und kommt an der Zbójecka Grota (Räuberhöhle) vorbei. Weiter oben stößt man wieder auf den rot markierten Weg, der direkt zur Burgruine auf dem 627 Meter hohen Granitberg führt. Die Wanderung dauert eine reichliche Stunde. Für die Rückkehr bietet sich der Weg durch die Piekielna Dolina (Höllengrund) an. Die gelbe Markierung führt rechts um die Burg herum, ein mit grünem Schrägbalken markierter Pfad anschließend steil durch die Schlucht bergab. Er trifft dann wieder auf den rot markierten Weg, der uns zum Parkplatz zurückbringt.

Von Jagniątków zur Petrovka

Ein schwarz markierter Weg (teilweise Fahrstraße) führt in zwei bis zweieinhalb Stunden auf den Kamm und zur Petrovka (Peterbaude), eine der ältesten Bauden des Riesengebirges. Sie ist leider am 1. August 2011 abgebrannt. Der Rückweg war früher eine beliebte Hörnerschlitten-Abfahrtsstrecke.

Über den Pass Czarna Przełęcz zur Schronisko pod Łabskim Szczytem

Auf der steileren, blau markierten Koralowa Ścieżka (Korallensteineweg) gelangt man in zwei Stunden von Jagniątków über die Paciorki (Korallensteine) zur Wegkreuzung Rozdroże pod Śmielcem, wo der grün markierte Hangweg kreuzt. Der Korallensteineweg führt geradeaus weiter auf den Kamm zum Pass Czarna Przełęcz nahe der Großen Sturmhaube (Śmielec). Der grün markierte Weg führt nach links zum Fuß der Schneegrube Czarny Kocioł, einem Gletscherkar, von dem aus man auf schwarzer Markierung absteigen kann. Nach rechts führt der grüne Hangweg zur Schneegrube und zur Schronisko pod Łabskim Szczytem (Alte Schlesische Baude). Von dort kann man auf einem schwarz markierten Weg in drei Stunden über die Wegkreuzung Trzy Jawory nach Jagniątków zurücklaufen.

Vom Grzybowiec über Michałowice nach Szklarska Poręba

Die gelbe, anschließend die grüne Markierung führt von Jagniątków zunächst auf den Grzybowiec (Bismarck-Höhe), dann über Michałowice (Kiesewald) hinunter zum Wodospad Szklarki (Kochelfall) und weiter in der Urlaubsort Szklarska Poręba (Schreiberhau), den man in reichlich zweieinhalb Stunden erreicht.

Bergfried auf dem Kynast (Chojnik)

▲ Karte: vordere Umschlagklappe

Piechowice und Umgebung

PLZ: 58-573.
Vorwahl: 0048/(0)75.
Touristenbüro, ul. Żymierskiego 53a, Tel. 7611106, karkonosze@stanisz.pl; www.karkonosze.org. Alles Wissenswerte über Piechowice und Umgebung erfährt man hier.

Schloss Wernersdorf (Pałac Pakoszów), ul. Zamkowa 3, Tel. 6497075, info@palac-pakoszow.pl, www.schlosshotel-wernersdorf.de. Schlosshotel der Extraklasse mit Spa, Marmorschwimmbad, Ballsaal mit barockem Deckengemälde. Aufwändig saniert von Hagen Hartmann, einem Enkel der letzten Besitzer, im April 2012 eröffnet. DZ ab 74 Euro.
Hotel Las, ul. Turystyczna 8, Tel. 7175252, recepcja@hotel-las.pl, www.hotel-las.pl. In Richtung Szklarska Poręba gelegen, 134 moderne Zimmer, Schwimmbad, Tennisplatz, Sauna, Kaminbar und viel Grün ringsum.
Gasthof Koralowa Ścieżka (Korallenpfad), ul. Mysliwska 13, 58-570 Jelenia Góra-Jagniątków, Tel. 7553371, koral@bpox.pl, www.koralowasciezka.pbox.pl. An der Grenze des polnischen Riesengebirgsnationalparks, in zwei Gebäuden Zimmer mit unterschiedlichem Standard ab 35 Złoty pro Person. Sauna, Internet und Lagerfeuerplatz.

Schronisko Zamek Chojnik. Die Herberge auf dem Kynast bietet preiswerte Mehrbettzimmer.
Herberge Kochanówka (Kochelfall-Baude), Tel. 7172400. Neben dem Kochelfall gelegen, 15 Betten in Zwei-, Drei- und Fünf-Bettzimmern.

Campingplätze gibt es in Jagniątków, in Piechowice in der ul. Żymierskiego 119 und in Sobieszów.

Dom Gerharta Hauptmanna (Gerhart-Hauptmann-Haus), ul. Michalowicka 32, 58-570 Jelenia Góra-Jagniątków, Tel. 7553286, kontakt@muzeum-dgh.pl, www.gerhart-hauptmann.de/Museum_Agnetendorf; Mi bis Okt. Di–So 9–17 Uhr, Nov. bis April 9–16 Uhr. Eintritt 3 Złoty, auf Voranmeldung Führungen auch in deutscher Sprache in Hauptmanns einstigem ›Haus Wiesenstein‹.
Burgruine auf dem Chojnik, im Sommer tgl. 10–17, im Winter 10–16 Uhr. Eintritt 2 Złoty, auch Führungen.
Naturkundemuseum des Riesengebirgsnationalparks, ul. Chałubińskiego 23, Sobieszów, Tel. 7553726. Unterhalb der Burgruine Chojnik; Di–So 10–16 Uhr, Mo und nach Feiertagen geschlossen.

Im Podgórna-Tal

Sehr schön im Podgórna-Tal (Tal des Hainwassers) gelegen sind die kleinen Dörfer Podgórzyn (Giersdorf), Przesieka (Hain), Zachełmie (Saalberg) und Sosnówka (Seidorf). Sie waren einst vielbesuchte Sommerfrischen und Wintersportorte und sind dabei, es wieder zu werden. Ende der 1920er Jahre war sogar geplant, von hier eine Seilschwebebahn hinauf zum Spindlerpass zu bauen. Bisher ist diese Idylle im mittleren Riesengebirgsvorland allerdings von den deutschen Touristen kaum wiederentdeckt worden und kann noch als ›Geheimtipp‹ bezeichnet werden. Wer Ruhe und etwas mehr Abgeschiedenheit sucht, ist hier gut aufgehoben.

Einladend: Restaurant ›Idylla‹ an der Goldenen Aussicht

Podgórzyn

Podgórzyn (Giersdorf) erreicht man über die Landstraße 366. Von Jelenia Góra aus empfiehlt es sich, über Cieplice und Sobieszów zu fahren. Der Ort wurde schon 1305 urkundlich erwähnt. Im 17. Jahrhundert gab es hier eine Glockengießerwerkstatt, die nicht nur Glocken, sondern auch Kanonenrohre goss und in viele Länder Europas lieferte. Eine der Glocken hängt in der hiesigen spätbarocken **Dorfkirche zur heiligen Dreifaltigkeit** in Podgórzyn-Dolny. Dort befindet sich auch ein wertvolles steinernes Taufbecken aus dem Jahr 1486. Später entstanden hier eine Papierfabrik, eine Holz- und eine Kristallschleiferei. Das ehemalige Hotel ›Teichschänke‹ beherbergt jetzt das Restaurant ›Nad Stawami‹ (An den Teichen). Hier befand sich die Schaffgot'sche Forellenzucht, heute eine **Karpfenzuchtanlage**. An den Teichen nisten Störche und viele Wasservögel.

Przesieka

Von Podgórzyn-Górny läuft man auf einem blau markierten Wanderweg in einer Viertelstunde nach Przesieka (Hain). Der auf 480 bis 650 Meter Höhe gelegene Ort ist wegen des abwechslungsreichen Geländes, der zentralen Lage und des milden Klimas eine beliebte Feriensiedlung. Das Dorf bietet sich als guter Ausgangspunkt für Ausflüge in die Umgebung an. Ein kurzer Spaziergang führt zum **Złoty Widok** (Goldene Aussicht, 610 Meter) und zum zweieinhalb Meter hohen **Walonński Kamień** (Wallonenstein), in den die mittelalterlichen Schatzgräber eines ihrer geheimnisumwitterten Wallonenzeichen – eine Hand und ein Kreuz – eingeritzt haben.

Am Hang der ›Goldenen Aussicht‹ lädt ein Restaurant mit dem passenden Namen ›Idylla‹ ein, das auch Apartments vermietet. Im kleinen Park ringsum gibt es einen Kinderspielplatz mit Schaukel

▲ Karte: vordere Umschlagklappe

und Sandkasten. Von der Terrasse des Restaurants bietet sich ein wunderschöner Blick in den Hirschberger Talkessel, im Winter sitzt man gut am gemütlichen Kamin. Nahe der ›Goldenen Aussicht‹ beginnt ein Skilift; hier kreuzen sich auch mehrere Wanderwege.

Nur noch ein paar Minuten sind es von hier zum **Wasserfall Wodospad Podgórnej**, an dem das Hainwasser aus zehn Metern Höhe herunterstürzt.

Zachełmie

Die Häuser und Bauernhöfe von Zachełmie (Saalberg) sind auf mehreren, 500 bis 600 Meter hohen Hügeln verstreut. »Das Klima ist so mild, dass auch noch feineres Obst gedeiht; der Wald ist überall in wenigen Minuten zu erreichen. Der Ort ist als Sommerfrische in Aufnahme gekommen, und die Wohnungen reichen kaum aus«, wusste Griebens Reiseführer von 1928 zu berichten. Mit ›feinem Obst‹ sind vor allem Kirschen gemeint, für deren Plantagen das Dorf bekannt war. Heute geht es hier ruhig zu. Wer Stille und Abgeschiedenheit mag, wird sich wohl fühlen.

Sosnówka

Östlich von Podgórzyn, nordwestlich des Grabowiec (Gräberberg, 784 Meter), liegt Sosnówka (Seidorf). Auch davon gibt es Nieder- und Oberdorf (Dolna und Górna Sosnówka). Im Ort, der 1305 im Register des Breslauer Bistums erstmals erwähnt wurde, sind zwei barocke **Kirchen** zu bewundern. Wie in Mysłakowice haben sich auch hier im vorigen Jahrhundert protestantische Tiroler Religionsflüchtlinge niedergelassen. König Friedrich Wilhelm III. von Preußen hatte 1837 ihre Ansiedlung erlaubt und unterstützte sie. Ihre **Häuser im Tiroler Stil** sind noch am Ortsrand in Richtung Miłków (Arnsdorf) zu sehen.

In **Miłków** kann man feudal im renovierten **Schloss** aus dem 17. Jahrhundert nächtigen und auf Pferden durch den Schlosspark mit seinen 200 alten Bäumen reiten. **Ciegny** (Steinseiffen), der hinter Miłków nächste Ort in Richtung Kowary, war ein Dorf der Köhler und Schmiede. Hier ist eine drei Meter hohe **Rundmauer** zu sehen, über die drei Pfähle hinausragen – die Überreste eines Galgens aus dem 18. Jahrhundert.

Heute ein Hotel: Schloss Miłków (Arnsdorf)

Wanderungen im Podgórna-Tal

Von Przesieka steigt man hinauf zum Mittagstein und weiter zum größten Bergsee des Riesengebirges. In Sosnówka-Dolna beginnt eine Wanderung zum wundertätigen Gutenbrunnen, einst ein heidnischer Kultplatz, der Glück in der Liebe bringen soll.

Gipfelstürmer am Mittagsstein

Przesieka–Przełęcz Karkonoska–Wielki Staw–Borowice

Die blaue Markierung führt in gut zwei Stunden auf einem Fahrweg sanft, dann steiler ansteigend zum Kamm. Hier kann man sich in der großen polnischen Baude ›Odrodzenie‹ (Wiedergeburt) stärken, dem 1929 als Jugendherberge eröffneten ›Jugendkammhaus Rübezahl‹. Gegenüber steht die tschechische Špindlerova bouda (Spindlerbaude).

Auf dem rot markierten Kammweg gelangt man über den Słonecznik (Mittagstein, 1423 Meter) zum Wielki Staw mit seinem schönen kristallklaren, blauen Wasserspiegel. Das ist der größte Bergsee des Riesengebirges, 550 Meter lang und 170 Meter breit. Oberhalb des Großen Teiches stand die 1888 erbaute Prinz-Heinrich-Baude (Schronisko Księcia Henryka), die 1947 abbrannte. Hier zweigt ein grün markierter Weg ab zur Polana-Wiese (1067 Meter), einer Wegkreuzung, an der die ›Schlingel-Baude‹ stand, die 1966 ebenfalls abgebrannt ist. Die gelbe Markierung führt von hier abwärts zur Rówienka (Rübezahls Kegelbahn, 960 Meter), einer ebenen Hochfläche. Man bleibt auf dem gelben Weg, der an dieser Stelle links abzweigt (geradeaus führt ein blau markierter Weg in 20 Minuten hinab zur Kirche Wang). Auf dem gelb markierten Weg gelangt man hinunter nach Borowice (Baberhäuser), das im Tal von fünf Bächen liegt. Das Dorf wurde während des Dreißigjährigen Krieges von einem Holzfäller und Religionsflüchtling aus der Schweiz gegründet. Die schöne Lage hat Borowice zum Ferienort gemacht, der vor allem im Winter wegen der guten Skimöglichkeiten gern besucht wird. Von hier gelangt man auf dem immer noch gelb markierten Weg zurück nach Przesieka.

Diese anspruchsvolle, lohnende Wanderung dauert fünf bis sechs Stunden.

Der Weg von Przesieka nach Jagniątków (gelb, 1 Stunde 15 Minuten) wird von Kennern besonders im Frühling empfohlen. Eine weitere Wanderung führt nach Zachełmie und von dort weiter auf die Burgruine Chojnik (grün, 1 Stunde 30 Minuten).

Von Zachełmie zur Burgruine Chojnik

Von Zachełmie empfiehlt sich eine Wanderung zur Burgruine Chojnik, wobei zwischen dem schwarz und dem grün markierten Weg gewählt werden kann. Auf ersterem begegnen uns die Rudzianki (Eisenberge). Auch hier sieht man wieder Hinterlassenschaften der mittelalterlichen Wallonen, der italienischen Schatzsucher, die in die Steine ihre geheimnisvollen Zeichen gemeißelt haben:

▲ Karte: vordere Umschlagklappe

einen Hammer, eine Hand und ein Kreuz. Die Wanderung zum Chojnik dauert eine knappe Stunde.

Von Sosnówka-Dolna nach Grodna

Am nordöstlichen Ende von Sosnówka-Dolna zweigt nach links ein gelb markierter Weg ab. In einer halben Stunde ist man auf der Grodna (Stangenberg, 506 Meter), einem der schönsten Aussichtspunkte im polnischen Riesengebirge. Darauf steht die Heinrichsburg, eine im 19. Jahrhundert künstlich angelegte Ruine. Von hier kann man auf dem gelben Weg noch weiter nach Staniszów wandern.

Von Sosnówka-Dolna zum Dobre Źródło

Der gelb markierte Weg zweigt am Ende von Sosnówka-Dolna rechts von der nach Borowice führenden Landstraße ab und führt dann nach links durch ein Bachtal. Die weiter gelb markierte Babia cieźka (Hexenpfad) bringt uns zum Dobre Źródło (Gutenbrunnen). Diese Quelle mit ihrer natürlichen Heilkraft war ein heidnischer Kultplatz, was durch Opferfunde belegt ist. Im Mittelalter galt der Brunnen als wundertätig, weshalb man hier schon 1366 eine Kapelle zu Ehren der heiligen Anna errichtete, die 1719 erneuert wurde. Das siebenmalige Umkreisen der Kapelle mit dem Quellwasser im Mund soll Glück in der Liebe bringen.

Die Wanderung dauert rund eine Stunde, der Rückweg etwas weniger: rund 45 Minuten. Vom Gutenborn kann man auch weiter nach Bierutowice (Brückenberg, gelbe Markierung) oder nach Karpacz (rot) gehen.

Podgórna-Tal

Vorwahl: 0048/(0)75.

Punkt Informacji Turystycznej, 58-562 Podgórzyn, ul. Żołnierska 14, Tel. 761093, itpodg@box43.pl.

Hotel Chojnik, Zachełmie 24, 58-562 Podgórzyn, Tel. 7175944, info@hotelchojnik.pl, www.hotelchojnik.pl. Etwas außerhalb von Zachełmie (Saalberg) auf einem Hügel, nur eine halbe Stunde entfernt von der Burgruine Kynast. 20 Zimmer, Sauna, Skiverleih und eigener Skihang. Reitern stehen Pferde zur Verfügung.

Pension Nostalgia, ul. Tyrolska 7, 58564 Sosnowka, Tel. 7610760. Tiroler Haus, 12 Betten in fünf gemütlichen Zimmern mit Bad/WC, stilvolles Restaurant, Kaminzimmer und Lagerfeuerplatz. Übernachtung ab 35 Złoty pro Person.

Hotel Ariston, 58-535 Miłków 250, Tel. 7510305, recepcja@ariston-hotel.pl, www.ariston-hotel.pl; DZ ab 280 Zloty. Neues 4-Sterne-Hotel mit 100 Zimmern, Schwimmbad, Sauna, Fitness.

Hotel Spiż, ul. Wiejska 218, 58-535 Miłków (Schloss Arnsdorf), Tel. 7610317, milkow@spiz.pl, www.palac.spiz.pl. Schlosshotel mit Park, Hotelgäste dürfen das Bier der Minibrauerei Spiż aus Breslau kosten.

Hotel Zorza (Abendrot) in Przesieka (Hain), Turystyczna 5, Tel./Fax 7621285, info@dwzorza.pl, www.dwzorza.pl. Zimmer mit Kühlschrank, Minibar und Kabel-TV; Sauna und Fitnessraum im Haus, preiswert.

Wiśniowa Polana Camping nr 142, 58-535 Miłków 40a; Tel.: 0048/0692430135; camping-milkow@karko

Die polnische Seite des Riesengebirges (Karkonosze)

nosz.pl, www.camping-milkow.karkonosz.pl. Geöffnet Mai bis September, mit Restaurant und Grillplatz. Senioren erhalten Ermäßigung.

Gasthaus Karczma Polska, ul. Tyrolska 14, 58-564 Sosnówka, Tel. 7610920, www.karczmapolska.eu. An der Landstraße von Podgórzyn nach Milkůw. Sehr gemütlich in einem alten Tirolerhaus eingerichtet, auf den Tisch kommen vor allem polnische Spezialitäten, Fisch- und Grillgerichte; tgl. 9 Uhr bis zum letzten Gast. Empfehlung.

Restaurant Nad Stawami (Teichschänke), Zolnierska 2, 58-562 Podgórzyn, Tel.7621162, www.nadstawami-podgorzyn.noclegiw.pl. Auch preiswerte Zimmer werden vermietet.

Szklarska Poręba

Szklarska Poręba (Schreiberhau) ist der beliebteste Urlaubsort und ein vielbesuchtes Skiparadies im Westen des polnischen Riesengebirges. Ob der ewige Konkurrent Karpacz im östlichen Teil noch schöner ist – wer will es entscheiden? Die Stadt liegt zwischen dem Nordhang des Riesengebirges und den östlichen Ausläufern des Isergebirges. Der höchste Berg ist die 1362 Meter hohe Szrenica (Reifträger). Der südwestliche Stadtteil Jakuszyce (Jakobsthal) liegt am knapp 900 Meter hohen Neuweltpass (polnisch Przełęcz Szklarska). Einen Kilometer südlich der Passhöhe befindet sich der Grenzübergang zwischen Polen und Tschechien an der Europastraße 65, die vom Ostseehafen Stettin nach Prag verläuft.

Szklarska Poręba besteht aus mehr als einem Dutzend kleiner Ansiedlungen, die im Tal der Kamienna und auf den Hängen verstreut sind. Nördlich davon beginnt das Isergebirge.

Geschichte

Entstanden ist Szklarska Poręba als Glasmachersiedlung. Schon 1366 wird eine Glashütte ›Schribirshau‹ urkundlich erwähnt. Die Endung -hau bedeutet Rodung. Zum Schmelzen der Glasmasse wurde viel Holz gebraucht. War der Wald ringsum gerodet, wurde die Hütte abgerissen und weiter oben wieder aufgebaut. Die Siedlung zog sich immer weiter auseinander und höher hinauf in die Berge. Das abgeholzte Land übernahmen die Bauern. Zur berühmtesten Glashütte wurde die 1842 auf Initiative des Glasmachers Franz Pohl von Graf Leopold von Schaffgotsch gegründete ›Josephinen-Hütte‹ (Josephine hieß Pohls Frau, die der alten Glasmacherfamilie Preußler entstammte). Ihre Kristallgläser wurden an den königlichen, später kaiserlichen Hof nach Berlin geliefert

Ein hölzerner Rübezahl in der Nähe des Sessellifts

▲ Karte S. 80

und waren in ganz Europa begehrt. 1923 erfolgte die Zusammenlegung mit der Heckertschen Glashütte in Petersdorf und der Hermsdorfer Firma Neumann & Staebe zur ›Josephinenhütte A. G.‹, die bis 1945 in Betrieb blieb. Nach einem verlorenen Prozess gegen die von Franz Schaffgotsch gegründete ›Neue Josephinenhütte‹ in Schwäbisch Gmünd musste die Firma 1956 ihren Namen in ›Huta Szkła Julia‹ ändern. Die Hütte ist heute stillgelegt, ein Teil wird als Museum genutzt. Doch einige kleinere Betriebe in der Region führen die alte Glasmachertradition weiter. Ein anderer einträglicher Wirtschaftszweig war bis ins 19. Jahrhundert die Leinwandweberei, die erst mit der Industrialisierung ihre Bedeutung einbüßte.

Der Fremdenverkehr hielt mit der 1902 eröffneten Eisenbahnstrecke nach Hirschberg Einzug ins Zackental. Schreiberhau, das ›größte Dorf Preußens‹, hatte gleich sechs Bahnhöfe: Nieder-, Mittel- und Oberschreiberhau, Josephinenhütte, Jakobsthal und die Heimarbeitersiedlung Strickerhäuser, hinter der damals die deutsch-österreichische Grenze verlief. Anfang der 1920er Jahre wurde die Strecke elektrifiziert. Die Empfehlung eines älteren Reiseführers, mit der Bahn von Hirschberg nach Schreiberhau zu fahren, gilt auch heute noch: »Die Bahnfahrt (links sitzen!) bietet, da die Bahn auf großen Kehren die Höhe von Schreiberhau ersteigt, eine Fülle stets wechselnder großartiger Ausblicke auf das Tal und das immer mächtiger aufsteigende Hochgebirge.«

Um die Wende zum 20. Jahrhundert entstand hier eine Künstler- und Gelehrtenkolonie. Zu ihr gehörten die Brüder Gerhart und Carl Hauptmann, der eigenwillige Dichter und Schriftsteller Hermann Stehr, der Maler Hermann Hendrich, der Breslauer Professor der Volkswirtschaft und Soziologe Werner Sombart und der Naturwissenschaftler und Schriftsteller Wilhelm Bölsche (›Liebesleben in der Natur‹). Den Mittelpunkt dieser Gebirgs-Bohème bildete das Hauptmannhaus.

Im Jahr 1959 erhielt Szklarska Poręba das Stadtrecht. Immer mehr der heute rund 8500 Einwohner leben vom Tourismus. Auf den Reifträger fährt seit 1962 ein Sessellift, der von einer österreichischen Firma komplett modernisiert und mit Doppelsesseln ausgestattet wurde. In zwei Etappen überwindet man hier einen Höhenunterschied von mehr als 600 Metern. Der Ortsteil Marysin (Mariental) – einst von böhmischen Religionsflüchtlingen gegründet – am Fuß der Liftstation hat sich zum neuen ›Pensionopolis‹ entwickelt. Immer mehr neue Hotels, Pensionen und Restaurants sind hier in den letzten Jahren eröffnet worden.

Sehenswürdigkeiten

Einer der Hauptanziehungspunkte für viele deutsche Besucher ist nach wie vor das **Hauptmannhaus**. Nachdem es lange leer gestanden hatte, wurde das ›Dom Hauptmannów‹ renoviert und 1994 als Museum und deutsch-polnische Begegnungsstätte wiedereröffnet. Gezeigt werden Bilder, Briefe, Handschriften und Einrichtungsgegenstände der Brüder Hauptmann. In weiteren Räumen sind bemalte Bauernmöbel aus dem Riesengebirge und schlesisches Glas zu sehen. Ein Raum ist Wlastimil Hofman gewidmet, einem polnischen Maler tschechischer Abstammung. Der Symbolist und Neoromantiker hat sich mit Szklarska Poręba eng verbunden gefühlt und ist 1970 hier gestorben.

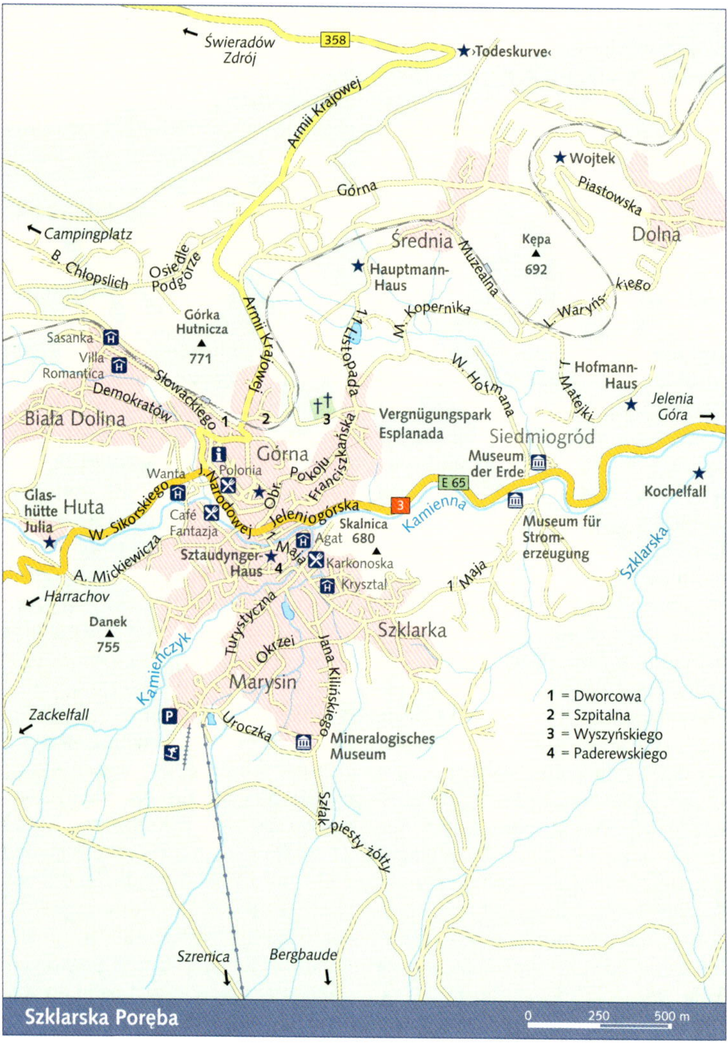

Eine Attraktion besonderer Art hat der in Richtung Piechowice gelegene Ortsteil Siedmiogród (Siebenhäuser) zu bieten: das **Museum für Stromerzeugung**. Hier sind energietechnische Anlagen, Generatoren, Schalt- und Messgeräte zu bewundern. In der Nähe, Straße des 1. Mai 55, steht das **Haus von Jan Sztaudynger** (1904–1970), des polnischen Epigramm-Dichters, Satirikers und Puppentheater-Freundes.

Weitaus häufiger besucht werden die beiden malerisch gelegenen **Wasserfälle** von Szklarska Poręba: der Wodospad

Szklarki (Kochelfall) zwischen Szklarska Poręba und Piechowice mit der 1868 errichteten Kochelfall-Baude/Kochanówka – der wohl schönste Wasserfall des Riesengebirges – und der Wodospad Kamieńczyka (Zackelfall) oberhalb der ›Huta Julia‹ in Richtung Reifträger. Vom ausgeschilderten Parkplatz an der Straße läuft man eine halbe Stunde. Der Kamieńczyk (Zackerle), der hier 27 Meter schäumend herabstürzt, ist ein Nebenbach der Kamienna.

Ein weiteres beliebtes Ausflugsziel, das aber meistens motorisiert angesteuert wird, ist die **Todeskurve** (Zakręt mierci). Das ist eine 180 Grad-Haarnadelkurve nach links auf der Straße zum Isergebirgs-Kurort Świeradów Zdrój (Bad Flinsberg), ungefähr drei Kilometer nördlich von Szklarska Poręba. Vor und hinter der Spitzkehre kann man links auf dem Randstreifen parken. Getränke-, T-Shirt- und Andenkenstände sind vorhanden. Aus der von einer kniehohen Mauer eingefassten Kurve hätte man einen grandiosen Blick auf Reifträger, Veilchenspitze und Hohes Rad – wenn die Bäume am Hang nicht schon so hoch gewachsen wären. Ein Trost ist, dass man den nämlichen Blick auch von einer anderen, weniger spektakulären Stelle genießen kann: Dafür fährt man zurück und hält am Ortseingangsschild oder biegt nach rechts in eine schmalere Straße namens Górna ein. Den Fotoapparat sollte man dabeihaben.

Wintersportmöglichkeiten

Schneesicherheit, Skilifte, gute Pisten und Loipen ziehen auch im Winter viele Urlauber an. Die berühmteste Abfahrtsstrecke heißt wegen ihrer eindrucksvollen Kurven ›Lollobrygida‹. Sie führt vom Reifträger zur Talstation des Sesselliftes und ist 4,8 Kilometer lang. Schwieriger ist die ebenfalls am Reifträger beginnende ›ciana‹ (Wand), die auf nur zwei Kilometern Länge mehr als 500 Höhenmeter überwindet. Eine der bekanntesten Langlaufloipen führt in Richtung Jakuszyce an der tschechischen Grenze. Dort findet seit 1976 alljährlich Mitte Januar der ›Piasten‹-Skilanglauf über 25 oder 48 Kilometer mit zahlreicher internationaler Beteiligung statt. Die von Szklarska Poręba ausgehenden Wanderwege beginnen am Knotenpunkt in der Ortsmitte, dort wo die Hauptstraße links nach Jakuszyce zur tschechischen Grenze abbiegt.

Der Ortsteil Średnica (Mittelschreiberhau)

Wanderungen rund um Szklarska Poręba

Eine beliebte Wanderung führt von Szklarska Poręba aus über den Zackelfall auf den Reifträger mit schöner Aussicht und gemütlichen Zimmern. Oder man wandert auf den Spuren der mittelalterlichen Goldsucher hinauf zur Alten Schlesischen Baude und auf einem alten Schmugglerpfad wieder zurück.

Von Szklarska Poręba Górna nach Szklarska Poręba Dolna

Diese Wanderung dauert etwa eineinhalb Stunden und stellt einen angenehmen Spazierweg dar. Zurück kann man mit dem Zug fahren.

Vom Knotenpunkt in der Ortsmitte führt der blau markierte Weg durch den Stadtpark und zur Kirche am Sowiniec (Eulenberg), auf dem sich die zehn Meter hohen Eulensteine erheben. Ein Abstecher zum nur 20 Minuten entfernten Hauptmann-Haus ist zu empfehlen. Im Tal überquert man die Wlastimil-Hofman-Straße und geht über Wiesen in den Wald. In der Matejko-Str. 12 ist das Haus dieses Malers zu sehen. Fünf Minuten sind es von hier zum Felsen ›Złoty Widok‹, dessen ›Goldene Aussicht‹ aber durch hochgewachsene Bäume versperrt wird. Fast jeder Felsen hat hier einen Namen: An ›Grób Karkonosza‹ (Rübezahls Grab) vorbei kommt man – immer noch der blauen Markierung folgend – zum ›Chybotek‹ (Zuckerschüssel). Dieser Stein, der nur auf einer kleinen Fläche ruht, kann mit einem leichten Stoß in eine Schaukelbewegung versetzt werden. An der Friedhofskirche, wo der Dichter Carl Hauptmann beigesetzt ist, biegt man links in die Piastowska-Straße ein, dann rechts in die Kolejowa-Straße, die zum Bahnhof führt.

Über den Zackelfall zum Reifträger

Ein rot markierter Weg führt von der Glashütte im Ortsteil Huta gleichmäßig hinauf und durch den engen Zackelklamm zum Zackelfall, den man in gut 50 Minuten erreicht. Hinter der mittleren der drei Kaskaden befindet sich eine natürliche Vertiefung, die ›Złota Jama‹ (Goldgrube), die von den nach Edelsteinen suchenden Wallonen noch vertieft wurde. Die Zackelfall-Baude ist abgebrannt.

Weiter geht es auf einem Fahrweg zur Hala Szrenicka (Reifträgerwiese), der Wiese, auf der der Kamieńczyk entspringt; für diesen Teil der Wanderung sollte man knapp zwei Stunden veranschlagen. Die mittelalterlichen Schatzgräber sollen hier Amethyste gefunden haben. Die Baude hieß früher Neue

Blick von Szklarska Poręba in die Berge

Karte: vordere Umschlagklappe

Carl und Gerhart Hauptmann

Gerhart Hauptmann, der 1912 den Literatur-Nobelpreis erhielt, wurde 1862 im niederschlesischen Obersalzbrunn geboren. Seine Eltern betrieben dort ein Hotel. Dem später so erfolgreichen Dramatiker und Dichter fiel es anfangs schwer, sich beruflich zu orientieren. Ein Studium der Philosophie und Literaturgeschichte an der Universität Jena, ein Zeichenstudium an der Königlichen Kunstakademie in Dresden und ein Geschichtsstudium an der Universität Berlin brach der junge Schlesier ab. Sein Interesse galt dem Theater.

Im August 1890 wanderte Gerhart Hauptmann mit seinem Vater und dem älteren Bruder Carl durch das Riesen- und Isergebirge. In Mittelschreiberhau stießen sie auf ein langgestrecktes, eingeschossiges Bauernhaus, das einen herrlichen Blick auf die Schneegruben und den Riesengebirgskamm bot. Vater Hauptmann kaufte das Haus und ließ für seine Söhne eine zweite Etage mit durchgehendem Balkon und einem vorspringenden Mittelgiebel daraufsetzen. 1891 zogen die Brüder mit ihren Frauen ein. Gerhart Hauptmann vollendete hier sein berühmtes Drama ›Die Weber‹ (1892). Danach schrieb er die Stücke ›Der Biberpelz‹ und ›Hanneles Himmelfahrt‹. 1894 trennte er sich von seiner Frau, ging nach Berlin, reiste nach Italien und Amerika.

Carl, der literarisch stets im Schatten Gerharts stand, blieb im Riesengebirge. Seine Dichtungen sind noch stärker als die des jüngeren Bruders mit der heimatlichen Landschaft verbunden. Am bekanntesten wurde neben dem ›Rübezahlbuch‹ der Roman ›Einhart der Lächler‹. In Polen erinnert man sich noch heute daran, dass Carl Hauptmann den umfangreichen Romanzyklus ›Die Bauern‹ des polnischen Literatur-Nobelpreisträgers Władysław Reymont ins Deutsche übersetzt hat. Carl starb 1921; er wurde auf dem Friedhof in Niederschreiberhau begraben. Im ehemaligen Wohnhaus der Familien Carl und Gerhart Hauptmann befindet sich heute das Museum Carl- und Gerhart Hauptmann-Haus, eine Filiale des Hirschberger Riesengebirgsmuseums (Muzeum Karkonoskie Jelenia Góra).

Gerhart Hauptmann kehrte zu Beginn des 20. Jahrhunderts ins Riesengebirge zurück. In Agnetendorf kaufte er ein Grundstück und baute ein Haus für sich und seine neue Lebensgefährtin Marianne Marschalk, eine junge Geigerin, die er in Berlin kennengelernt hatte. Im August 1901 bezogen sie das ›Haus Wiesenstein‹, das mit seinen Säulen, Renaissanceschränken, dunklen Holzvertäfelungen und Bronzeleuchtern einen burgartigen Charakter besaß. Das Erdgeschoss wurde von einer großen, über zwei Stockwerke reichenden Halle mit umlaufender Galerie beherrscht, im runden Turm befand sich Hauptmanns großes Arbeitszimmer. 1945, beim Einmarsch der Roten Armee, bewahrte ein Schutzbrief die Bewohner von ›Haus Wiesenstein‹ vor den schlimmsten Übergriffen. Doch am 6. Juni 1946 erlag Hauptmann einer Lungenentzündung. »Bin ich noch in meinem Haus?« sollen seine letzten Worte gewesen sein. Seine Leiche wurde in einem verlöteten Zinksarg abtransportiert und in Kloster auf Hiddensee, seinem Sommerdomizil, beigesetzt.

Das ›Haus Wiesenstein‹ beherbergt heute ein Museum über Gerhart Hauptmanns Leben und Wirken. Im ehemaligen Speisesaal kann man die Multimedia-Show ›Im Wirbel der Geschichte‹ erleben, Dokumentarfilmausschnitte sehen und die Stimme Hauptmanns hören. Mehr unter: www.gerhart-hauptmann.de/Museum_Agnetendorf.

Schlesische Baude und war schon im 19. Jahrhundert vielbesucht. In einem ehemaligen Wachtturm der polnischen Grenzpolizei ist 1991 eine weitere Herberge eröffnet worden. Von hier sind es nur noch 20 Minuten, und man steht auf dem 1362 Meter hohen Reifträger (Szrenica). Dort hat man einen wunderschönen Blick auf den Böhmischen Kamm, auf das Isergebirge, auf Szklarska Poręba und den Talkessel von Jelenia Góra. Die von außen nicht übertrieben einladend aussehende Reifträger-Baude, die 1968 ausbrannte und erst 1992 von einer Familie aus Warschau wieder eröffnet wurde, birgt innen einige angenehme Überraschungen: herzhafte warme Küche (zum Beispiel leckere Kartoffelsuppe) oder Quarkkuchen und gemütliche, saubere Zimmer zu günstigen Preisen. Wer davon nicht zum Bleiben verführt wird, sollte sich erkundigen, wann der letzte Sessellift hinunter schwebt. Unterwegs steigt man um und ist in 20 Minuten an der Talstation. Wer zurück zur Glashütte möchte, nimmt den schwarz markierten Weg durch das Kamieńczyk-Tal aufwärts und folgt dann dem roten Weg oder nimmt ein Taxi.

Szklarska Poręba-Rundwanderung

Um den Ort führt ein schwarz markierter Rundweg. Beginnt man wieder an der ›Huta Julia‹, kommt man zuerst durch die Biała Dolina (Weißbachtal), passiert die Todeskurve, die Zbojeckie Skały (Moltke-Felsen) und gelangt über Szklarska Poręba-Dolna zum Wodospad Szklarki (Kochelfall). Von hier geht es weiter nach Szklarska Poręba-Górna, an der Liftstation vorbei und zurück zur Glashütte. Die anspruchsvolle Berg-und-Tal-Tour, bei der man schön ins Schwitzen kommt, aber viel sieht, dauert ungefähr sechs Stunden.

▲ Karte: vordere Umschlagklappe

Schronisko Pod Łabskim Szczytem und zurück

Eine gelbe Markierung führt von Szklarska Poręba-Górna auf der Stara Droga (›Käsebrettweg‹ oder alter Baudenweg), durch das Gebiet der Złote Jamy (Goldgruben), wo im Mittelalter Gold aus dem Sand gewaschen wurde. Man steigt aufwärts, biegt links ab zu den Kukułcze Skały (Kuckucksteine) und erreicht die Schronisko Pod Łabskim Szczytem (Alte Schlesische Baude, 1 Stunde 40 Minuten). Hinunter geht es auf der blau markierten Czeska Scieżka (Böhmischer Weg), einem alten Händler- und Schmugglerpfad. Er überquert an der Czeska Kładka (Böhmischer Steg) den Szrenicki Potok (Reifträgerbach) und kommt an der Kochelfall-Baude heraus. Die Wanderung dauert insgesamt etwa vier Stunden.

Wer es sportlicher liebt, kann die Vorschläge 1 und 3 kombinieren, indem er vom Reifträger auf dem grün markierten Weg zur Alten Schlesischen Baude geht.

Das Hotel ›Sasanka‹

Szklarska Poręba

PLZ: 58-580.
Vorwahl: 0048/(0)75.
Touristeninformation, ul. Jedności Narodowej 1a, Tel. 7547740, it@szklarskaporeba.pl, www. szklarskaporeba.pl. Mo–Fr 8–18, Sa/So 9–17 Uhr. Unterkunfts-tipps, Stadtpläne, Reiseführer und Wanderkarten.

Hotel Agat, ul. 1 Maja 11, Tel./Fax 7173430, recepcja@hotel-agat.pl, www.hotel-agat.pl. 20 Komfortzimmer im altpolnischen Stil, rustikale Gaststätte mit Kamin, Sauna. Zentral. Empfehlung.
Hotel Krysztal, ul. 1 Maja 19, Tel./Fax 7174930, recepcja@hotelkrysztal.pl, www.hotelkrysztal.pl; DZ ab 80 Euro. Stilvoll, im Stadtzentrum, Zimmer mit kostenfreiem Internet, Minibar. Gemütliches Restaurant mit Sommerterrasse. Wellness- und Spabereich mit Schwimmbad und Sauna.
Hotel Villa Romantica, Partysantów 8, Tel. 7174676, info@villaromantica.pl, www.villaromantica.ta.pl. Eine Empfehlung für Ruhesuchende: schöner großer Garten mit Spazierwegen, Bänken und Springbrunnen. Komfortabel eingerichtet, Zimmer teils mit Balkonen und Terrassen mit Bergblick. DZ ab 240 Złoty.
Willa Wanta, ul. Bronka Czecha 18a, Tel. 7172550, www.wanta.wszklarskiej.pl. Die Preise sind saisonabhängig. Nur 350 Meter bis zum Sessellift.
Hotel Sasanka, ul. Slowackiego 4, Tel. 758000, recepcja@hotel-sasanka.pl, www.hotel-sasanka.pl. Ruhige Lage, aber etwas vom Zentrum entfernt. 56 Betten in komfortablen Zimmern, Restaurant, Kaminbar, bewachter Parkplatz. Nettes Personal.

Karczma Karkonoska, ul. 1 Maja 11 a, Tel. 7172122, karczma.karkonoska@wp.pl, www.karczmakarkonoska.pl. Eine gute Wahl für jeden Riesengebirgsfreund. Kalorienreiche Fleischgerichte mit Namen wie ›Reifträger-Steak‹ oder ›Futtertrog Rübezahls‹. Mit Biergarten und Kamin. Kreditkarten werden akzeptiert, Hunde nicht.
Restaurant Krysztal, im gleichnamigen Hotel, ul. 1 Maja 19, Tel. 7174430.
Restaurant Polonia, ul. Jednosci Narodowej 5, Tel. 717259. Bewährt und empfehlenswert.
Café Fantazja, ul. Jednosci Narodowej 14, Tel. 717 2907. Leckere Eisbecher.

Reifträgerbaude (›Szrenica‹), Ewa und Wojciech Kłopotowscy, Tel. 7526011, szrenica@szrenica.pl, www.szrenica.pl. 1262 Meter hoch gelegen, 90 Betten, Übernachtung ab 25 Złoty (im Schlafsaal). Gute Küche, ganzjährig.
Bergbaude Pod Łabskim Szczytem (Alte Schlesische Baude), Tel. 7526088, pod.labskim.szczytem@o2.pl, www.labskiszczyt.pl. Zwischen Reifträger- und Schneegruben; 52 Betten, Kaminzimmer mit Büfett, Fitnessraum, Fahrrad- und Skiaufbewahrung. Übernachtung ab 28 Zloty.
Herberge Kamienczyk, Tel./Fax 756085, www.schroniskokamienczyk.pl. Direkt am Zackelfall, 20 Betten in DZ mit Bad/WC, Speiseraum mit Kamin, Bar und Lagerfeuerplatz.

Campingplatz Południowy Stok (Südhang), ul. Batalionów Chłopskich 12, Tel./Fax 7172199. Schöne Lage, Strom- und Wasseranschluss für Wohnmobile, Kinderspielplatz.

Hauptmann-Haus, ul. Listopada 23 (Niederschreiberhau), Tel. 7172611, www.domhauptmannow.pl.; Di–So 9–15.30 Uhr. Ausstellung über Gerhart und Carl Hauptmann und die Künstlerkolonie Schreiberhau; Eintritt 7 Zloty.

Mineralogisches Museum, ul. Kilinskiego 20, Tel. 7173537. Eine der umfangreichsten Mineraliensammlungen des Riesengebirges. Täglich 10–18 Uhr. Eintritt 10 Złoty.

Museum der Erde, Jeleniogórska 9, Tel. 7172956, Fax 7173356. Beherbergt das ›Museum der Erde‹ mit Mineralien und Schmucksteinen. Zu erleben ist eine Hütte der Wallonen.

Vergnügungspark Esplanada mit ›Alpine Coaster‹ (Sommerrodelbahn), ul. Pstrowskiego 5a, Tel. 0048/502052062, www.parkesplanada.pl. Fahrpreis 8 Złoty.

Karpacz

Karpacz (Krummhübel) liegt am Fuß der Schneekoppe, des höchsten Gipfels im Riesengebirge (1603 Meter), den man von hier gut sehen und mit oder ohne Liftunterstützung besteigen kann. Neben Szklarska Poręba ist Karpacz der bekannteste Luftkurort im polnischen Teil des Gebirges, der sich auch als Wintersportzentrum großer Beliebtheit erfreut und der Euroregion Neiße angehört. 180 000 Gäste kommen jährlich in die 8000-Einwohner-Stadt.

Der Ort ist weit auseinandergezogen und besteht aus dem eigentlichen Karpacz, Wilcza Poręba (Wolfshau) an der Łomniczka, dem hochgelegenen Karpacz-Górny (Brückenberg) und Płóczki (Querseiffen) im Łomnica-Tal. Letzteres ist die älteste dieser Siedlungen und entstand schon im 14. Jahrhundert, als man an den umliegenden Bächen Gold wusch und nach Edelsteinen suchte. Als Siedlung auf dem ›Krummen Hübel‹, einem Hügel zwischen der Kleinen und der Großen Lomnitz, wurde der Ort 1599 erstmals erwähnt. Damals lebten hier Holzfäller, Köhler und Viehhirten. Erst im 17. Jahrhundert kam das Gewerbe auf, das den Ort bekannt machte: die Herstellung von Kräuterarzneimitteln. Die ›Laboranten‹, wie sich die Kräu-

Karpacz, Zentrum

Karte S. 88

tersammler und -mixer nannten, brachten es so zu beachtlichem Wohlstand. Theodor Fontane, der nicht nur durch die Mark Brandenburg gewandert ist, sondern auch mehrmals seine Sommerferien in Krummhübel verbrachte, hat dieser im 19. Jahrhundert ausgestorbenen Zunft mit seiner Erzählung ›Der letzte Laborant‹ (1891) ein literarisches Denkmal gesetzt. Das historische Vorbild dafür, August Zölfel, starb 1884. Das Haus des letzten Laboranten ist in der ul. Konstytucji 3. Maja 26 (Hauptstraße) noch zu sehen. Geblieben ist der ›Stonsdorfer‹, der bis heute nach einem alten Laboranten-Rezept gemixt wird.

Die Pilger zur 1681 eingeweihten Laurentius-Kapelle auf der Schneekoppe – die ersten Riesengebirgstouristen – machten schon in Krummhübel Station. Die Blütezeit des Fremdenverkehrs begann aber erst Ende des 19. Jahrhunderts, nachdem die Eisenbahnstrecke nach Hirschberg fertiggestellt worden war. Ende der 1920er Jahre hatte der Ort, wie ein zeitgenössischer Reiseführer zu berichten weiß, schon »Tennisplätze, Konzerte, Tanzabende und Freilichtbühne« zu bieten. Für Krummhübel gab es keine Entsprechung in der polnischen Sprache, deshalb wurde nach 1945 ein neuer Name für den Ort gesucht. Weil viele der neuen Einwohner aus der Tatra oder den Beskiden im Osten Polens (den Karpaten also) kamen, einigte man sich schließlich auf den neuen Namen Karpacz. 1959 wurde der Sessellift auf die Kopa (Kleine Koppe, 1375 Meter) eingeweiht, der 530 Meter Höhenunterschied überwindet. Von der Kopa, die man damit in 15 Minuten erreicht, sind es nur noch 30 bis 45 Minuten Fußweg auf die Schneekoppe.

Im Februar wird in Karpacz der ›Karneval am Fuß der Schneekoppe‹ gefeiert und ›Miss und Mister Riesengebirge‹ gewählt. Näheres erfährt man im Städtischen Verkehrsbüro oder im privaten Touristenbüro Karpacz. Dort erhält man auch Stadtpläne, Wanderkarten, Reiseführer und anderes Informationsmaterial.

Sehenswürdigkeiten

Sehenswert ist die alte **Gerichtsschenke** im Zentrum der Stadt, die heute das Ferienheim ›Bachus‹ beherbergt. Gegenüber steht eine uralte **Linde** mit einem Umfang von fünf Metern, unter der einst Gericht gehalten wurde. Im **Museum für Sport und Touristik**, das in einem alten riesengebirgstypischen Umgebindehaus in der ul. Kopernika 2 untergebracht ist, sind interessante Ausstellungsstücke zur Geschichte des Tourismus und des Wintersports im Riesengebirge zu sehen. Ein originelles Kleinod, an dem nicht nur Kinder viel Freude haben, ist das 1994 eröffnete **Puppen- und Spielzeugmuseum** in der ul. Kolejowa 3 neben der Touristeninformation. Es zeigt mehr als 1000 Puppen und Spielsachen aus aller Welt: Puppen aus Holz und Porzellan, Marionetten, Teddybären, Puppenstuben, mecha-

Das Gästehaus ›Perła Karkonoszyc‹

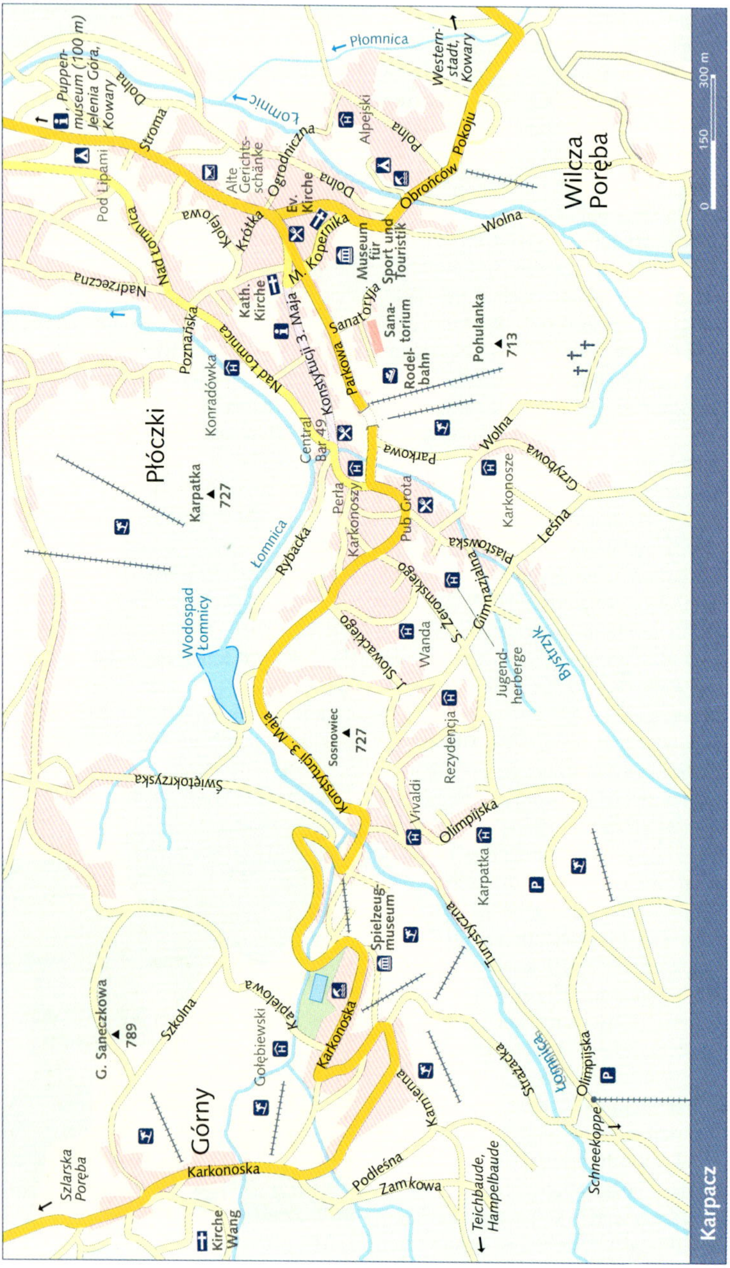
Karpacz
Wilcza Poręba
Płóczki
Górny
Puppenmuseum (100 m)
Jelenia Góra, Kowary
Western-stadt, Kowary
Szklarska Poręba
Teichbaude, Hampelbaude
Schneekoppe
Płomnica
Łomnica
Bystrzyk
Wodospad Łomnicy
Stroma
Dolna
Pod Lipami
Nad Łomnicą
Kolejowa
Krótka
Ogrodniczna
Alte Gerichtsschänke
Ev. Kirche
Kath. Kirche
M. Kopernika
Museum für Sport und Touristik
Alpejski
Polna
Obrońców Pokoju
Wolna
Nadrzeczna
Poznańska
Konstytucji 3. Maja
Sanatoryjna
Sanatorium
Rodelbahn
Parkowa
Pohulanka
713
Konradówka
Karpatka
727
Central Bar 49
Perła Karkonoszy
Pub Grota
Karkonosze
Grzybowa
Leśna
Piastowska
Gimnazjalna
S. Żeromskiego
J. Słowackiego
Wanda
Jugendherberge
Rybacka
Sosnowiec
Rezydencja
Vivaldi
Olimpijska
Świętokrzyska
Turystyczna
Spielzeugmuseum
Kapielowa
Karkonoska
G. Saneczkowa
789
Szkolna
Gołębiewski
Kamienna
Strażacka
Podleśna
Zamkowa
Kirche Wang
0
150
300 m

nisches Spielzeug, Zinnsoldaten, Steinbaukästen, Weihnachtsfiguren und vieles mehr. Sehr zu empfehlen! Indianer, Cowboys, Goldwäscher, Pferde und alles, was sonst noch zu einer richtigen Westernstadt gehört, erwartet die Besucher in der **Western City** im Ortsteil Ściegny. Täglich um 15.10 Uhr (April bis Oktober) wird die Bank überfallen!

Für heiße Sommertage gibt es in der Stadt zwei **Freibäder**, eines in Karpacz-Górny in der Nähe des Hotels ›Karolinka‹, das andere in Wilcza Poręba neben dem Campingplatz ›Pod Brzozami‹ (Unter den Birken). Eine Attraktion des Ortes ist auch die **Sommerrodelbahn** am Hang nahe der Hauptstraße, gegenüber vom Hotel ›Kolorowa‹. Sie ist von 10 Uhr morgens bis zur Abenddämmerung in Betrieb und erfreut sich großer Beliebtheit. Eine Einzelfahrt kostet 4 Złoty, ein Fünfer-Ticket 17 Złoty.

Wintersportmöglichkeiten

Im Winter beginnt an der Kopa die Skiabfahrtspiste ›Liczyrzepa‹ (Rübezahl), in der Nähe der Hampelbaude die ›Złotówka‹. Beide führen zur Talstation des Sessellifts. Außerdem gibt es zwei Rodelbahnen und drei Skisprungschanzen. Im Winter finden Wettkämpfe im Langlauf und alpinen Skisport statt.

Wanderungen rund um Karpacz

Mehrere markierte Wanderwege beginnen am zentral gelegenen alten Hotel ›Biały Jar‹. Dort hängt eine Übersichtstafel, an der man sich informieren kann.

Zur St.-Anna-Kapelle am Gutenbrunnen

Dies ist ein schöner ›Eingewöhnungsspaziergang‹ vom Ausgangspunkt am Hotel ›Biały Jar‹ zu der alten heilkräftigen Wunderquelle, die in knapp eineinhalb Stunden erreicht ist. Zurück kann man die gelbe Markierung nehmen, die über die ehemalige Brotbaude (820 Meter) in einer Stunde nach Karpacz-Górny führt.

Auf die Schneekoppe

Für den Aufstieg von Karpacz gibt es mehrere Möglichkeiten:

- Über die Hampelbaude (Strzecha Akademicka): Man steigt auf dem gelb markierten Weg in knapp zwei Stunden zur Strzecha Akademicka, der ehemaligen Hampelbaude. Dabei wandelt man auf den Spuren Goethes, der in der Baude geschlafen hat, um bei Sonnenaufgang auf der Schneekoppe zu sein. Eine blaue Markierung führt von hier in 40 Minuten zum Dom Śląski (Schlesierhaus), wo sich mehrere Wege kreuzen. Gegenüber auf der tschechischen Seite stand die Obří bouda (Riesenbaude), die Ende der 1980er Jahre abgerissen wurde. Es ist die ›verkehrsreichste‹ Stelle des Kammweges. Von hier braucht man noch eine halbe Stunde zum Gipfel. Dabei kann man zwischen dem rot markierten steilen Zickzack-Weg oder dem grün bezeichneten längeren, aber bequemeren Jubiläumsweg wählen, der zum 25-jährigen Bestehen des Riesengebirgsvereins 1905 eröffnet wurde. Letzterer empfiehlt sich eher für den Abstieg. Insgesamt dauert der Aufstieg rund drei Stunden.
- Durch die Dolina Łomniczki (Melzergrund): Von der Bushaltestelle am Hotel ›Biały Jar‹ führt ein rot markierter Weg hinauf zum Hotel ›Orlinek‹, der ehemaligen Teichmannbaude. Weiter geht es in etwa eineinhalb Stunden durch den Wald zur Baude Nad Łomniczką (Melzergrundbaude). Auf dem gelb markierten Weg im Tal der Łomniczką ist sie auch von Wilcza Poręba (Wolfshau, Hotel ›Skalny‹) zu erreichen. Von hier läuft man noch etwa eine Stunde bis

Die Kirche Wang

Die bekannteste Sehenswürdigkeit von Karpacz ist die Kirche Wang im Ortsteil Górny, dem früheren Brückenberg. Die hölzerne Kirche wurde Anfang des 13. Jahrhunderts in dem Dorf Vang (daher der Name) in Südnorwegen gebaut. Im 19. Jahrhundert sollte sie wegen Baufälligkeit abgerissen werden. Der norwegische Maler Jan Christian Dahl, der zu dieser Zeit in Dresden lebte, wandte sich an den kunstsinnigen preußischen König Friedrich Wilhelm IV. und ersteigerte in dessen Auftrag das wertvolle Denkmal der Wikingerarchitektur. Nach dem Abbruch wurden die verpackten Einzelteile per Schiff nach Stettin und anschließend nach Berlin gebracht. Hier sollte das Kirchlein auf der Pfaueninsel aufgebaut werden. Die Gräfin Friederike von Reden, deren Gut in Buchwald (heute Bukowiec) nicht weit von der königlichen Sommerresidenz in Erdmannsdorf lag, überzeugte Friedrich Wilhelm IV., die Kirche nach Brückenberg ins Riesengebirge zu bringen. Am 2. August 1842 legte der König den Grundstein, und zwei Jahre später, am 28. Juli 1844, wurde die evangelische Pfarrkirche feierlich eingeweiht.

Die Kirche Wang besteht aus harzgetränktem norwegischen Kiefernholz und ist mit Schnitzereien reich verziert. Stilisierte Löwen am Eingang symbolisieren die Torwächter. Auf Halbsäulen sehen wir geschnitzte Wikingergesichter, Pflanzen, Tiere und Masken aus dem 12. Jahrhundert. Vor dem Altar stehen Säulen, auf denen der Sieg Davids über den Riesen Goliath und der Prophet Daniel in der Löwengrube dargestellt sind. Zwei norwegische Leuchter zeigen einen Schwan als Symbol der Treue und ein Herz als Symbol der Liebe. Die Kerzen darin werden nur bei Trauungen angezündet. An den Dachspitzen sieht man holzgeschnitzte Drachenmäuler, wie sie auch den Bug der Wikingerschiffe zierten. Der Glockenturm aus Granit schützt die Kirche vor den von der Schneekoppe herüberwehenden Stürmen. Sehenswert ist auch der gepflegte Friedhof mit vielen interessanten Grabinschriften. Die Kirche Wang dient noch heute der hier ansässigen evangelischen Gemeinde als Gotteshaus.

Diese Kirche kam aus Norwegen in das Riesengebirge

zum Dom Śląski unterhalb der Schneekoppe (im Winter ist dieser Weg wegen Lawinengefahr gesperrt). Von dort weiter zum Gipfel. Auch hier ist man insgesamt etwa drei Stunden unterwegs.

▸ Über die Śląska Droga (Schlesierhaus-Weg): Das Dom Śląski erreicht man in in gut zwei Stunden auch über die schwarz markierte ›Śląska Droga‹. Dabei passiert man den lawinengefährdeten Biały Jar (Seiffengrube) – Teil eines eiszeitlichen Gletscherkars – und die Sesselliftstation an der Kopa. Auch dieser Weg ist im Winter gesperrt, seitdem bei einem Lawinenunglück am 20. März 1968 im Biały Jar 19 Menschen ums Leben kamen.

▸ Über die Kirche Wang und die Samotnia (Kleine Teichbaude): Das ist der vielleicht schönste, aber auch längste Aufstieg. Von der Kirche Wang geht ein blau markierter gepflasterter Weg zur Polana-Wiese, auf der die Schlingelbaude stand (1067 Meter) und weiter zur Weggabelung am Kozi Mostek (Ziegenbrücke). Der Pflasterweg führt direkt zur Strzecha Akademicka (Hampelbaude), die blaue Markierung über das ›Domek Myśliwski‹ (Jägerhäuschen) und die Samotnia am Mały Staw (Kleiner Teich), eine der schönsten alten Holzbauden im Riesengebirge. Vom Südufer des Kleinen Teiches führt übrigens der ›Schmugglerpfad‹ direkt auf den Kamm

Von der Strzecha Akademicka kommt man in einer Stunde zunächst auf den Kamm und dann auf dem Kammweg zum Dom Śląski, dem schon bekannten Ausgangspunkt für die letzte Etappe der Schneekoppen-Besteigung. Sie dauert auf dieser Strecke insgesamt rund dreieinhalb Stunden.

▸ Mit dem Sessellift kann man den Aufstieg beträchtlich abkürzen. In 15 Minuten ist man auf der Kopa und hat ohne

An der malerischen Samotnia

einen Tropfen Schweiß schon eine Höhe von 1375 Metern erreicht. Von hier sind es auf dem schwarz markierten Weg nur noch weitere 15 Minuten zum Dom Śląski.

Durch den Eulengrund zum Eulenpass und den Grenzbauden

Der schwarz markierte Weg führt von Wilcza Poręba, vorbei an den Krucze skały (Rabenfelsen), auf einem bequemen Weg zum Szeroki most (Breite Brücke) und weiter bergan durch die Sowia Dolina (Eulengrund), ein altes Bergbaugebiet, in dem schon die Wallonen unterwegs waren. Steil hinauf geht es zum 1164 Meter hohen Pass Przełęcz Sowia, der auf dem Kamm liegt und ehemals Eulenpass hieß. Bis hierher benötigt man etwa zwei Stunden. Der rot markierte Kammweg bringt uns in 45 Minuten zu den Grenzbauden (tschechisch: Pomezní boudy), wo es eine polnische, mehrere tschechische Bauden und einen Grenzübergang gibt. Für den Rückweg kann man zur Abwechslung den grün markierten Weg über die Budniki (Forstbaude) nehmen. In gut zwei Stunden ist man wieder in Karpacz.

Karpacz

PLZ: 58-540.
Vorwahl: 0048/(0)75.
Touristeninformation, ul. Kolejowa 3 (im alten Bahnhof, neben dem Puppenmuseum), it@karpacz.eu, www.karpacz.pl, Tel. 7618605, Quartierempfehlungen und viele andere Informationen.

Hotel Gołębiewski, ul. Karkonoska 14, Tel. 7670740, karpacz@golebiewski.pl, www.golebiewski.pl/karpacz. 880 (!) Zimmer, teilweise mit Blick zur Schneekoppe, 27 Apartments, 5 Restaurants, davon eines für Kinder, Wasserpark Tropikana, Wellness-Studio, Kinderclub. All-inclusive-Angebote.
Hotel Rezydencja, ul. Parkowa 6, Tel. 76180 20, recepcja@hotelrezydencja.pl; www.hotelrezydencja.pl. Feines Drei-Sterne-Hotel, 14 komfortable Zimmer in einer stilvoll renovierten Villa nahe der Hauptstraße, alle mit Sat-TV, Mini-Bar, Telefon und Internetanschluss; DZ je nach Saison 240 Złoty. Fahrräder, Liegestühle, Skiraum und Kinderbetreuung.
Hotel Vivaldi, ul. Olimpijska 4, Tel. 7619933, karpacz@vivaldi.pl, www.vivaldi.pl. 27 Zimmer, DZ mit Frühstück je nach Saison 200–270 Złoty. Bar, Grillhütte, Sonnenterrasse, Schwimmbad, Sauna. Internet kostenlos.
Hotel Konradówka, ul. Nad Łomnica 20 c, Tel. 7618173, hotel@konradowka.pl, www.konradowka.pl. Ruhige Lage, auf Wunsch Halbpension. Schwimmhalle, Saunalandschaft.
Pension Wanda, ul. Żeromskiego 4, Tel. 7619746. In einer ruhigen Seitenstraße, 5 Minuten Fußweg vom Zentrum entfernt. Sonnige Terrasse und Kamin, die Besitzer sprechen deutsch.

▲ Karte S. 88

Gästehaus Perła Karkonoszy (Perle des Riesengebirges), ul. Konst. 3 Maja 59 A, Tel. 7616098, perlakarkonoszy@wp.pl, www.perlakarkonoszy.pl. Mit Schwimmbad, Sauna, Fitness, Kosmetikstudio. Zentral, neben der Sommerrodelbahn.

Samotnia (Kleine Teichbaude), Tel./Fax 7619376, schronisko@samotnia.com.pl, www.samotnia.com.pl. Oben in den Bergen, direkt am Kleinen Teich (Mały Staw), auch Mehrbettzimmer.
Strzecha Akademicka (Hampelbaude), Tel./Fax 7535275, www.strzechaakademicka.pl, , 15 Wanderminuten höher als die Samotnia. Urige, holzgeschnitzte Inneneinrichtung, Sauna, Skiraum, Lagerfeuerplatz.
Jugendherberge Lizyrzepa, ul. Gimnazjalna 9, Tel./Fax 761990.

Pod Lipami (Unter den Linden), ul. Konstytucji 3 Maja 8, Tel. 0048/504/231039, recepcja@pod-lipami.pl, www.pod-lipami.pl. Zentral gelegen nahe der Hauptstraße von Karpacz.

Central Bar 49, ul. Konstytucji 3 Maja 49, Tel. 7619391. Gute polnische und deutsche Küche, Żywiec vom Fass und die größten Portionen im östlichen Riesengebirge.
Pub Grota, ul. Piastowska 1, Tel. 761-6375. Im Keller der stilvollen ›Willa Rübezahl‹, die auch Zimmer vermietet.
Restaurant U Ducha Gór, ul. Olimpijska 6a, Tel. 7168563. Im Hotel ›Karpatka‹, gemütlich-rustikal.

Puppenmuseum (Museum Zabawek), ul. Kolejowa 3, Tel. 7618523, muze umzabawek@poczta.onet.pl, www.muzeumzabawek.pl (poln.), Di–Fr 10–16, Sa/So 10–17 Uhr. Puppen und Spielzeug aus aller Welt.

Sport- und Touristik-Museum, ul. Kopernika 2, Tel./Fax 7619652, muzeumsportu@dolnyslask.pl, Di–So 9–17 Uhr. Ausstellung über die Geschichte des Wintersports im Riesengebirge.

Kirche Wang in Karpacz-Górny, täglich 9–17, im Sommer 9–18 Uhr. Evangelischer Gottesdienst an Sonn- und Feiertagen 10 Uhr, von Mai bis September So 9 Uhr zusätzlicher Gottesdienst auf Deutsch. Kontakt für Kirchenbesichtigung, Trauungen, Übernachtung: Tel. 7619228, wang@wang.com.pl, www.wang.com.pl.

Western-City, ul. Nad Lomnica 1a, Tel./Fax 7619560, karpacz@western.com.pl, www.western.com.pl. Eine Attraktion für Kinder und Erwachsene im Ortsteil Ściegny. Reit- und Goldwäscheunterricht, Rodeo Show, Country-Konzerte und vieles mehr; tgl. 10–20 Uhr.

Kowary

Eine halbe Autostunde südöstlich von Jelenia Góra, an der Landstraße 367, liegt Kowary (Schmiedeberg). Im Tal der Jedlica (Eglitz), die oben an den Grenzbauden entspringt, zieht sich die alte Bergarbeiter- und Leinewebersiedlung sieben Kilometer lang hinauf. Die Stadt zählt heute 12500 Einwohner. Östlich von ihr verläuft der 800 bis 900 Meter hohe Landeshuter Kamm (Rudawy Janowickie). Auf der Landstraße 367 fährt man um die Stadt herum und ist in wenigen Minuten an den Grenzbauden und am polnisch-tschechischen Grenzübergang. Es lohnt sich aber auch, in Kowary Station zu machen. »Wohl jedem, der in glücklicher, unmittelbarer Umgebung in Schmiedeberg sitzt und statt auf den Berliner Kreuzberg auf das Riesengebirge blickt!« schrieb Theodor Fontane, der den Ort von mehreren Ferienaufenthalten kannte, 1884 sehnsüchtig und neidvoll an seinen Freund, den Schmiedeberger Amtsrichter Dr. Georg Friedlaender. Der Bergwerksmeister Laurentius Angelus, der in der Umgebung Eisenerz fand, soll die Siedlung schon 1148 gegründet haben. Sie lag an einem wichtigen Verbindungsweg von Böhmen nach Schlesien und wurde 1355 erstmals urkundlich erwähnt. Vom böhmischen König Wladislaus erhielt sie am 4. September 1513 das Berg- und Stadtrecht. Der Abbau und die Verhüttung von Eisenerz bildeten lange Zeit Schmiedebergs Existenzgrundlage. Hier bestellte der polnische König seine Kanonenrohre, und von hier stammten auch die Metallteile der ersten Warschauer Eisenbrücke (1567–1573). Der Dreißigjährige Krieg vernichtete die Stadt zu großen Teilen und bedeutete das Ende der Blütezeit des Ortes. Durch die Überschwemmung

Das Rathaus in Kowary

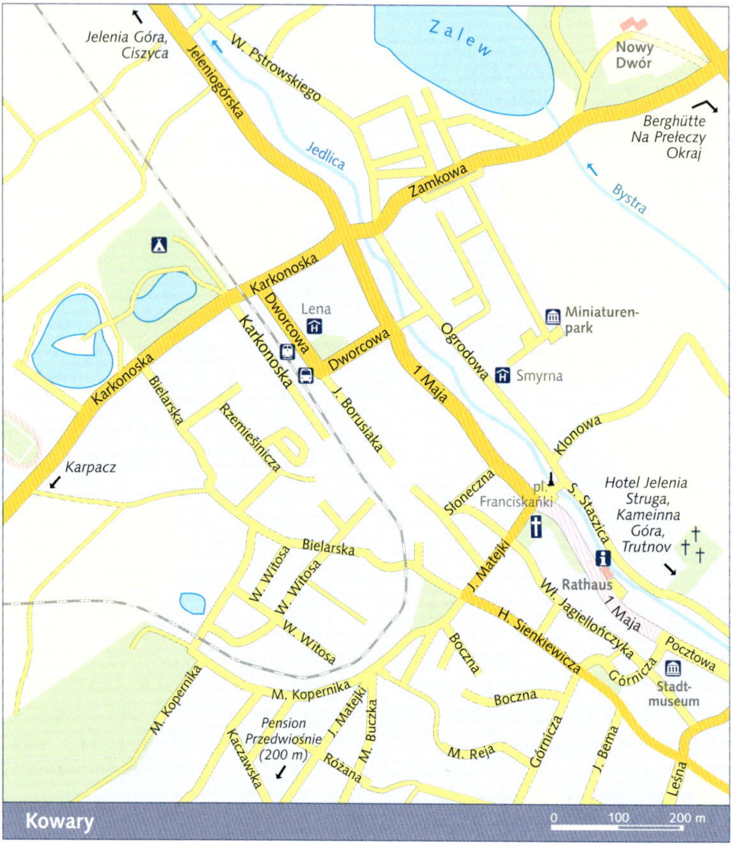

der Erzgrube kam der Bergbau zum Erliegen. Im 18. Jahrhundert entwickelte sich die Leinwand- und Damastweberei. Ihre farb- und musterreichen Erzeugnisse sind in Polen sehr begehrt. Im 19. Jahrhundert hielt auch hier der Fremdenverkehr mit Hotels und Pensionen Einzug. So seltsam es für eine alte Industriestadt klingen mag: 1902 wurde in Hohenwiese (heute Wysoka Łąka) eine Lungenheilstätte eröffnet, wenig später kam eine weitere im nahegelegenen Buchwald hinzu. Nach 1945 förderten die Sowjets in der Umgebung Uranerz.

▲ Karte S. 95

In einem der ehemaligen Stollen im Wald oberhalb des Ortsteils Podgórze richtete man 1974 ein Sanatorium ein, in dem Erkrankungen der Atemwege mit Radon-Inhalationen behandelt wurden. Heute ist das ›Inhalatorium Radonowe‹ nicht mehr in Betrieb.

Sehenswürdigkeiten

Einen Besuch wert ist die spätgotische katholische **Pfarrkirche St. Marien** am Franziskanerplatz. An der Westseite des Turmes steht eine Marienfigur aus dem späten 14. Jahrhundert. Im Innern der

Kirche und an den barocken Kapellen an der Außenmauer finden sich schmiedeeiserne Gitter, Zeugnisse des Handwerks, das der Stadt den Namen gegeben hat. Neben der Marienkirche überquert eine barocke **Steinbrücke** mit einer Statue des heiligen Nepomuk das Flüsschen Jedlica. Am Ende des wegen der Enge des Tales schmalen Marktplatzes steht das **klassizistische Rathaus**, das 1768/69 entstand. Eine Wandmalerei zeigt noch das alte Stadtwappen mit dem preußischen Adler. Den Verhandlungssaal im ersten Stock schmückt eine Kassettendecke. Beteiligt an der Erbauung des Rathauses war der bekannte Landeshuter Baumeister Carl Gotthard Langhans, der später in Berlin arbeitete und als Schöpfer des Brandenburger Tores bekannt wurde.

Touristisch stand und steht der Ort im Schatten des benachbarten Karpacz, zu dem alles hinströmt. Inzwischen ist aber auch in Kowary Aufbruchsstimmung zu spüren. Davon kündet die **Fußgängerzone** im Zentrum, an der sich viele neue Läden und Lokale angesiedelt haben und die mit ihren frischgepflanzten Ahornbäumen, Ruhebänken und Laternen zum Flanieren, Schauen und Kaufen einlädt.

Von sich reden macht der Ort alljährlich im Juli, wenn in Kowary die polnischen Meisterschaften im Gleitschirmfliegen ausgetragen werden. Auch Drachenflieger finden hier gute Bedingungen vor.

Eine besondere Attraktion von Kowary ist der **Miniaturenpark** von Marian Piasecki auf dem Gelände der ehemaligen Teppichweberei. Zu bewundern sind historische Altstädte, Schlösser, Kirchen und andere niederschlesische Baudenkmäler, die mit viel Liebe zum Detail im Maßstab 1:25 gefertigt wurden. Im Winter werden die schönen Miniaturen in einer beheizten Halle gezeigt.

Sehr zu empfehlen ist auch ein Besuch im mit viel Liebe eingerichteten **Stadtmuseum** in der ul. Górnisza 1 unweit vom Rathaus, das im Sommer täglich von 11 bis 15 Uhr geöffnet ist (Winter nur Di, Do, Sa, So). Fotos an den Wänden zeigen die Geschichte der Stadt.

In Richtung Jelenia Góra thront auf einem Hügel links der Straße hinter der Eisenbahn das **Schlösschen Ciszyca** (Ruhberg), das früher der Adelsfamilie Radziwill gehörte. Hier lebte Elise von Radziwill, der ›Engel von Ruhberg‹. Sie war die Jugendliebe des späteren Kaisers Wilhelm I., der er aus Standesgründen entsagen musste.

Den 15 Kilometer von Kowary entfernten ehemaligen polnisch-tschechischen Grenzübergang an den Grenzbauden (Przełęcz Okraj, tschechisch: Pomezní boudy) erreicht man, wenn man sich auf der Landstraße 367 an den beiden Straßengabelungen jeweils rechts hält. In Serpentinen führt die Straße zum Pass hinauf. Der Grenzübergang wurde am 1. April 1994 nach 20-jähriger Schließung vom damaligen tschechischen Prädidenten Vaclav Havel für den Autoverkehr wiedereröffnet.

Im Miniaturenpark

Das Schweizerhaus (Schronisko Szwajcarka) ist ein guter Ausgangspunkt für eine Wanderung zu den Falkenbergen

Wanderungen rund um Kowary

Kowary ist ein guter Ausgangspunkt für eine Ganztagstour zu den Grenzbauden. Auch das Schweizerhaus, einst Jagdhütte des Prinzen Wilhelm von Preußen, lohnt einen Besuch.

Von Kowary zu den Grenzbauden und zum Skalny Stół

Auf dem blau markierten Weg, der im Zentrum von Kowary beginnt, wandert man südlich von Kowary durch die Pohlsche Schweiz (Uroczysko), wo der Pluszcz (Höllenbach) zwischen Felsenwänden als kleiner Wasserfall herunterschießt. Der blaue Weg, der bald nach links abbiegt und zum Pass Przełęcz Kowarska führt, heißt Droga Głodu (Hungerweg) und war wie der Park ein Karpacz eine Arbeitsbeschaffungsmaßnahme: Die beim Bau beschäftigten Tagelöhner bekamen einen Laib Brot am Tag. Man geht allerdings weiter am Bach aufwärts, jetzt der gelben Markierung folgend, die direkt zu den Grenzbauden führt. Hier hält man sich rechts und wandert mit der blauen Markierung direkt an der Grenze (der rot markierte Kammweg durchschneidet hier tschechisches Gebiet) über den Czoło (Stirnberg) zum Skalny Stół (Tafelstein, 1281 Meter). Von hier kommt man entlang der gelben Markierung über die Waldlichtung Budniki und das Forsthaus Jedlinki zurück nach Kowary. Die Wanderung dauert etwa fünf Stunden.

Von Bukowiec über Karpniki zum Schweizerhaus

Eine blaue Markierung führt vorbei am Nowy Dwór (Neuhof), einem Palast mit einem großen Landschaftspark, nach Bukowiec. Das Barockschloss im Dorf – heute eine Schule – war der Wohnsitz des Grafen von Reden, der hier auch begraben ist. Er war preußischer Minister für das Berg- und Hüttenwesen, schuf das oberschlesische Industrierevier und verhalf dem von Napoleon geächteten Freiherrn von Stein zur Flucht nach Böhmen. Seine Frau veranlasste den Aufbau der Kirche Wang in Brückenberg. Von Bukowiec folgt man der blauen Markierung weiter nach Karpniki, wo das nächste Schloss wartet. Von hier der gelben Markierung folgend, kommt man zur Schronisko Szwajcarka (Schweizerhaus), dem Ausgangspunkt für Aus-

▲ Karte: vordere Umschlagklappe

flüge zu den Sokole Góry (Falkenberge), die auch als Kletterfelsen beliebt sind. Die Wanderzeit von Kowary zum Schronisko Szwajcarka beträgt etwa drei Stunden.

Zum Skalnik

Auf dem grün markierten Weg verlässt man die Stadt in östlicher Richtung, überquert die Landstraße 367 und kommt wenig später auf einem Steinweg in den Laubwald des Landeshuter Kammes. Das ist die ›Alte Landeshuter Chaussee‹, die mittelalterliche Handelsstraße zwischen Eglitz- und Bobertal. Am Skalnik (Friesensteine, 945 Meter) ist nach knapp zwei Stunden der höchste Fels der aus Granit bestehenden Friesensteine erreicht. Bei guter Sicht ist der ganze Riesengebirgskamm zu bewundern. Einkehren kann man in der Czartak-Baude, die man auf dem blau markierten Weg erreicht. Fortsetzen lässt sich die Landeshuter Kammwanderung zum Wołek (Ochsenkopf, blaue Markierung), weiter zur Ruine Bolczów (Bolzenschloss, schwarze Markierung) und nach Janowice (Jannowitz, grüne Markierung).

Der kürzeste Rückweg folgt der gelben Markierung hinunter zum Bóbrzak (Biberberg, 805 Meter) und weiter zum Pass Przełęcz Kowarska. Von hier führt wieder der blau markierte ›Hungerweg‹ zurück nach Kowary. In der Baude ›Nad Jedlicą‹ kann man nochmals Station machen. Wer will, kann auch den Bus nehmen. Ohne diesen muss man für diese Rundwanderung ungefähr fünf Stunden einplanen.

Kowary

PLZ: 585-30.
Vorwahl: 0048/(0)75.
Touristeninformation, ul. 1 Maja 1a (Rathaus), Tel. 7182489, it@kowary.pl, www.kowary.pl, Mo–Fr 9–16 Uhr.

Hotel Smyrna, ul. Ogrodowa 21, Tel. 718384, smyrna@op.pl, www.smyrna.pl. Barockvilla im Stadtzentrum mit Restaurant und Bar, DZ mit Frühstück 180 Złoty.
Apartament Lena, ul. Dworcowa 12, Tel. 0048/605218092.
Hotel Jelenia Struga MEDICAL SPA, Podgórze 55, Tel. 7528404, www.jeleniastruga.pl. Moderne Zimmer, finnische Sauna, Massagen, Aroma- und andere Therapien, bewachter Parkplatz.
Pension Przedwiośnie (Vorfrühling), Górnicza 22, Tel. 7182203, przedwiosniemswia@o2.pl, www.przedwiosnie.eu (poln.). Etwas außerhalb in Richtung tschechische Grenze gelegen, schöner Bergblick, preiswerte Übernachtung mit Vollpension.

Miniaturenpark, ul. Zamkowa 9, Tel. 7522242, www.park-miniatur.com/de/. Modelle von Burgen, Schlössern, Klöstern und Rathäusern aus Niederschlesien im Maßstab 1:25, tgl. 9–18 Uhr, auch an Sonn- und Feiertagen. Eintritt 22 Złoty, ermäßigt 20 Zloty, Kinder bis 14 Jahre 17 Zloty.
Stadtmuseum, ul. Górnisca 1 (unweit vom Rathaus), täglich 11–5 Uhr (im Winter nur Di, Do, Sa, So).

Berghütte Na Przełeczy Okraj, Tel. 0048/663391085 (Rafał), 0048/791999953 (Danuta), schroniskookraj@gmail.com , schroniskookraj.pl. Am ehemaligen Grenzübergang nach Tschechien, DZ und Mehrbettzimmer, Kaminzimmer und Lagerfeuerplatz.

Kamienna Góra

Jeweils eine halbe Autostunde südöstlich von Jelenia Góra und nordöstlich vom tschechischen Trutnov erstreckt sich am Fluss Bober die alte Stadt Kamienna Góra (Landeshut). Sie liegt zwischen dem noch zum Riesengebirge zählenden Landeshuter Kamm (Rudawy Janowickie) und dem Waldenburger Bergland. Eine mittelalterliche Handelsstraße, die das nördliche Schlesien mit Prag verband, führt durch den Ort. Ähnlich wie viele Städte dieser Region kann Kamienna Góra auf eine lange und bewegte Vergangenheit zurückblicken. Im 13. Jahrhundert gehörte Landeshut zum Herzogtum Schweidnitz-Jauer und sollte helfen, die Grenze zu Böhmen zu sichern. 1334 bestätigte Bolko II. Stadtrecht und freie Ratswahl, hinzu kam das Braurecht. Ähnlich wie Trautenau wurde Landeshut von den Hussiten niedergebrannt und im Dreißigjährigen Krieg von Bränden und Epidemien heimgesucht. Weil während der Gegenreformation ein Teil der Einwohner nicht zum Katholizismus zurückkehrte, wurde Anfang des 18. Jahrhunderts in Landeshut – wie auch in Hirschberg – eine evangelische Gnadenkirche errichtet. Das Gotteshaus entstand nach Plänen des Revaler Baumeisters Martin Frantz und hatte die Stockholmer Katharinenkirche zum Vorbild.

Die Kirche Mariä Himmelfahrt in Krzeszów

Im Siebenjährigen Krieg war die Stadt umkämpft, die Schlacht bei Landeshut 1760 endete mit einem Sieg der Österreicher. Wirtschaftlich fuhr Schlesien mit Preußen nicht schlecht: Im 19. Jahrhundert entstanden in Landeshut große maschinelle Webereien und andere Industriebetriebe, der Anschluss an die Eisenbahn machte den Aufschwung möglich. Wegen ihrer schönen Lage war die Stadt schon vor dem Zweiten Weltkrieg ein beliebter Ferienort. An diese Tradition versucht Kamienna Góra heute wieder anzuknüpfen. Angeboten wird auch Urlaub auf dem Bauernhof (hier ›Agrotourismus‹ genannt).

Sehenswürdigkeiten

An touristischen Attraktionen mangelt es nicht. Zur Besichtigung empfiehlt sich die katholische **Pfarrkirche St. Peter und Paul** mit einer Skulptur der heiligen Anna Selbdritt vom Anfang des 16. Jahrhunderts und einem steinernen Taufbecken aus der Zeit um 1580. Interessant ist, dass das 1294 erstmals erwähnte Gotteshaus zweimal für mehrere Jahre (1562–1629 und 1634–1637) als evangelische Kirche diente. Die frühere evangelische **Gnadenkirche der heiligen Dreifaltigkeit** fungiert heute als katholische Pfarrkirche St. Maria Rosenkranz.

▲ Karte: vordere Umschlagklappe

Krzeszów

Keinesfalls versäumen sollte man einen Besuch des nahegelegenen **Klosters Grüssau** (Krzeszów). Das immer wieder umgebaute und erweiterte Zisterzienserkloster war ein Mittelpunkt der Gegenreformation in Schlesien und hat für das Riesengebirge als geistiges Zentrum lange Zeit eine bedeutende Rolle gespielt. Nachdem Schlesien an Preußen gefallen war, geriet der geplante Neubau des Klosters ins Stocken und blieb schließlich unvollendet. Im Zuge der Säkularisierung wurde die Abtei 1810 durch den preußischen Staat aufgelöst. Erst 1919 konnte Grüssau durch aus Prag ausgewiesene deutsche Benediktiner wieder besiedelt werden. 1940 wurden die Gebäude durch das NS-Regime beschlagnahmt, die Mönche mussten ausziehen. Grüssau diente als Durchgangslager für Volksdeutsche aus der Bukowina, Karpaten- und Ungarndeutsche, die im besetzten Polen angesiedelt werden sollten. Auch schlesische Juden waren hier interniert. 1947 wurde das Kloster durch polnische Benediktinerinnen, die Lemberg im sowjetisch gewordenen Ostpolen hatten verlassen müssen, erneut besiedelt. Während der kommunistischen Diktatur in Polen ging es mit Grüssau bergab. Erst nach 1989 nahm die religiöse Bedeutung als Wallfahrtsort wieder zu. Kein Wunder: Viele Kunst- und Architekturkenner halten das Kloster Grüssau für das schönste Bauwerk der Zisterzienser in Mitteleuropa.

Kamienna Góra

PLZ: 58101-400.
Vorwahl: 0048/(0)75.
Tourismus-Information, Pl. Wolności 11, Tel. 7442275, Mo–Fr 8–16 Uhr, Sa/So 9.30–15 Uhr, www.kamiennagora.pl.

Hotel Karkonosze, ul. Papieża Jana Pawła II 33, Tel. 7442230, www.hotelkarkonosze.org. Ehemaliges Hotel Kaiserhof, zentral gelegen.

Hotel Krokus, ul. Parkowa 1b, Tel./Fax 7443514, www.hotel-krokus.supertu-rystyka.pl.
Zahlreiche Lokale um Plac Wolności und Plac Grunwaldzki im Zentrum.

Museum der niederschlesischen Weberei, pl. Wolności 11, Tel. 7442275, sekretariat@muzeumtkactwa.pl, www.muzeumtkactwa.pl; Mo–Fr 8.30–15.30 Uhr, Sa 9.30–15 Uhr, Eintritt 10 Zloty.

Die Kammwanderung

Die Wanderung entlang des Kammes mit faszinierenden Ausblicken nach beiden Seiten ist ohne Zweifel das schönste Erlebnis einer Riesengebirgsfahrt. Auf dem rot markierten Weg verläuft die polnisch-tschechische Grenze, in der Zeit des Sozialismus war er für Ausländer gesperrt. Angelegt wurde der Weg schon in den 1880er Jahren vom Riesengebirgsverein. Die ›klassische‹ Tour führt vom Reifträger im Westen zu den Grenzbauden im Osten. Kenner empfehlen diese Richtung, weil sich die landschaftlichen Schönheiten von West nach Ost steigern und die Berge immer höher werden. Acht bis neun Stunden (ohne Auf- und Abstieg!) sollte man dafür schon einplanen. Sportliche Wanderer können die Strecke dennoch ohne Probleme an einem langen Sommertag bewältigen. Man bringt sich bei einem solchen Marsch aber um die Möglichkeit, die vielen schönen Ausblicke auch

mal etwas länger zu genießen und auf sich wirken zu lassen.
Abkürzen lässt sich die Wanderung, wenn man am Dom làski zur Sessellift-Station an der Kopa geht und hinunter nach Karpacz schwebt. Mehr von der Kammwanderung hat man sicherlich, wenn man sie auf zwei Tage verteilt. Das bietet den zusätzlichen Reiz, bei der Übernachtung in einer Kammbaude etwas von deren Atmosphäre zu erleben. Dafür in Frage kommt beispielsweise die tschechische Špindlerova bouda (Spindlerbaude). Auf der polnischen Seite bieten sich die ganz in der Nähe der Špindlerovka gelegene Baude ›Odrozdenie‹ (ehemals Jugendkammhaus ›Rübezahl‹) oder auch – schon ein Stück weiter östlich – die malerische Samotnia (Kleine Teichbaude) und nicht weit davon die urige Strzecha Akademicka (Hampelbaude) an. Zu den beiden letzteren muss man allerdings ein Stück vom Kamm absteigen.

Blick ins Isergebirge

Um Kraft und Zeit zu sparen, empfiehlt es sich, von Szklarska Poręba mit dem doppelsitzigen Sessellift auf den Reifträger zu fahren. Wer Lust hat, kann natürlich auch auf dem rot markierten Weg über den Wodospad Kamieńczyka und die Hala Szrenicka hinaufsteigen und dabei schon mal den prachtvollen Ausblick auf das Isergebirge genießen. Den hat man dann – einigermaßen gute Sicht vorausgesetzt – auch vom Reifträger (1362 Meter), zu dem vom roten Kammweg ein schwarz markierter Abzweig links abbiegt. Die Baude dort (auch mit Übernachtung) ist bewirtschaftet und sehr zu empfehlen. Auch eine Wetterstation der Universität Wrocław hat hier ihren Sitz. Die Umgebung ist im Winter ein beliebtes Skigelände.

▲ Karte: vordere Umschlagklappe

Von der Hala Szrenicka zum Reifträger ist auch die grüne Markierung lohnenswert. Dabei kommt man über die Końskie łby (Pferdekopfstein, 1298 Meter). Von diesem Felsen am nördlichen Reifträgergipfel hat man einen wundervollen Fernblick in den Talkessel von Jelenia Góra. Der grüne Weg führt um den Reifträger herum und stößt bei den Trzy winki (Sausteine) wieder auf den Kammweg. Diese aufgetürmten Granitfelsen wurden auch Raffträgersteine genannt (das Raff war das Traggestell der Baudenbewohner).
Von hier geht es auf bequemem Weg weiter in Richtung Südosten zu dem eindrucksvoll aufragenden Felsmassiv des Twarożnik (Quargsteine, 1332 Meter). Kurz vorher biegt rechts ein Weg zur nahegelegenen (tschechischen) Vosecká bouda ab, in der man auch übernachten kann. Vom Twarożnik bietet sich ein schöner Blick ins nördliche Riesengebirgsvorland mit der Burgruine Chojnik im Vordergrund.

Von der Elbquelle zur Martinova

Unterhalb des Sokolnik (Falkenstein, 1384 Meter) wendet sich der Kammweg nach Osten und trifft bald auf eine Wegkreuzung: Links geht es nach Szklarska Poręba zum Wodospad Szklarki (Kochelfall, blaue Markierung), rechts kommt man in wenigen Minuten zur Elbquelle auf tschechischem Gebiet. Den von einem Betonring eingefassten Brunnen, geschmückt mit den bunten Wappen der Elbanliegerstädte, kann man auch vom Kammweg aus sehen. 1684 wurde er vom Bischof von Königgrätz feierlich eingeweiht. Etwas weiter hinten schaut die architektonisch höchst umstrittene Elbfallbaude hervor. Der Kammweg passiert den südlichen Hang der Veilchenspitze, die heute Łabski

Szczyt heißt (1471 Meter), und erreicht bald die mit ihrem roten Dach schon von weitem sichtbare Baude Schronisko nad nieżnymi Kotłami, die frühere Schneegrubenbaude. Das ehemals renommierte Berghotel ist heute eine Fernseh-Relaisstation. Von einer gesicherten Plattform kann man einen Blick in die eindrucksvollen, 200 Meter tiefen Schneegruben werfen und sich davon überzeugen, dass hier auch im heißesten Sommer noch Schnee liegt. Das Innere der Gruben ist altes Gletschergebiet und botanisch hochinteressant.

Auf moosigen Steinblöcken führt der Weg jetzt um das Hohe Rad (1509 Meter) – den dritthöchsten Berg des Riesengebirges – herum talwärts. Links unten liegt Szklarska Poręba. Der Hang ist immer noch von Waldschäden gezeichnet. Am Fuß muss man sich rechts halten, geradeaus führt ein blau markierter Weg talwärts. Der Kammweg steigt dann vom Sattel wieder sanft hin-auf zum Śmielec (Große Sturmhaube), dessen 1424 Meter hoher Gipfel wie der des Hohen Rades mit Granitgeröll bedeckt ist. Am Horizont schaut schon der Kegel der Schneekoppe heraus. Ein Stück weiter, am Pass Czarna Przełęcz, mündet von links der blau markierte Korallensteineweg aus Jagniątków. Rechts führt dieser Weg weiter zur einen Kilometer entfernten tschechischen Baude Martinova, einem kleinen Berghotel mit guter Küche.

Auf dem Kammweg

Von der Martinova zum Mannstein

An der Kreuzung steht eine Schutzhütte. Geradeaus geht es auf dem Kammweg weiter zu den Czeskie Kamienie (Mannsteine), einem Felsgebilde, das von weitem wie eine verlassene Burgruine anmutet, und auf den Mädelkamm mit den Śląskie Kamienie (Mädelsteine). Bald tauchen rechts die Ruinen der 1811 errichteten Peterbaude (Petrovka) auf, die leider im August 2011 abgebrannt ist. Die Baude in fast 1300 Meter Höhe war eine der bekanntesten, ältesten und stilechtesten Berghütten des Riesengebirges. Ihre Kammlage machte die Peterbaude zu einem guten Ausgangspunkt für sommerliche Wanderungen und winterliche Skitouren.

Vom Kammweg zweigt an dieser Stelle nach links ein schwarz markierter, Petrowka genannter Weg nach Jagniątków (90 Min.) ab. Anschließend senkt sich der Kammweg zum früher genannten Löchel (Przełęcz Dołek) hinunter, der mit 1178 Metern tiefsten Stelle des Kammes. Dies war früher zugleich die einzige Stelle, wo der Wald früher bis zum Kamm hinaufreichte. Die toten Bäume, die heute davon übriggeblieben sind, lassen eine gespenstisch-surrealistische Stimmung aufkommen. Bei schönem Wetter kann man sich zwischen den weißleuchtenden Stämmen in einen bizarren Märchenwald versetzt fühlen. Allerdings können auch im Sommer hier oben Regen und Nebel aufkommen. Wenig später ist der Pass Przełęcz Karkonoska (Spindlerpass, 1198 Meter) erreicht, der bequemste Übergang über den Kamm. Links führt ein schöner, blau bezeichneter Weg hinunter nach Przesieka. Rechts steht die tschechische Špindlerova bouda mit ihrem grünen Dach. Auf dem großen Parkplatz davor stehen wenige Fahrzeuge, weil nur Hausgäste ihre Autos mitbringen dürfen. Die Špindlerova bouda bietet komfortable Zimmer, Hallenbad, Sauna und viele andere Annehmlichkeiten.

Links vom Kammweg sieht man etwas höher die polnische Touristenherberge ›Odrodzenie‹ (Auferstehung), die 1929 als Jugendkammhaus ›Rübezahl‹ eröffnet wurde und preiswerte Betten vermietet. Der rot markierte, steinig-steile Weg führt über den Nordhang der Kleinen Sturmhaube (Mały Szyszak), die mit 1435 Metern seltsamerweise elf Meter höher ist als die Große Sturmhaube. Der Ausblick von ihrem Gipfel wird von Kennern als einer der schönsten im gesamten Gebirge gerühmt. Rechts am Tępy Szczyt (Kleines Rad, 1388 Meter) vorbei zieht sich der Kammweg auf dem Nordausläufer der Kammes Smogornia hinauf zur Felsgruppe des Słonecznik (Mittagstein, 1423 Meter). Er wurde früher auch Mannstein genannt, weil die nördliche Partie von der Seite betrachtet einem Mann ähneln soll. Den Namen Mittagstein bekam er, weil für die Bewohner des Hirschberger Tals mittags die Sonne über diesem Felsen steht. Ein gelb, später blau bezeichneter Weg führt von hier über die Pielgrzymy (Dreisteine) und ›Rübezahls Kegelbahn‹ (Rówienka) hinunter zur Kirche Wang in Karpacz. Auf dem Kammweg geht es weiter zu den Überresten der in alten Reiseführern hochgelobten Prinz-Heinrich-Baude, die

▲ Karte: vordere Umschlagklappe

Die Schneegrubenbaude

eine eigene Konditorei hatte und im Winter norwegische Skilehrer beschäftigte. Leider brannte sie 1946 ab.

Vom Mannstein zur Samotnia

Der Hang fällt hier steil ab zum fast 200 Meter tiefer liegenden Großen Teich Wielki Staw, einem rund 600 Meter langen, kristallklaren Bergsee. Oben kommt man bald zum Kleinen Teich Mały Staw, an dessen Ufer ein einsames, einladend aussehendes Holzhaus mit einem Glockentürmchen steht: die Kleine Teichbaude Samotnia. Weiter oben thront die größere, ehemalige Hampelbaude Strzecha Akademicka. Rechts zweigt bald ein neu angelegter, gelb markierter Weg ab, auf dem man in 20 Minuten die (tschechische) Wiesenbaude erreicht, die größte und gleichzeitig für viele die schönste Baude des gesamten Riesengebirges. Kurz hinter dieser Abzweigung stoßen wir auf einen breiteren, gepflasterten Weg.

Links führt die blaue Markierung in 15 Minuten zur (polnischen) Strzecha Akademicka, früher als Hampelbaude bekannt. Wer etwas Zeit hat, sollte sich diesen Abstecher gönnen. Er trifft auf eine urgemütliche Baude mit uralten Holztischen und -stühlen, einer bemalten Balkendecke, einem großen Elchgeweih an der Wand und Deckenlampen mit geschnitzten Musikanten. Die polnische Küche ist preiswert und gut. Wer will, kann von hier oben in einer Stunde auf dem gelbmarkierten Weg nach Karpacz hinunterlaufen oder sich auch noch die Baude Samotnia anschauen, zu der man in 15 Minuten hinabklettert. Samotnia heißt soviel wie Einöde. Schon 1670 erwähnte eine Wanderbeschreibung zur Schneekoppe einen Einsiedler, der hier von den Forellen des Teiches und der Ziegenzucht lebte. 1923 erhielt die Baude ihr Wahrzeichen: das hölzerne Türmchen mit der in Hirschberg gegossenen Glocke. Der letzte Besitzer vor dem Zweiten Weltkrieg, die Familie Hasse, ließ den nördlichen Flügel der Herberge anbauen. Die Samotnia vemietet Zimmer mit Dusche und WC. Wenn man Glück hat, wird man in der Gaststube mit Klaviermusik empfangen. Wer noch mehr wissen will, sollte einen Blick auf die Homepage der Samotnia im Internet werfen: http://samotnia.com.pl.

Über die Schneekoppe zu den Grenzbauden

Wieder zurück auf dem Kammweg erreichen wir nun den Koppenplan, eine mehrere Kilometer lange, wellige Hochfläche, die sich bis an den Fuß der Schneekoppe erstreckt, deren Gipfel jetzt immer näher rückt. Im Süden wird das Plateau des Koppenplans von den beiden Kuppen des Brunnbergmassivs begrenzt, den Bergen Luční hora (1555 Meter) und Studniční hora (1560 Meter). Zwischen Kamm und Brunnberg erstreckt sich die Wiese Bílá louka, auf der die Luční bouda (Wiesenbaude) steht. Unterhalb der Schneekoppe münden auf den Kamm mehrere Wege, darunter einer aus dem Kocioł Łomniczki (Melzergrund), einer aus dem Obří důl (Riesengrund) und einer von der Luční bouda kommend. Es ist die am stärksten frequentierte Stelle des Kammes. Hier steht das 1922 erbaute ehemalige Schlesierhaus, das heute Dom Śląski heißt, in dem man sich an einem Selbstbedienungsbüfett warmes Essen und Getränke holen kann. Auch Karten, Süßigkeiten und Andenken werden feilgehalten. Eine Übernachtung ist zur Zeit nicht möglich. Gegenüber befand sich die tschechische Riesenbaude, die leider in den 1980er Jahren abgerissen wurde.

Von hier führen zwei Wege auf den Gipfel der Schneekoppe: der steile Zick-zack-Weg und der bequemere Jubiläumsweg. Zu empfehlen ist der Aufstieg auf der ersten, der Abstieg auf der zweiten Route. Der Kammweg verläuft weiter entlang des Riesenkammes (Czarny Grzbiet) auf die Schwarze Koppe (Czarna Kopa). Von dort geht es wieder hinunter zur früheren Emmaquell- und jetzigen Jelenka-Baude und weiter auf der roten Markierung über den ehemaligen Eulenpass, der heute polnisch Przełęcz sowia und tschechisch Soví sedlo heißt (1164 Meter). Er verläuft durch tschechisches Gebiet zu den Grenzbauden (Pomezní boudy, 1046 Meter).

Hier endet die Kammwanderung. Der Grenzübergang ist auch für Autos geöffnet. Ein gelb markierter Abstiegsweg führt nach Kowary. Wer will, kann sich in einer der zur Gemeinde Malá Úpa gehörenden Bauden und Pensionen einquartieren.

Vor allem die Freunde sportlicher Betätigung werden im tschechischen Teil des Riesengebirges auf ihre Kosten kommen. Ausgedehnte Wanderungen sind ebenso möglich wie Mountainbike-Touren und Klettern in den Adersbacher Felsen – vom Skifahren ganz zu schweigen.

DIE BÖHMISCHE SEITE DES RIESENGEBIRGES (KRKONOŠE)

Die Schneekoppe

Harrachov

Harrachov (Harrachsdorf) ist das meistbesuchte Touristenzentrum im westlichen Teil des böhmischen Riesengebirges, vor allem aber ein beliebter Wintersportplatz. Der Ort hat 1700 Einwohner und liegt im Tal der Mumlava an der Grenze zum Isergebirge. Er wird von der Europastraße 65 umschlossen, die nur vier Kilometer weiter Polen erreicht. Umgeben ist Harrachov von Bergen. Im Norden erhebt sich der Kamenec (Steindlberg), im Süden der Berg Śertova hora (Teufelsberg). Für viele Besucher aus dem ostsächsischen Raum bildet die schnell erreichbare Ortschaft so etwas wie das Eingangstor ins Riesengebirge. Wer aus dieser Richtung kommt, folgt an der Glashütte und am Hotel ›Karolina‹ nicht der links abbiegenden Hauptstraße nach Polen, sondern fährt geradeaus in den Ort hinein. Dort findet man auf der linken Seite das städtische Fremdenverkehrsamt, das ein Gastgeberverzeichnis bereithält. Wer durch die Hauptstraße schlendert, spürt sofort, dass sich hier fast alles um den Fremdenverkehr dreht. Ein großer Parkplatz liegt – etwas versteckt – am Ortsende hinter dem Busbahnhof, manchmal wird er als eine Art Trödelmarkt benutzt. Harrachov ist auch Ausgangspunkt für Ausflüge ins Isergebirge, das hier fast direkt vor der Haustür beginnt, dessen nahegelegenster Zipfel allerdings zu Polen gehört. Bekannt ist der Ort vor allem durch seine berühmte, im Ortsteil Nový Svůt (Neuwelt) gelegene Glashütte, die als ›Novosad & Sohn GmbH‹ noch heute in Betrieb ist. Die erste Glashütte in dieser Gegend stand in Seifenbach, dem heutigen Harrachover Ortsteil Rýžovištů. Im 18. Jahrhundert musste sie wegen Holzmangel geschlossen werden. 1712 wurde von Elias Müller eine neue Hütte in Neuwelt gegründet und später von Graf Harrach, nach dem Harrachsdorf benannt ist, erworben. Bis 1943 war die Glashütte im Besitz der Familie von Harrach, nach dem Ende des Krieges wurde sie verstaatlicht. 1993 erwarb der Glasmacher Dr. František Novosad aus Nový Bor den Betrieb. Mundgeblasene Glaserzeugnisse, die hier hergestellt wurden, sind im **Glasmuseum** zu bewundern, einem gelben Haus, das direkt an der

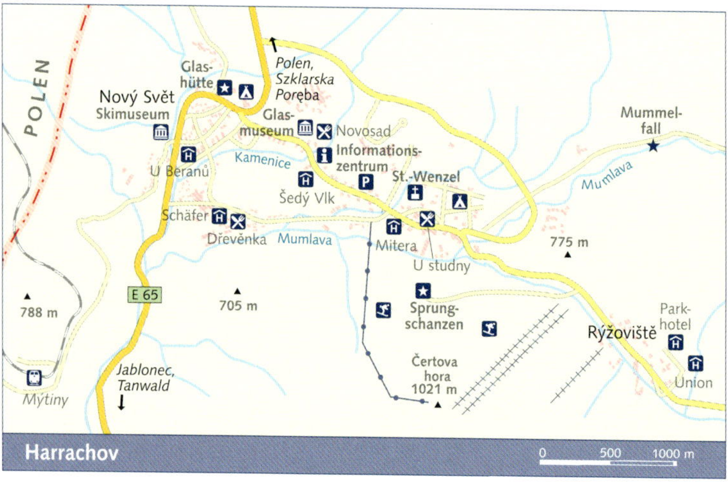

Das sehenswerte Glasmuseum

Hauptstraße liegt. Es wurde 1994 renoviert und neu gestaltet. Nebenan gibt es ein Geschäft, in dem geschliffenes und bemaltes böhmisches Kristallglas verkauft wird, und das beliebte Brauerei-Restaurant ›Novosad‹.

Nový Svůt und Rýžoviště wurden Harrachov nach 1945 angegliedert. 1959 kamen durch einen Gebietsaustausch mit Polen auch noch die Mýtiny (Strickerhäuser) hinzu, wo sich vor dem Krieg beliebte Ferienquartiere befanden. Hier hält heute die aus Tanvald kommende **Zahnradbahn**. 1973 wurde Harrachov mit seinen Eingemeindungen zur Stadt erklärt.

Sehenswert ist neben dem Glasmuseum auch die **Dorfkirche St. Wenzel** in der Mitte des Ortes, die 1822 bis 1828 im Empire-Stil errichtet wurde. Die gläsernen Säulen des Hochaltars und der barocke Kronleuchter wurden hier in der Glashütte hergestellt. Auch die zehn Kilogramm schwere gläserne Glocke, die in der **St.-Elisabeth-Kapelle** nahe der Glashütte hängt, ist ein hiesiges Werk.

Doch die meisten Gäste kommen nicht wegen musealer Sehenswürdigkeiten hierher, sondern um sich aktiv zu erholen, Sport zu treiben und Natur zu erleben. Erst in der weißen Jahreszeit kommt Harrachov so richtig in Schwung, Skifahren hat hier Tradition. Schon Graf Harrach ließ im 19. Jahrhundert die ersten Skier nach Böhmen bringen. Die ersten im Riesengebirge gebauten Skier sind heute im **Skimuseum** von Harrachov zu bestaunen. Bald gab es Wettkämpfe im Langlauf und im Skispringen. Nach dem Ersten Weltkrieg entstanden die Sprungschanzen auf dem Ptačinec (Vogelstein) und auf dem 1020 Meter hohen Berg Śertova hora. Später war die Stadt mehrmals Austragungsort von Welt- und Europameisterschaften in den nordischen Skidisziplinen. Am Nordhang des Berges Śertova hora ist die 1980 eingeweihte gewaltige **Mammutschanze** zu sehen, auf der 1996 erstmals im Wettkampf die 200-Meter-Marke überflogen wurde.

Sportmöglichkeiten

Doch auch für Otto Normalverbraucher sind genug Möglichkeiten da. Die Tallage des Ortes hat den Vorteil, dass fast alle Hotels und Pensionen auch im Winter ohne Probleme mit dem Auto erreichbar sind. Auf Langläufer warten

27 Kilometer gespurte Loipen, auf Anfängerhügeln mitten im Ort tummeln sich die Zöglinge der Skischulen. Zwei moderne Sessellifte führen auf den Teufelsberg. Einer davon beginnt direkt neben dem ›Sporthotel‹ im Ortsteil Rýžoviště. Dieses geschmackvoll renovierte große Haus im Baudenstil ist eine preisgünstige Empfehlung. Es liegt am plätschernden Ryzí potok (Seifenbach), in dem einst Gold gewaschen wurde.

Bei der Abfahrt vom Berg Śertova hora kann man zwischen zwei roten (mittel), einer blauen (leicht) und einer schwarzen (schwer) Piste wählen. Der Höhenunterschied beträgt rund 300 Meter. Drei Pisten sind abends beleuchtet. Um gute Schneebedingungen zu haben, stehen auf allen Pisten Schneekanonen zur Verfügung. Außer den Sesselliften existieren acht Schlepplifte. Nur 200 Meter von einem Schlepplift entfernt steht das sehr zentral gelegene kleine Hotel ›Mitera‹, in dem bei guter böhmischer und neuerdings auch asiatischer Küche eine eher familiäre Atmosphäre herrscht.

Sport treiben kann man in Harrachov natürlich auch im Sommer: Im Ortsteil Zákoutí gibt es ein öffentliches Schwimmbad und einen Minigolfplatz.

In Harrachov kann man auch Fahrräder ausleihen

▲ Karte: vordere Umschlagklappe

Der Wasserfall Mumlavský vodopá

Mehrere der großen Hotels haben eigene Schwimmhallen und Tennisplätze, die auch Nicht-Hotelgästen zur Verfügung stehen. Der Campingplatz ist das ganze Jahr hindurch geöffnet.

Wanderungen führen von Harrachov hinauf zum Hauptkamm, zur Elbquelle und -baude, nach Rokytnice und ins Isergebirge.

Wanderungen rund um Harrachov

Harrachov bietet viele schöne Wandermöglichkeiten. Eine beliebte Tour führt zur Vosecká bouda und auf den Spuren der alten Goldwäscher zurück. Auch die Dvoračky (Hofbaude) lohnt Besuch und Einkehr.

■ Von der Mumlavská bouda nach Rýžoviště

An der Fernstraße Richtung Polen liegt links der Campingplatz. Auf der anderen Straßenseite führt ein rot markierter Weg in den Wald. Das ist die Harrachova cesta, die man in östlicher Richtung entlanggeht. Hinter Bílá voda (Weißwasser) trifft man auf eine Kreuzung, an der ein blau und ein gelb bezeichneter Weg einmünden. Von hier sind es nur noch

wenige Meter bis zur Mumlavská bouda. Es ist ein ehemaliges Forsthaus, das heute als Ausflugslokal dient.
Nur 150 Meter entfernt liegt der Wasserfall Mumlavský vodopád, zu dem der gelb bezeichnete Pfad führt. Er ist der wasserreichste Wasserfall des Riesengebirges. Die Mumlava stürzt hier eine acht Meter hohe Granitstufe hinunter. Unten hat das Wasser zwei große, grünlich schimmernde Vertiefungen ausgespült, die sogenannten ›Śertova oka‹ (Teufelsaugen). Der gelb bezeichnete Weg führt weiter an den Fuß des Ptačinec (950 Meter) nach Rýžoviště. Dort stößt man im Tal des Ryzí potok auf die grüne Markierung, die zurück nach Harrachov führt. Diese Wanderung dauert etwa zwei Stunden.

Von der Mumlavská bouda über die Vosecká bouda zur Krakonošova snídanů

Vom Busbahnhof am östlichen Ende von Harrachov aus gelangt man auf dem blau bezeichneten Waldweg zur Mumlavská bouda. Weiter geht man auf der blauen (und roten) Markierung einen Waldfahrweg am Ufer der Mumlava entlang. Kurz vor dem Ende des Mumlava-Tals folgt man dem roten Weg, der jetzt nach links abbiegt. Steil geht es nun zur Vosecká bouda (1250 Meter) hinauf, der Höhenunterschied beträgt fast 250 Meter. Die Vosecká bouda, ursprünglich eine Holzfällerhütte im Tiroler Stil, wurde 1896 zur Touristenhütte umfunktioniert und 1900 von Graf Harrach ausgebaut. Heute kann man hier auch wieder übernachten. Auf dem gleichen Weg kehrt man zurück, hält sich an der Gabelung aber links und geht auf der gelben Markierung zur Kreuzung Krakonošova snídanů (Rübezahls Frühstückshalle). Man überquert den Bach und den blau bezeichneten Weg und folgt der gelben Markierung zunächst aufwärts, dann wieder hinunter zur Kreuzung Ručičky. Hier gehen wir auf der grün bezeichneten Krakonošova cesta weiter, die uns im Tal des Ryzí potok auf den Spuren der alten Goldwäscher zurück nach Harrachov bringt. Die Wanderung dauert fünf bis sechs Stunden.

Vom Berg Śertova hora zu den Dvoračky

Mit dem Sessellift fährt man zum Berg Śertova hora hinauf. Von dort geht es auf dem blau markierten ›Johannesweg‹ zur Siedlung Studenov unterhalb der Studená (Kaltenberg, 990 Meter). Unterwegs zweigt rechts ein kurzer Pfad zum Aussichtspunkt Janova skála (Johannesfelsen) ab. Die blaue Route führt weiter zur Wegkreuzung Ručičky und weiter zu den Dvoračky (Hofbaude, 1140 Meter). Von hier kommt man wieder auf der grün bezeichneten Krakonošova cesta im Tal des Ryzí potok zurück nach Harrachov. Die Wanderung dauert ungefähr vier Stunden.

i Harrachov

PLZ: 51246.
Touristen-Informationszentrum, an der Hauptstraße am Ortseingang links, Tel. 00420/481529600, www.harrachov.cz; tgl. 9–18 Uhr. Quartierverzeichnis und Wanderkarten, rund um die Uhr kann man sich auf der Leuchttafel an der Straße über freie Zimmer orientieren.

Hotel Šedý Vlk (Grauer Wolf), Tel./Fax 00420/481320038, recepce@hotel-sedy-vlk.cz, www.hotel-sedy-vlk.cz. Am Ortseingang rechts. Sonnenterrasse mit angrenzendem Kinderspielplatz. Swimmingpool, Sauna und eigener Schlepplift.

Hotel Mitera, Tel. 00420/603968735 (mobil), www.hotel-mitera.cz. Zentral gelegen. Kinder von 2 bis 12 Jahren erhalten 50 Prozent Ermäßigung, Senioren (ab 60) 15 Prozent, Übernachtung mit Frühstück ab 18 Euro.

Parkhotel Harrachov, Rýžoviště 485, Tel. 00420/481529395, www.parkhotel.cz. 60 Zimmer, die Hälfte davon mit Balkonaussicht auf den Teufelsberg. Sauna, Fahrrad- und Skiverleih. DZ mit Frühstücksbuffet ab 49 Euro.

Pensionen und Privatquartiere gibt es in reichlicher Auswahl, viele davon im Ortsteil Nový Svět. Empfehlungen:

Pension U Beranů, Harrachov 20, Tel. 00420/481529361,pension.u.beranu@atlas.cz, www.uberanu.com. Altes, modernisiertes Riesengebirgshaus, besonders schöne Pension der Familie Beran. Im Sommer Fahrräder-, im Winter Schlittenverleih. Übernachtung ab 280 Kronen (ohne Frühstück).

Pension Schäfer, Anenské údolí 162, Tel. 00420/608151419 (mobil), info@schafer.cz, www.schafer.cz. Fünf Zimmer, kostenloser Internetzugang, Kinderermäßigung.

Pension Union, Tel. 00420/481528184. Außerhalb an einem sonnigen Hang auf 800 Meter Höhe. Frühstücksbüfett, auf Wunsch Halbpension.

Campingplatz Jiskra, Tel. 00420/481529536, camping@harrachov.cz. Am Ortsausgang Richtung Polen, hinter der Kurve auf der linken Seite. Im Grünen an einem Bach gelegen, Stromanschluss, Waschmaschine/Wäschetrockner, Feuerstelle, Holzbungalows mit zwei bis sechs Betten und einen Tennisplatz. Ganzjährig geöffnet.

▸ Karte S. 106

Restaurant U studny, Harrachov 407, Tel. 00420/481529607, pensionustudny@gmail.com, www.pensionustudny.cz. In der Ortsmitte. Offener Kamin, besonders zu empfehlen ist die goldgebackene Ente mit Semmelknödeln und Kraut. Die zugehörige Pension vermietet freundliche Zimmer, auch eine Suite mit Whirlpool.

Restaurant und Pension Dřevěnka (Holzhaus), Eliška und Martin Tvarůžek, Harrachov 28, Nový Svět, Tel. 00420/481529561. Leckere tschechische Spezialitäten in einem wunderschönen Gasthaus im altböhmischen Stil. Empfehlung.

Brauerei-Restaurant Novosad, Harrachov 95 (im Glasmuseum), Tel. 00420/777738712, lz@cihs.cz, www.pivovarharrachov.cz. Hier werden zwei Sorten helles und ein dunkles Bier gebraut, dazu gibt es Schweinshaxe, Bratwurst und andere deftige Gerichte. Sogar ein Bierbad wird angeboten.

Glasbläserei und -museum (Muzeum Skla) mit angeschlossenem Glasgeschäft, unübersehbar in der Kurve der Hauptstraße in Nový Svět, Tel. 00420/481528141, Mo–So 8–15 Uhr. Ausgestellt ist vor allem geschliffenes böhmisches Kristallglas.

Ski-Museum, Ausstellung über die Geschichte des Skilaufens in Harrachov, im gleichen Gebäude wie das Glasmuseum, Mo–Fr 9–17 Uhr, Sa/So 9–13 Uhr.

Jeweils am ersten Samstag im März wird mit einem teuflischen Maskenfest die Ankunft Rübezahls, des Berggeistes, gefeiert.

Rokytnice nad Jizerou

Das lang auseinandergezogene Rokytnice nad Jizerou (Rochlitz an der Iser), zehn Kilometer von Harrachov entfernt, ist in den letzten Jahren vor allem als Wintersportort immer beliebter geworden. Malerisch ist es von viel Wald und Bergen umgeben, dem Berg Lysá hora (Kahler Berg, 1344 Meter) und dem Kotel (Kesselkoppe, 1435 Meter). Der 4000 Einwohner zählende Ort erstreckt sich eigentlich nicht – wie der Name vermuten lässt – an der Iser, sondern am Hutský potok (Hüttenbach). Wo dieser in die Iser mündet, steht eine Tankstelle. Hier biegt man von der nach Vrchlabí führenden Fernstraße 14 ab ins ruhige, etwas abgelegene Seitental.

Der Name Hüttenbach (Hutský potok) weist auf die Entstehung der Gemeinde hin. Es war eine Bergarbeitersiedlung, in der im 17. Jahrhundert vor allem Silbererz gefördert wurde. Als Wallenstein in Rochlitz nach weiteren Lagerstätten suchen ließ, stieß man auf noch ältere Gruben. 1630 wurde hier das höchstgelegene Bergwerk des Riesengebirges mit dem schönen Namen ›Hoher Garten‹ in Betrieb genommen. Auch Glasmacher wie die berühmte Familie Schürer aus dem sächsischen Waldheim waren in Rochlitz ansässig. Später breitete sich die Handweberei aus, und im 19. Jahrhundert hielt auch hier die Baumwollindustrie Einzug. Einige wenige Fabriken sind noch in Betrieb.

Für den Besucher empfiehlt es sich, das Auto auf dem Marktplatz gegenüber dem traditionsreichen Hotel ›Krakonoš‹ (Rübezahl) abzustellen und von hier aus zu Fuß einen kleinen Stadtbummel zu unternehmen. Hier am **Ringplatz** (Markt) gibt es auch ein paar einladend aussehende kleinere Cafés und Gasthäuser sowie verschiedene Einkaufsmöglichkeiten. In der Nähe steht die schöne spätbarocke **Kirche St. Michael** mit wertvollen Gemälden. Sehenswert ist auch das imposante **Jugendstil-Rathaus** von 1903. Es lässt darauf schließen, dass der kleine Ort in der industriellen Blütezeit wohlhabender gewesen ist. Heute bringen vor allem die Touristen Geld herein, und Rokytnice hat sich darauf einge-

Im Zentrum von Rokytnice nad Jizerou

stellt. Das Reisebüro ›Roktour‹ am Marktplatz zum Beispiel bietet Tagesausflüge, Bergführer, Skikurse und -verleih, Zimmervermittlung und Auskünfte aller Art an. Der Ort hat ein Schwimmbad, Volleyball- und Tennisplätze. Im Winter sind zwei Schlepplifte auf den Berg Lysá hora in Betrieb. Zwei weitere führen nach Studenov. Die Skipiste ist rund 1500 Meter lang und hat einen Höhenunterschied von 300 Metern. Nur 100 Meter von der Talstation entfernt steht das privatisierte 100-Betten-Hotel ›Roxana‹, das früher einer Prager Baufirma gehörte und sich vor allem an jugendliche Gäste mit Unterhaltungsbedürfnis, aber nicht zu hohen Komfortansprüchen richtet.

Im oberen Teil von Rokytnice wurden einige neue Apartmenthäuser gebaut, die Ferienwohnungen vermieten. Im Erdgeschoss gibt es eine Ladenzeile mit Cafés, Boutiquen und Skisportgeschäften. Viele einladende Privatquartiere gibt es im Ortsteil ›Berlin‹, der hinter der Ortsmitte links von der Hauptstraße liegt. Hier sind in den letzten Jahren auch neue Einfamilienhäuser entstanden.

Wanderungen rund um Rokytnice nad Jizerou

Von den Dvoračky zur Elbequelle

Ein blau markierter Weg führt vom Hotel ›Starý Mlýn‹ in Horní Rokytnice im Tal des Hutský potok zum Hüttenbachfall. Dem blauen Wanderzeichen folgend, biegt man rechts ab, stößt auf gelb und rot und steigt hinauf zu den Dvoračky. Dort folgt man der roten Markierung und kommt zur Růženčina zahrádka (Rübezahls Rosengarten, 1367 Meter). Hier nimmt man das grüne Wegzeichen zur Kreuzung U čtyř panů (1340 Meter) und anschließend gelb zur Elbequelle (Śpramen Labe,

An der Elbequelle

1386 Meter). Die Quelle ist von einem Betonring eingefasst. Daneben sind an einer Felswand 24 farbige Mosaikwappen von Städten zu sehen, durch die die Elbe auf ihrem Weg von der Quelle bis zur Mündung hindurchfließt: Vrchlabí (Hohenelbe) ... Ústí nad Labem (Aussig) ... Dresden ... Hamburg. Ein Andenkenstand ist auch vorhanden.

Einen Kilometer entfernt liegt die Elbfallbaude, ein rostig-verblichenes Betongebilde, das keinen sehr einladenden Eindruck macht. Man folgt besser dem gelben Zeichen hinauf auf den Kamm. Dort biegt man links auf den rotmarkierten Kammweg ein. Am Tvarožnik (1320 Meter) geht man links ab, hinunter zur Vosecká bouda (1250 Meter). Von hier führt die gelbe Markierung über die Krakonošova snídanů (Rübezahls Frühstückshalle) und den Zadní Plech (Plechkamm) zur Kreuzung Ručičky. Nun geht es – immer noch dem gelben Zeichen folgend – auf der Kostelní cesta zurück auf den Marktplatz von Rokytnice. Diese Wanderung ist anstrengend und dauert sechs bis sieben Stunden.

▲ Karte: vordere Umschlagklappe

Von Františkov zu den Dvoračky

Vom Marktplatz in Rokytnice aus verlässt man Františkov (Franzental) auf dem gelb bezeichneten Weg in Richtung Süden, kreuzt den blauen Wanderweg, stößt auf die rote Markierung und biegt links ab. Man folgt weiter dem gelben Zeichen, das am Ortsteil Františkov vorbei an den Waldrand führt. Hier geht man weiter auf einem grün markierten Weg an der Straße und kommt zur Gaststätte Rezek. Dort nimmt man den grün bezeichneten sogenannten ›Exkursionsweg‹, der um den Preislerův kopec (Gabelberg, 1035 Meter) nach Norden führt. Das letzte Stück zu den Dvoračky ist rot, gelb und blau markiert. Von hier führt das gelbe Wanderzeichen zurück nach Horní Rokytnice. Diese Wanderung dauert etwa fünf Stunden.

Rokytnice nad Jizerou

PLZ: 51244.

Tourist-Information, Horni Rokytnice 197 (im Rathaus), Tel. 00420/481522001,infocentrum@mesto-rokytnice.cz, www.rokytnice.com.

Hotel Helena, Horní 60, Tel. 00420/481523304, helena@rokytnice.com, www.hotelhelena.cz. Direkt gegenüber vom Skilift, 25 Zimmer, Sauna, Hotelbar, Kamin. ÜF pro Person ab 17 Euro, Kinder bis 8 Jahre kostenlos.

Hotel Krakonoš, Dolní náměstí 309, Tel. 00420/481522466, mobil 00420/603155874, krakonos@rokytnice.com, www.hotelkrakonos.cz. Altbau, zentral am Markt.

Sporthotel Bohemia, Dolni ul. 280, Tel. 00420/481522150, info@sporthotel-bohemia.cz, www.sporthotel-bohemia.cz. Komfortables 60-Betten-Haus unweit vom Zentrum, Sauna, Ski- und Fahrradverleih, eigene Skischule. Günstige Sommerpreise.

Hotel Starý Mlýn (Alte Mühle), Rokytno 17, Tel. 400420/81522340, recepce@hotel-stary-mlyn.com, www.hotel-stary-mlyn.com. Zehn Gehminuten vom Stadtzentrum entfernt, ruhig im oberen Teil von Rokytnice, auch im Winter gut mit dem Auto zu erreichen. 50 Betten. DZ mit Frühstück ab 1000 Kronen. Gleich am Haus beginnen Wanderwege, drei Skilifte sind nur 100 Meter entfernt. Der Hotelier spricht gut deutsch.

Juniorhotel Roxana, Studenov 279, Tel./Fax 00420/481522396, roxana@rokytnice.com, www.rokytnice.com/roxana. Oberhalb des Ortes in der Nähe von zwei Schleppliften. Das Berghotel ist auf junge Gäste spezialisiert und bietet viele Sportmöglichkeiten, auch Schlauchbootfahrten, Reit-, Tennis-, Kletter- und Skikurse.

Eine große Auswahl von Pensionen findet man auf der Internetseite www.rokytnice.com. Einige Empfehlungen:

Pension Na kopečku (›Am Hügelchen‹), oberhalb des Ortes in Richtung Dolni Rokytnice (Nieder-Rochlitz), Dolni 64, Tel. 00420/481522822, info@jaaty.com, www.jaaty.com. Drei-Sterne-Pension von Frantisek Pistora.

Pension Amalka, Dolni 302, Tel. 00420/481523504, amalkarokytnice@gmail.com, www.amalka-rokytnice.cz. 150 Meter entfernt vom Skilift. Nette Familienpension mit Bar und Restaurant.

Restaurant Roky, direkt am Marktplatz. Bei Einheimischen und Touristen gleichermaßen beliebt und stets gut besucht. Bei schönem Wetter sitzt man im Biergarten direkt an der Iser. Die Küche bietet Spezialitäten aus dem Riesengebirge.

Gasthaus U Háskû, Frantiskov 42, Tel. 00420/481522662, Ausflugslokal im weiter oben gelegenen Ortsteil Frantiskov. Urgemütlich, auch Zimmervermietung. Für tiefergelegte Autos ist die Zufahrt nicht geeignet.

Hospůdka (Kneipe) U Vocta, Horni 43, Tel. 00420/481522416. Auch Zimmer.

Dvoracky (Hofbaude), Rokytno 2, 51245 Rokytnice, Tel. 00420/720983033, info@dvoracky.cz, www.dvoracky.cz. 1140 Meter hoch gelegen, Unterkunft in Zwei- bis Sechsbettzimmern. Daneben wurde das neue Berghotel ›Stumpovka‹ errichtet.

Bergbaude Bělohradská chata, Studenov 8, Tel. 00420/733772110, info@horska-chata.com, www.horska-chata.com/belohradska, in 860 Meter Höhe mit schöner Aussicht am Hang der Abfahrtspiste im Skigebiet Studenov gelegen. 44 Betten und Etagenduschen, die Gastgeber kochen böhmische Hausmannskost. An der Hüttenbar sind auch Wander- und Ansichtskarten erhältlich. Im Winter werden die Gäste mit der Schneeraupe hochgebracht.

Vrchlabí

Der Name sagt es: Vrchlabí (Hohenelbe) liegt an der hohen Elbe. Mit 13000 Einwohnern ist es die bedeutendste Stadt unmittelbar am Fuß des böhmischen Riesengebirges. Nachbarorte sind Strážné im Norden, Dolní Dvůr im Nordosten, Černý Důl (Schwarzenthal) und Lánov (Langenau) im Osten, Kunčice und Horní Branná im Süden, Jilemnice im Südwesten und Stěpanice im Westen. Dass Vrchlabí nicht nur ein Zentrum des Fremdenverkehrs, sondern auch eine Industriestadt ist, spüren die Touristen kaum. Meist wohnen sie nicht hier, sondern kommen aus dem nur 15 Kilometer entfernten Špindlerův Mlýn oder aus Janské Lázně zu einem Einkaufs- und Museumsbummel herüber. Die langgezogene und belebte Hauptstraße von Vrchlabí, die Krkonošská, ist mit ihren Läden und Boutiquen in weitem Umkreis die beliebteste Einkaufsstraße.

▲ Karte S. 115

Entstanden ist Hohenelbe im 14. Jahrhundert als Holzfällersiedlung. Nachdem die Herrschaft über den Ort mehrmals gewechselt hatte, kam sie 1525 an Christoph von Gendorf, der das dazugehörige Gut kaufte. Er war zugleich Bergbauhauptmann des Königreiches Böhmen und setzte bei König Ferdinand I. durch, dass Hohenelbe 1533 die Rechte einer Freien Bergstadt bekam. Zwei gekreuzte Bergwerkshämmer zieren bis heute das Wappen der Stadt. Gefördert wurde vor allem Eisenerz, auch Gold und Silber. Gendorf setzte sich für das protestantische Gemeindeleben ein und ließ eine Kirche mit einem Pfarrhaus, eine Schule und von 1546 bis 1548 ein dreigeschossiges Schloss im Stil der Renaissance errichten.

Während des Dreißigjährigen Krieges kaufte Albrecht von Wallenstein die Herrschaft Hohenelbe und gliederte sie seinem Herzogtum Friedland an. Der Ort entwickelte sich zur Waffenschmiede für das kaiserliche Heer und verdiente damit viel Geld. Nach Wallensteins Ermordung in Eger gab der Kaiser 1636 Hohenelbe seinem Generalwachtmeister und Kriegsrat Johann Rudolf von Morzin als erbliches Lehen. Hohenelbe wurde ein Stützpunkt der Gegenreformation. Wenzel und Maximilian von Morzin stifteten 1702 das Augustinerkloster, in dem heute ein Teil des Riesengebirgsmuseums untergebracht ist. Nachdem Bergbau und Eisenerzeugung zurückgegangen waren, hielt im 19. Jahrhundert die Textilindustrie Einzug: Im Jahr 1788 begann das Unternehmen Gebrüder Kiesling mit der Produktion von Tuch. Mit Beginn des 19. Jahrhunderts wurde Hohenelbe zu klein für neue industrielle Ansiedlungen und neue Textilkomplexe entstanden in Unter- und Oberhohenelbe sowie in Harta (Podhuri). 1803 gründete Wenzel Zirm das erste von vielen Textilbleiche- und Stoffverarbeitungsunternehmen, das spätere Unternehmen der Familien v. Leutzendorf & Waengler. Auch eine Papierfabrik, eine Maschinenfabrik und eine Brauerei entstanden. Heute gibt es in Vrchlabí ein Zweigwerk des tschechischen Autoherstellers Škoda.

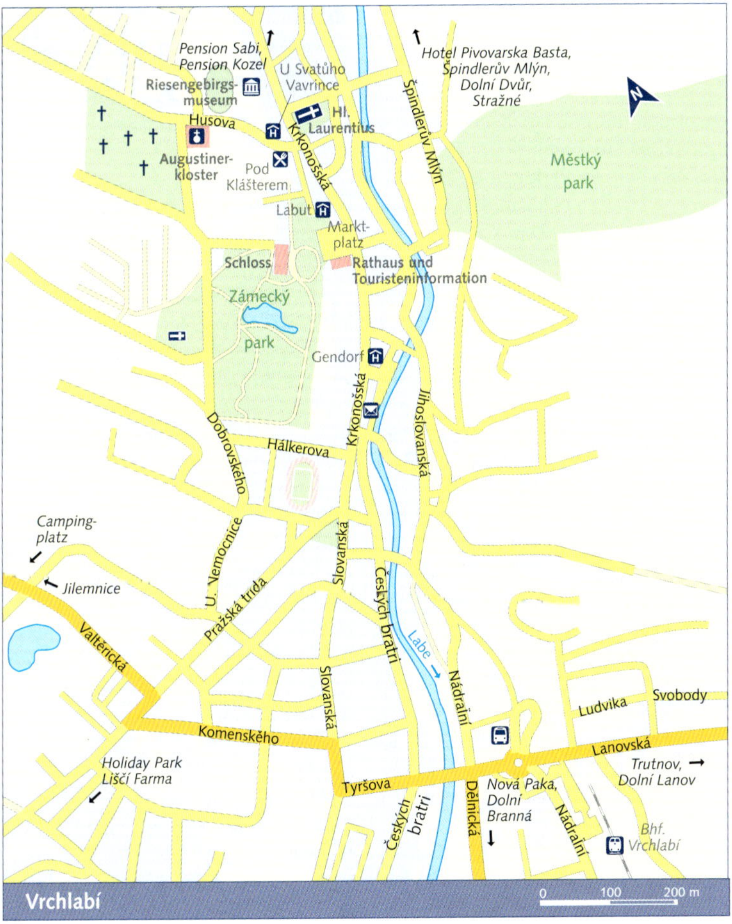

Sehenswürdigkeiten

Mittelpunkt der Stadt ist der Marktplatz mit seinem schönen **Renaissance-Rathaus**, dessen Turm und Giebel barock umgebaut wurden. Daneben steht ein modernes Einkaufszentrum mit Tiefgarage, das Ende 1994 eröffnet wurde und für sich in Anspruch nimmt, das größte des Riesengebirges zu sein. Die Lebensmittelabteilung ist auch am Sonntagvormittag geöffnet. Im Hintergrund erhebt sich im Park das **Schloss** mit seinen vier Ecktürmen. Der mächtige Renaissancebau wurde im 16. Jahrhundert durch den schon erwähnten Christoph von Gendorf errichtet. Der Innenhof ist überdacht und mit Wandmalereien verziert, im zweiten Stockwerk ist der alte Rittersaal erhalten. Im **Park** gibt es einen botanischen Garten mit Naturlehrpfad und einen kleinen Zoo. Das Schloss beherbergt die Stadtverwaltung und ist seit 1963 auch Sitz der Verwaltung des tschechischen Riesengebirgs-Nationalparks.

Sehenswert ist ferner die neogotische **Dekanatskirche St. Laurentius**. Das von 1886 bis 1888 errichtete Bauwerk wird von einem 60 Meter hohen Glockenturm überragt. Das Glockenspiel ist leider im Zweiten Weltkrieg zerstört worden. Im Innern zeigen Flachreliefs den Leidensweg Christi; geschaffen hat sie der Bildhauer Johann Stupflesser aus Sankt Ulrich in Tirol.

Gegenüber der St. Laurentius-Kirche steht das **Augustinerkloster**, das von dem Prager Baumeister Matthias Auer entworfen und dessen gleichnamige Kirche 1733 geweiht wurde. Mit ihrer schönen barocken Inneneinrichtung zählt die Klosterkirche zu den kunstgeschichtlich wertvollsten Baudenkmälern des böhmischen Riesengebirgsvorlandes. Der Hauptaltar zeigt ein Bild des

▲ Karte S. 115

Das Renaissanceschloss stammt aus dem 16. Jahrhundert

heiligen Augustin. Einer der Seitenaltäre ist der heiligen Anna geweiht, die die Hohenelber als Schutzpatronin ihrer Stadt ansehen. Das Deckengewölbe schmücken Fresken mit szenischen Darstellungen aus ihrem Leben. In der Krypta befinden sich die Grabstellen der Familie Morzin.

Ein Teil der Kirche gehört heute zum **Riesengebirgsmuseum**, das hier die anspruchsvolle naturkundlich-ökologische Dauerausstellung ›Stein und Leben‹ präsentiert. Hier wird mit großem Aufwand an Modellen und Diagrammen, Zeichnungen und Dias, Ton- und Lichttechnik versucht, den Besuchern die Naturvorgänge im Riesengebirge verständlich zu machen. Die Exposition ist täglich außer Montag geöffnet.

Im Museum werden außerdem Einrichtungsgegenstände aus alten Riesengebirgshäusern, Hausrat und Küchengerät gezeigt. Ein weiterer Raum ist der Glasherstellung und ihren geschliffenen und bemalten Erzeugnissen gewidmet. Im Obergeschoss gibt es eine kleine, aber gut gemachte Schau zur Geschichte des Tourismus in diesem Teil des Riesengebirges. Zu sehen sind hölzerne Skier, Hörnerschlitten, Fotos, alte Landkarten und Reiseführer. Glanzstück ist ein Tragstuhl aus Holz, mit dem ›Passagiere‹ auf die Berge befördert wurden. Die Erläuterungen sind dankenswerterweise auch ins Deutsche übersetzt.

Die Umgebung

Interessant in der Umgebung von Vrchlabí sind der alte Bergbau- und heutige Ferienort Dolní Dvůr (Niederhof) vier Kilometer nordöstlich und Dolní Lánov (Nieder-Langenau) mit seiner schönen Renaissance-Kirche fünf Kilometer südöstlich. Im Renaissance-Schloss von Horní Branná (Ober-Hennersdorf) erinnert eine Gedenkstätte an den Gelehrten und reformerischen Pädagogen Johann Amos Comenius (1592–1670), der 1627/28 hier lebte. Strážné (Pommerndorf), vier Kilometer nördlich von Vrchlabí, ist ein beliebter Wintersportort mit guten Abfahrtspisten und Langlaufloipen. Von Vrchlabí bietet sich ein Spaziergang auf dem rot markierten Wanderweg hierher an. Wer in Strážné übernachten möchte, hat ein gutes Dutzend Pensionen und mehrere Bergbauden zur Auswahl.

i Vrchlabí

PLZ: 54301.

Infozentrum Vrchlabi, Krkonošská 8, im Rathaus am Markt, Tel. 00420/499405744, info@krkonose.eu, www.krkonose.eu. Wanderkarten, Fahrradkarten und Reiseführer, Ansichtskarten, Souvenirs und Bücher.

Hotel Gendorf, Krkonošská 153, Tel. 00420/499429629, mobil 00420/723876900, www.gendorf.cz. Im Stadtzentrum, 36 Zimmer mit Sat-TV, Telefon und Internetanschluss. Wellnessbereich mit Sauna, Whirlpool, Massagen, kosmetischen Laserbehandlungen und Torfbädern. DZ mit Frühstück ab 1500 Kronen.

Hotel U Svatého Vavřince, , Nám. Miru 209, Tel. 00420/737446009, www.usvatehovavrince.cz. Kurz vorm Riesengebirgsmuseum mit Blick auf die Laurentiuskirche.

Hotel Labut (Schwan), Krkonošská 188, Tel. 00420/499421964, recepce @hotellabut.cz, www.hotellabut.cz. Am Markt, Zimmer mit Bad/WC und Telefon; Internetzugang, Wäsche-Service, Garage und Wechselstube. Kinder bis fünf Jahren zahlen nichts, bis zwölf Jahren die Hälfte.

Hotel Pivovarská Bašta, Horska 198, Tel. 00420/499421272, mobil +00420/777240552, bastavrchlabi@seznam.cz, http://pivovarskabasta.cz. Etwas außerhalb an der Straße nach Špindlerův Mlýn. 58 Betten in 18 Zimmern, angeschlossen ist eine Hausbrauerei mit Rittersaal. Deutsch wird gesprochen, Kreditkarten werden akzeptiert.

Holiday Park Liščí Farma (Fuchsfarm), Dolní Branná 350, Tel. (mobil) 00420/733636797, rezervace@liscifarma.cz, www.liscifarma.cz. Am Stadtrand, ruhig, kinderfreundlich, das Hotel besteht aus einem Bettenhaus und einem Hauptgebäude mit Restaurant. Alle Zimmer mit Du/WC, Sat-TV und Telefon. Angeschlossen ist ein Campingplatz, wo auch Holzhütten vermietet werden, Mountainbike- und Skiverleih.

Pension Sabi, Bohumil Svoboda, Krkonošská 255, Tel. 00420/774123152, info@penzionsabi.cz, www.penzionsabi.cz. Älteres, grünes Haus auf der linken Straßenseite am Ortsausgang Richtung Berge, noch hinter dem Parkplatz. 8 DZ, klein, preiswert, Biergarten.

Pension Kozel, Kamenna cesta 129, Luboš Pánek, Tel. 00420/723703611, info@penzionkozel.cz , www.penzion kozel.cz. An einem Berghang, 11 DZ; Parkplatz, Billard, Sauna, Tennisplatz.

Bergbaude Dvorská bouda, Strážné 111, Tel. 00420/725972169, info@ dvorska-bouda.cz, www.dvorska-bouda.cz. Im Ort Strážně, mit Sauna.

Autocamping Vejsplachy, Valteřická, Tel. 00420/ 777861153, vejsplachy camp@seznam.cz, www.vejsplachy camp.cz. Am Ortseingang rechts. An einem Badesee gelegen, Stromanschluss, Duschen und ein Restaurant.

Weinstube Pod Klášterem, Milan Dejmek, Husova 210, Tel. 00420/ 499425439, info@vinarnapodklasterem.cz, www.vinarnapodklasterem.cz. Weine aus Mähren und von der Mosel.

Riesengebirgsmuseum, Náměstí Míru 223, Tel. 00420/499456761, www.viafabrilis.eu/de/places/vrchlabi, tgl. außer Mo 9–12, 13–16 Uhr. Mit einer Ausstellung zur Geschichte des Tourismus im Riesengebirge.

Flugschule (Letecká škola), letiště č.p. 172, 54341 Lánov, Tel. 00420/ 499421292, info@lkvr.cz, www.leti stevrchlabi.cz. Rundflüge und Flugausbildung. Der Flugplatz liegt links an der nach Trutnov führenden Landstraße, noch hinter der Jet-Tankstelle.

Benecko

Im Gegensatz zu Urlaubsorten wie Harrachov oder Špindlerův Mlýn ist das kleine Benecko (Benetzko) vor allem bei deutschen Touristen weniger bekannt – zu Unrecht, wie jeder, der hierher kommt, schnell zugeben wird. Im böhmischen Riesengebirge gilt Benecko als der Ort mit den meisten Sonnenscheinstunden im Jahr. Kenner bezeichnen ihn als Geheimtipp. »Wer einmal Benecko gesehen hat, vergißt alles andere«, heißt es dort. Die Ortschaft hat 3000 Einwohner und liegt knapp 700 Meter hoch. Im Winter läuft hier der Skibetrieb auf vollen Touren.

Benecko erreicht man, wenn man von der Fernstraße 14 – aus Richtung Harrachov kommend – an der großen Kreuzung in Hrabačov links abbiegt (rechts geht es nach Jilemnice). Man kann auch weiter fahren, kurz vor Vrchlabí nach Špindlerův Mlýn und hinter der Elbbrücke nochmal links nach Benecko abbiegen. An der Straßengabelung ›Na křižovkách‹ hält man sich rechts, geradeaus führt die Straße nach Mrklov und Štůpanice. Linienbusse fahren von Benecko regelmäßig nach Jilemnice und Vrchlabí.

Der Ort erstreckt sich am Südwestabhang der Přední Žalý bis hinüber zum Flüsschen Jizerka. Vier Dörfer wurden hier in den sechziger Jahren zusammengelegt: Horní Štůpanice, Dolní Štěpanice, Mrklov (Markelsdorf) und Benecko. Im Gegensatz zu seiner Umgebung war der Ort auch früher überwiegend von Tschechen bewohnt. Historischer Kern ist Horní Štůpanice, wo

▲ Karte: vordere Umschlagklappe

Ritter von Waldstein 1304 eine Burg errichtete, die aber schon 1524 wieder verlassen wurde und verfiel. Einige Trümmer davon sind noch zu sehen. Dort finden gegenwärtig archäologische Untersuchungen und Konservierungsarbeiten statt.

Das eigentliche Dorf Benecko soll – so behauptet es eine Sage – ein Benediktinermönch gegründet haben, der als Einsiedler lebte und einen zahmen Hirsch zum Freund hatte. Der Hirsch prangt, mit einem gelben christlichen Kreuz auf dem Kopf, noch heute auf dem Wappen des Ortes. Auch in Benecko wurde nach Eisenerz gegraben, der Erfolg scheint sich in Grenzen gehalten zu haben. Die Leute lebten wie anderswo in den Bergen auch von der Viehwirtschaft, vom Wald und von der Heimweberei. Manche fädelten Glasperlen zu Halsketten auf. Aufschwung brachte erst der Tourismus, vor allem der Wintersport. 1892 hatte ein Zimmermann in der Sägemühle von Dolní Štůpanice aus Buchenholz die ersten Skier in der Gegend angefertigt. Sie waren für den gräflichen Oberförster bestimmt. Bald entdeckten auch andere das neue winterliche Fortbewegungsmittel. In Benecko entstand eine Bergbaude als Ausgangspunkt für Skitouren ins Gebirge. Graf Harrach ließ das Hotel ›Goldene Aussicht‹ (Zlatá vyhlídka) und einen steinernen Aussichtsturm auf dem Heidelberg (Žalý) bauen. Viele kleinere Hotels und Pensionen kamen hinzu, die – zwischenzeitlich als Betriebsferienheime genutzt – jetzt wieder für jeden zugänglich sind. Benecko verfügt über 2000 Gästebetten in Hotels, Pensionen und Privatquartieren. Im Ortsteil Štůpanická Lhota gibt es ein Schwimmbad mit Sommerkino und Biergarten.

Zu empfehlen ist ein Spaziergang hinauf zu den Žalý (1019 Meter), wo es einen Imbiss- und Souvenirstand gibt. Der 18 Meter hohe **Aussichtsturm** ist von 9 bis 16 Uhr geöffnet. Herr Erlebach, der Imbiss und Turm gepachtet hat, drückt einen Sonderstempel auf die Ansichtskarte oder ins Wanderheft. Hier oben ist auch eine Station der Bergwacht (Horská služba); eine zweite befindet sich unten am Ausgangspunkt der beiden längsten Skilifte. Ein beliebter, grün markierter Wanderweg führt von Benecko nach Špindlerův Mlýn.

Blick auf Benecko

Benecko

PLZ: 51237.

Gemeindeamt, Tel. 00420/481582625, podatelna@obecbenecko.cz, www.obecbenecko.cz. Gute Informationen über den Ort Benecko, das örtliche Skigebiet, Hotels und Pensionen.

Horský hotel Kubát, Benecko 37, Tel. 00420/481582110, hotel.kubat@krakonos.cz, www.hotelkubat.cz. 36 Zimmer mit Du/WC und Telefon; Restaurant, Sauna und Tennisplatz; Geldwechsel an der Rezeption. In der Nähe befinden sich Schlepplifte, Loipen und eine Rodelbahn. Schöner Fernblick.

Hotel Sůva, Benecko 91, Barbora Růžičková, Tel. 00420/737041170, suvabenecko@seznam.cz, www.hotel-suva.cz. Restaurant, Bar, Sonnenterrasse, Spielplatz, Kinderermäßigung. Empfehlung.

Hotel Žalý, Benecko 160, Tel. 00420/481582100, hotel.zaly@tiscali.cz, www.hotelzaly.cz. In einer Höhe von 960 Metern gelegen, ruhig, mit Grillplatz, Fahrradverleih und Sauna.

Hančova bouda, Benecko 32, Tel. 00420/481582632, hancovabouda@quick.cz, www.hancovabouda.cz. Traditionelle, rustikale Riesengebirgsbaude mit guter Hausmannskost, Sommergarten, 6-Loch-Golfplatz auf dem Hotelgelände.

Pension Kraus, Alenka Krausova, Benecko 63, Tel. 00420/481582893, info@kraus-pension.cz, www.kraus-pension.cz. Schöne Aussicht in ruhiger Umgebung, Sauna, Fahrradverleih und beheizter Swimming-Pool (8 x 4 Meter).

Pension Liduška, Jaroslav Žalský, Benecko 106, Tel. 00420/481582795, pension.liduska@centrum.cz, www.pension-liduska.cz. Neben dem Skiareal auf 860 Meter Höhe gelegen. Sauna und Lagerfeuerplatz.

Horská chata (Berghütte) Na Špici, Dolni Benecko 15, Tel. 00420/222539539, chata-na-spici@hotel.cz. Nördlich des Zentrums. Ruhig, preiswerte Zwei-, Drei- und Vierbettzimmer mit Etagendusche, Terrasse, Spielplatz, Schlepplift, auf Wunsch Vollpension.

Martinova bouda, Martina Moudrá & Vladimír Moudrý, Tel. 00420/602187916 (mobil), www.martinova-bouda-benecko.cz. An der Hauptstraße nicht weit vom Skiareal, 11 Zimmer, 1 FeWo, teilweise mit Etagendusche, im Sommer ab 260 CZK pro Person.

Špindlerův Mlýn

▲ Karte: vordere Umschlagklappe

Špindlerův Mlýn (Spindlermühle), die ›Perle des Riesengebirges‹, ist der renommierteste, meistbesuchte und touristisch am besten erschlossene Ferienort auf der böhmischen Seite der Berge: 9000 Betten verschiedenster Kategorien warten auf Gäste. Mitten durch den Ort fließt die Elbe, die hier noch ziemlich schmal und flach ist. Sportmöglichkeiten reichen von Mountainbike-Fahren über Kegeln und Reiten bis Gleitschirmfliegen, im Winter wird hier auch viel Snowboard gefahren. Mit zwei neuen viersitzigen Sesselliften ist man in wenigen Minuten auf den Bergen, die den Ort so malerisch umschließen. Um das Verkehrschaos zu bändigen, dürfen Autos im Ort zwar fahren, aber nirgends parken. Fleißige Kontrolleure setzen das Verbot durch. Die Gäste sind gehalten, den Wagen auf dem großen Zentralparkplatz am Ortseingang oder an den Quartieren stehen zu lassen.

Wer es lieber etwas ruhiger mag, weicht gern in das benachbarte Svatý Petr (Sankt Peter) aus, das sich idyllisch an die Hänge eines langen Tales schmiegt. Diese alte Bergarbeitersiedlung war eigentlich der wirtschaftliche Ursprung von Spindlermühle. In ihrer Blütezeit im 17. Jahrhundert lieferten die Zechen von St. Peter Silber und Kupfer bis nach Prag. Allerdings war die Edelmetallförderung mühselig und nicht ungefährlich. Nach Wolkenbrüchen wurden die Stollen überflutet, im Winter drohten Schneelawinen. Auch einige verheerende Brände hat es gegeben. Die Gruben zogen Bergleute und Holzfäller aus Württemberg und Tirol an, die die Siedlung Krausebauden (heute: Labská) gründeten. Die Familiennamen dieser Siedler – zum Beispiel Kraus, Erlebach, Berger – sind noch heute häufig im tschechischen Riesengebirge anzutreffen. Die Holzfäller betätigten sich auch als Flößer und belieferten die Bergwerke von Kuttenberg (Kutná Hora). Als Teil des Ortes Krausebauden entstand die Siedlung Friedrichsthal (Bedřichov), die ihre Gründung dem Glasmacher Fabian Donth aus Rochlitz verdankt. Mit Einwilligung des Grafen Friedrich (tschechisch: Bedřich) von Harrach errichtete er hier eine Glashütte, die sich allerdings nicht lange halten konnte. Später stand hier ein Harrach'sches Sägewerk, das Dachschindeln herstellte.

Die Gebirgler waren fromme Menschen. Die Bergleute hatten ihren Gruben Namen wie ›Gottes Hilfe‹ oder ›Mit Gottes Segen‹ gegeben. Zum Gottesdienst kamen sie in der Mühle des Müllers Spindler an der Elbe zusammen. Sie wandten sich an den Kaiser nach Wien, um den Bau einer Kirche genehmigen zu lassen. Dabei unterlief ihnen ein Fehler: Statt Spindler hieß es in der Bittschrift Spindel. Deshalb wurde der Ort später gelegentlich ›Spindelmühle‹ genannt und dieser Name auch so ins Tschechische übersetzt (Vřtenný Mlýn).

Am 13. Juli 1793 gab Franz II. endlich seine Einwilligung zum Kirchenbau. Zunächst entstand eine provisorische Holzkirche, erst 1802 wurde der Grundstein für ein Steingebäude gelegt. Geweiht wurde die Kirche dem Apostel Petrus, den die hiesigen Bergleute als ihren Schutzpatron verehrten. Am 1. November 1807 fand darin der erste Gottesdienst statt.

Špindlerův Mlýn ist ganz auf die Touristen eingestellt

Anfang des 19. Jahrhunderts, als man von Schlesien aus schon auf die Berge stieg, herrschte rund um die neue St. Peterskirche noch touristische Ebbe. Unter den ersten Besuchern waren vier Gäste aus Breslau, die sich 1864 in der Mägdekammmer von Spindlers Mühle einmieteten. Der Ort war nicht leicht zu erreichen, die Fahrstraße von Hohenelbe durchs Elbtal wurde erst in den 1870er Jahren fertiggestellt. Dann aber ging es Schlag auf Schlag. Die österreichische Sektion des Riesengebirgsvereins legte ein Netz von Wanderwegen an. Einer der führenden Köpfe war der Tscheche Eduard Rudolf Petrák, von 1878 bis 1886 Lehrer in Krausebauden. Spindlermühle wurde zur beliebten Sommerfrische und nach der Jahrhundertwende auch zum stark besuchten Wintersportzentrum. Aus manchen Bergbauern und Baudenwirten wurden Hoteliers und Unternehmer. 1922 kam Franz Kafka zur Kur nach Spindlermühle und begann hier die Arbeit an seinem weltberühmten Roman ›Das Schloß‹.

Sehenswürdigkeiten

Aufbruchsstimmung herrscht auch heute wieder. Davon kann sich überzeugen, wer die Promenade an der Elbe entlang flaniert. Einige Perlen der Hotellerie von Špindlerův Mlýn sind hier in alter Pracht und Schönheit wiedererstanden. Neue Ferienwohnungen sind dazugekommen, wohlhabende Tschechen und Russen haben sich Apartments bauen lassen. Sitzt man in einem der Biergärten am Elbufer, fällt der Blick über den Fluss, die vielen Hotels und Pensionen auf dem Hang gegenüber und die Berge. Am Ortsausgang gibt es einen Minigolfplatz. Am Hotel ›Hubertus‹ beginnen Stadtrundfahrten mit der Pferdekutsche, im Winter mit dem Pferdeschlitten.

▶ Karte S. 123

Eine schmale, alte Bogenbrücke führt hinüber in den eigentlichen Ortskern. Hier gibt es alles, was das Touristenherz begehrt: Wechselstuben, Läden, in denen man Wanderkarten, Filme und die größeren deutschen Tages- und Wochenzeitungen kaufen kann, Telefonzellen (auch mit Kartentelefon), Post, Taxihalteplatz. Im Sommer stehen hier auch ein paar Kinderkarussells.

Um die Ecke auf der anderen Straßenseite – schräg gegenüber vom Hotel ›Lomnice‹ – sieht man eine große Orientierungstafel. Dahinter befindet sich das Verkehrsamt. Grün leuchtende Lämpchen auf einem Schaukasten signalisieren rund um die Uhr, in welchen Quartieren gerade Zimmer frei sind. Das Verkehrsamt ist täglich von 9 bis 17 Uhr geöffnet.

Die Mountainbike-Routen sind rund 100 Kilometer lang, eine Routenkarte ist im Verkehrsamt erhältlich. Geführte Touren werden von ›Honců Sport‹ veranstaltet. Bootfahren kann man auf dem Elbe-Stausee, an dem es eine Ausleihstation gibt. Dort kann man auch angeln. Sportgeräte aller Art – Mountainbikes, Skier, Snowboards, Schlitten, Fallschirme – verleiht unter anderem ›Sport Kraus‹ im Pavillon an der alten Brücke.

Der viersitzige **Sessellift** hinauf zum Pláň (1195 Meter) fährt in der Hauptsaison jede halbe Stunde und überwindet einen Höhenunterschied von 450 Metern. Der Zugang befindet sich an der Straße von Špindlerův Mlýn nach Svatý Petr. Der Sessellift zum Medvědín (1235 Meter) ist nach dem Umbau ebenfalls viersitzig. Der Zugang liegt am nördlichen Ortsrand nahe der Elbe, ein bewachter Parkplatz ist vorhanden. Kinder freuen sich über die **Sommerrodelbahn** am Hang des Medvědín, gleich neben dem Hotel ›Harmony‹. Die 1400 Meter lange Bahn hat 22 Kurven, drei

Tunnel und fünf Hügel. Geöffnet ist sie von 9 Uhr morgens bis in die Abendstunden. Beliebt ist auch die knapp einstündige Rundfahrt in der kleinen Touristen-›Eisenbahn‹, die am Busbahnhof abfährt und Kinder bis 10 Jahre gratis mitnimmt. Sowohl im Sommer als auch im Winter bietet sich ein Besuch im **Aquapark Spindl** an. Dort gibt es mehrere Kurvenrutschen und Planschbecken für die Kleinen, aber auch Sauna, Dampfbad und Massagen (www.aquaparkspindl.cz).

Ganz in der Nähe liegt der Campingplatz Medvědín mit dem Restaurant ›Pepino‹. Im Sommer sind viele holländische Wohnwagen zu sehen. Ab hier ist die Weiterfahrt Richtung Spindlerpass für Privatautos gesperrt. Wer es nicht lassen kann, muss sich im Informationsbüro des

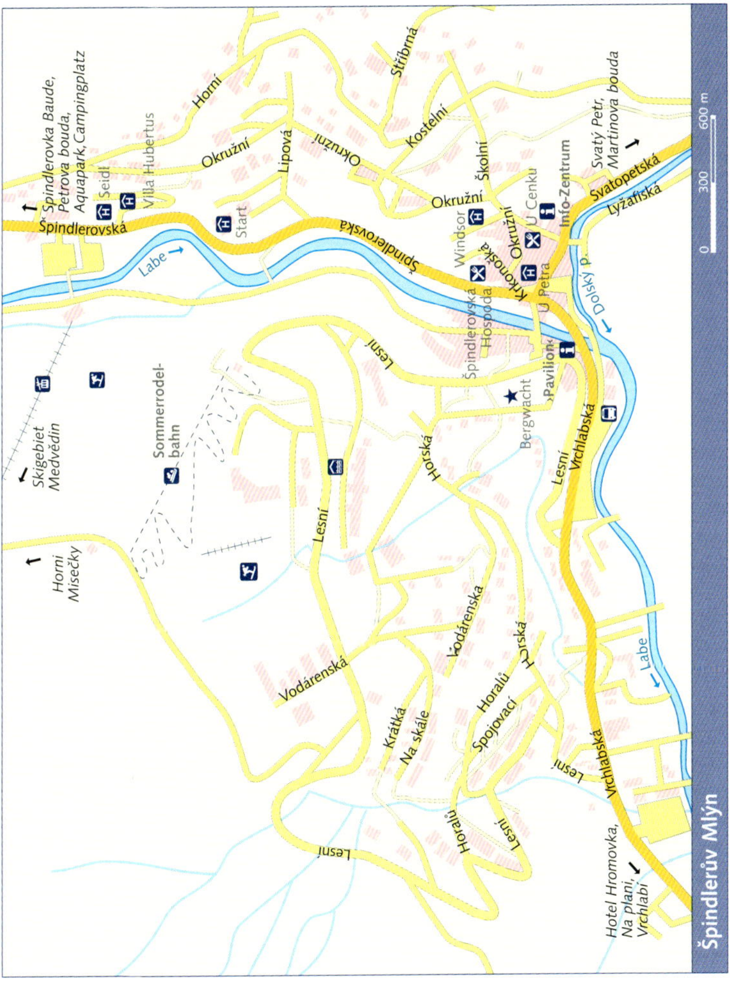

An der Talstation zum Medvědín

Riesengebirgs-Nationalparks (KRNAP) gleich neben dem Campingplatz eine Sondergenehmigung kaufen. Für 300 Kronen darf man einmal herauf und wieder herunter fahren. Preisgünstiger kommt man mit dem öffentlichen Linienbus hinauf, der vom Busbahnhof im Zentrum etwa stündlich abfährt, an manchen Wochenenden aber gestopft voll ist. Wem das zu unbequem ist, kann sich gleich nebenan ein Taxi nehmen. Den Preis sollte man vorher aushandeln. Eine zweistündige Rundfahrt im Kleinbus zur Špindlerova bouda und nach Svatý Petr mit deutschsprachiger Führung bietet das Reisebüro ABM an.

Im Winter sind außer den beiden Sesselliften noch etwa 20 Schlepplifte in Betrieb. Obwohl hier normalerweise bis Ostern Schnee liegt, sind im Skiareal Svatý Petr auch Schneekanonen installiert. Für Langläufer gibt es 70 Kilometer präparierte und markierte Loipen. Unter den Telefonnummern 93439 oder 93430 erfährt man täglich den mehrsprachigen Loipenbericht.

Das Quartierangebot ist reichhaltig, 160 Häuser mit rund 10000 Betten stehen zur Auswahl, die meisten im Ort selbst und auf den umliegenden Hängen. Viele deutsche Stammgäste hat das 1993 erbaute, ruhig auf einem Hügel unweit des Zentrums gelegene Drei-Sterne-Hotel ›Start‹, das die Tradition eines seit 1896 bestehenden Familienbetriebes fortsetzt und heute zur ›Hotel Group‹ gehört. Es bietet ein gutes Preis-Leistungs-Verhältnis, eine angenehme Atmosphäre mit gemütlicher Bar und einen schönen Blick auf Špindlerův Mlýn. Die Autos der Gäste parken direkt vor der Tür. Ein guter Tipp ist auch die nahegelegene Pension ›U Tři Růži‹ (Zu den drei Rosen) mit Kamin und Sauna. Ebenfalls zu empfehlen ist das geschmackvolle Hotel ›Windsor‹. Das zentral, aber ruhig gelegene Haus mit Sauna und Whirlpool ist bei deutschen Touristen sehr beliebt.

Ein Tipp für schlechtes Wetter: Besuchen Sie das **Sportzentrum** mit Hallenbad, Tennis- und Squashhalle, Sauna, Solarium und anderen Annehmlichkeiten.

▲ Karte S. 123

Wanderungen rund um Špindlerův Mlýn

Špindlerův Mlýn bietet eine Vielzahl von Möglichkeiten für kürzere und längere Wanderungen. Beliebte Ausflugsziele von hier aus sind Sváty Petr, die Elbquelle und die Wiesenbaude.

Vom Pláň über die Výrovka nach Svatý Petr

Mit dem Sessellift fährt man hinauf zum Pláň, dann geht man auf dem blau markierten Weg zur 800 Meter entfernten Bouda na Pláni (Planurbaude) mit sehr schöner Aussicht. 1944 traf sich hier Oberst Claus Graf Schenk von Stauffenberg mit einigen Mitverschwörern, um das geplante Attentat auf Hitler vorzubereiten. In der Bouda na Pláni kann man auch gut und preiswert übernachten. Weiter geht es auf der grünen Markierung bergab durch den Wald, dann über ein Wiederaufforstungsgebiet und – wieder ansteigend – vorbei an den Klinové boudy (die alte Keilbaude, die den Häusern den Namen gab, existiert nicht mehr). Bald ist die Wegkreuzung Na Rozcesti erreicht. Die Baude dort strahlt mit ihrem mächtigen Kamin urige Gemütlichkeit aus, bietet allerdings keine Übernachtungsmöglichkeit.

Auf der roten Markierung wandert man dann zur nur eineinhalb Kilometer entfernten Výrovka (Geiergucke), einer Baude mit Übernachtungsmöglichkeit, die vor einigen Jahren neu errichtet wurde. Der merkwürdige Name kommt von den Grenzwächtern, die hier oben – im Gebüsch versteckt – den Schmugglern aufgelauert haben sollen. An der Kreuzung biegt man links ab und gelangt, jetzt dem grünen Zeichen folgend, auf steinigem Weg durch den Dlouhý důl (Langen Grund) hinunter nach Svatý Petr. Die Wanderung dauert etwa fünf Stunden.

Von der Špindlerova bouda über die Martinova bouda nach Špindlerův Mlýn

Wahlweise mit Bus oder Taxi fährt man hinauf zur Špindlerova bouda. Dann wandert man auf dem rot markierten Kammweg nach links durch gespenstisch abgestorbenen Wald zur leider 2011 abgebrannten Petrovka (Peterbaude). Bei gutem Wetter kann man von hier die Schneekoppe sehen.

Das blaue Zeichen führt dann auf steinigem Weg zur dreieinhalb Kilometer entfernten Fučikova bouda, der früheren Bradler-Baude. Zwar kann man natürlich auch hier einkehren, es empfiehlt sich aber, noch den einen Kilometer bis zur 1255 Meter hohen Martinova bouda (Martinsbaude) auf sich zu nehmen. Dort erwartet die hungrigen Wanderer nämlich ein gemütlicher runder Kachelofen und eine exzellente Küche: leckere Wildgerichte, Karpfen, Fasan, allerbeste lockere Semmelknödel. Die Zimmer sind so komfortabel, wie man es hier oben in dem uralten dunklen Holzhaus nicht vermutet hätte.

Zurück geht es mit dem grünen Wegzeichen an der Medvědí bouda vorbei hinunter ins Elbtal und nach Špindlerův Mlýn. Dabei kommt man am Gartenrestaurant ›Myslivna‹ (Jagdhaus) vorbei, wo es gute Heidelbeer-Eisbecher gibt. Hin und zurück dauert diese Wanderung rund vier Stunden.

Vom Medvědín über die Elbequelle zur Baude Schronisko nad Śnieżnymi Kotłami und weiter zur Špindlerova bouda

Mit dem Sessellift fährt man hinauf zum Medvědín (Schüsselberg). Unterhalb des Berges liegt der kleine, verstreute Urlaubsort Mísečky (Schüsselbauden). Vom oberen Teil, Horní Mísečky, führt ein langer Skilift hinauf zum Medvědín. Auf gelb, dann rot markiertem Weg wandert man am Rand des langgestreckten Höhenzuges Krkonoš zur Vrbata-Baude.

Unterwegs sollte man sich den Aussichtspunkt Šmidova vyhlídka nicht entgehen lassen: Hier hat man bei gutem Wetter einen grandiosen Blick auf das östliche Riesengebirge einschließlich der Schneekoppe. Ein Stück muss man dann auf der Straße laufen, kann auf diesem Anstieg zur Zlaté návrší (1410 Meter) aber weit ins böhmische Riesengebirgsvorland sehen. Auch Linienbusse fahren dort hinauf, an der Vrbatova bouda befindet sich die Wendeschleife.

Ein paar Meter weiter oben auf einem Hügel steht das Grab von Bohumil Hanč und Václav Vrbata, die 1913 bei einem 50-Kilometer-Skilanglauf in einen Schneesturm gerieten und ums Leben kamen. Der rot bezeichnete Weg führt am Pantschefall, dem größten Wasserfall des Riesengebirges, vorbei zur Elbfallbaude. Schon um 1830 soll hier eine Frau, die ›die Blasse‹ genannt wurde, Milch, Ziegenkäse und Schnaps verkauft haben. Anstelle der alten Baude, die 1965 abbrannte, wurde ein monströser Betonklotz hingestellt, der schon reichlich her-untergekommen wirkt. Auch das rostige Innere macht keinen einladenden Eindruck (Wer will, kann von hier auf dem blau markierten Weg durch den Elbgrund nach Špindlerův Mlýn gehen). Nur noch ein kurzer Anstieg (Markierung grün und rot) ist von der Elbfallbaude zur Elbequelle mit den bunten Mosaikwappen der Elbestädte zu überwinden. Gelb führt weiter zum Kamm, wo man nach rechts auf den rot markierten Kammweg einschwenkt. Den geht man an der – polnischen – Schronisko nad nieżnymi Kotłami (Schneegrubenbaude) vorbei bis zur Špindlerova bouda, wo man den Bus

▲ Karte: vordere Umschlagklappe

Eine Einkehr in Špindlerův Mlýn

zurück nach Špindlerův Mlýn besteigt. Die Wanderung dauert etwa sechs Stunden und erfordert Ausdauer.

Von den Kozí hřbety zur Luční bouda und zur Bílé Labe

Von Špindlerův Mlýn nimmt man die rote Markierung zunächst nach Svatý Petr. Der Weg führt dann durch den Wald und über die Kozí hřbety (Ziegenrücken). Anschießend überquert man die Bílá louka und sieht die Luční bouda (Wiesenbaude) vor sich. Die Luční bouda liegt 1420 Meter hoch und ist die größte und älteste Baude auf dem Kamm des Riesengebirges. Für den Rückweg folgt man zunächst kurz der roten Markierung und biegt dann nach rechts ab auf den blau bezeichneten Weg. Er führt hinunter zur Baude U Bílého Labe (Weißwassergrund). Weiter geht es dann, immer noch dem blauen Wegzeichen folgend, am Ufer des Weißwassers entlang zum ehemaligen Mädelsteig U Dívčí Lávky und zurück nach Špindlerův Mlýn. Für diese Tour sollte man einen ganzen Tag einplanen, die reine Wanderzeit beträgt fünf bis sechs Stunden. Die Höhenunterschiede sind teilweise beträchtlich.

Die Wiesenbaude

Die Wiesenbaude befindet sich auf der Hochebene der ›Weißen Wiese‹ am uralten Verbindungsweg von Böhmen nach Schlesien und in Sichtweite der Schneekoppe. Sie ist die höchstgelegene (1410 Meter) und größte Bergbaude im Riesengebirge – und wohl auch die älteste: Die Überlieferung berichtet, dass sich zur Zeit der Reformation ein wegen seines evangelischen Glaubens verfolgtes Liebespaar hierher in die einsamen Berge geflüchtet und ein kleines Blockhaus gebaut haben soll. Schon im 17. Jahrhundert wurde das erste Steinhaus errichtet: Bei Bauarbeiten im Jahr 1869 fand man einen behauenen Stein mit der eingemeißelten Jahreszahl 1623. Zur Wiesenbaude gehörten Weideflächen mit Rindern und Ziegen. Das Heu von den Hochwiesen lagerte man als Futter für die Tiere auf dem Heuboden. Bald nächtigten auch Gäste im Heu oder auf der Ofenbank. Sie brachen bei Sonnenaufgang auf und bestiegen die Schneekoppe. Lange Zeit war die Wiesenbaude im Besitz der Familie Renner. Augustin Renner baute neben der alten Baude 1833 das ›Sommerhaus‹, da die Gäste in immer gößerer Zahl kamen. Sohn Jakob baute das Einkehrhaus weiter aus. Zu dieser Zeit quartierte sich eine fünfköpfige Falschmünzerbande in der Wiesenbaude ein. Der Wirt schöpfte Verdacht und erzählte einem Gast davon. Dieser, ein Justizbeamter, veranlasste eine Hausdurchsuchung, »welche zur Auffindung eines reichen Vorrats von falschen Silbermünzen, der zur Herstellung derselben gebrauchten Stanzen und der Verhaftung der Falschmünzer führte« (Berthold Lessenthin, Das Riesengebirge im Winter, Breslau 1901). Wenzel Hollmann, Schwiegersohn von Jakob Renner, übernahm 1853 die Bewirtschaftung der Baude. Er nutzte die Kraft des Weißwassers, um damit sein Butterfass und sogar die Wiege zu betreiben. Später wurden mit dem so erzeugten Strom sogar die Baudenbeleuchtung und das Blinkfeuer auf dem Dach gespeist, das Wanderern den Weg wies. 1886 kam die Baude in den Besitz der Familie Bönsch, die sie zum größten Berghotel des Riesengebirges mit mehr als 200 Betten ausbaute. Besonders der aufblühende Wintersport zog immer mehr Gäste an. Als 1938 die tschechoslowakische Armee das Gebiet räumen musste, steckte sie die Baude beim Abzug in Brand. Unmittelbar danach aber wurde sie in ihrer heutigen Form wieder aufgebaut. Sie überstand die Zeit der sozialistischen Misswirtschaft und ist heute noch das, was sie immer war: ein gastfreundlicher und beliebter Anlaufpunkt für Wanderer und Gäste des Riesengebirges. Weil die Wiesenbaude in der ersten Naturschutzzone des Riesengebirges liegt, ist die Anreise mit dem eigenen Auto nicht möglich. Gäste werden in Pec pod Sněžkou abgeholt, im Sommer mit dem Geländewagen, im Winter mit Schneeraupe oder Schneescooter.

Die Wiesenbaude heute

Špindlerův Mlýn

PLZ: 54351.

Touristisches Informationszentrum, Svatopetrská 173, Tel. 00420/499523656, www.mestospindleruvmlyn.cz. Informationen aller Art; tgl. 9–11.30, 12–17 Uhr.

Jaroslav Kraus, Tel. 00420/602406071 (mobil), kraus@spmlyn.com, www.spmlyn.com. Sehr übersichtlicher und schneller Internetauftritt mit Unterkunftsverzeichnis, Karten und nützlichen Infos.

Hotel Start, Bedřichov 17, Tel. 00420/499433305, www.hotelstart.cz. Auf einem Hügel nahe dem Zentrum, Sauna, Solarium, Fitnessraum und Skiverleih. Reichhaltiges Frühstücksbüfett. Nichtraucherhotel, familienfreundlich. Kostenloser Parkplatz vor der Tür.

Hotel Villa Hubertus, Tel. 00420/499433115, villahubertus.cz. Stilvoll renoviertes Haus direkt am Elbufer, 13 Zimmer im Landhausstil, Elbterrasse, Pilsner Urquell vom Fass.

Hotel Windsor, Okružni 13, Tel. 00420/499405911, www.hotel-windsor.cz. Zentral, aber ruhig; Sauna, Whirlpool und Solarium, Bowlingbahn, Billard. Besonders bei deutschen Gästen beliebt. DZ mit Frühstück ab 2000 Kronen.

Pension Seidl, Okružni 192, Tel. 00420/777003361, pensionseidl@gmail.com, www.pension-seidl.cz. In einem liebevoll renovierten Riesengebirgshaus von 1925, mit Sauna, Terrasse , Grill und Parkplatz direkt am Haus.

Pension Petra, Otakar Svatek, Horní 165, Tel. 00420/602315459, info@petrapenzion.cz, www.petrapenzion.cz. Nur 7 Minuten zu Fuß vom Zentrum entfernt.

Berghotel Hromovka, Alexander Bilek, Tel. 00420/603204408, Petra Lešová, Tel. 00420/604230664, hromovka@hromovka.cz, www.hromovka.cz. 2 km südlich des Zentrums. Eigener Schlepplift, herrlicher Blick aufs Tal von Špindlerův Mlýn. Im Winter sitzt man in der gemütlichen Gaststube am Kamin, im Sommer wird auf der Außenterrasse gegrillt.

Horský Hotel Martinova bouda (1260 Meter), Tel. 00420/499422235, info@martinovka.cz, www.martinovka.cz. Zimmer mit Du/WC; in dem 350 Jahre alten Holzhaus verbirgt sich ein geschmackvoll eingerichtetes Berghotel mit böhmischer Küche. Sauna, Whirlpool. ÜF ab 17 Euro.

Baude Na Pláni (1190 Meter), Přední Labská 75, Tel. 00420/499523384, www.bouda-na-plani.cz, 800 Meter von der Bergstation des Sesselliftes auf dem Plan entfernt gelegen. Wunderschöne Aussicht, nette Atmosphäre; gut geeignet für Skifahrer.

Restaurant U Cenku, Okruzni 12, Tel. 00420/499523700, cenek.otakar@volny.cz, www.ucenku.cz. Zentral. Im Sommer sitzt man auf der Terrasse, im Winter am Kachelofen, freundliche Bedienung. Auch Zimmer.

Restaurant Spindlerovska Hospoda (Spindl Kneipe), Tel. 00420/499523392. In einem historischen Gebäude in der Ortsmitte. Nostalgische Stimmung und altböhmische Spezialitäten des 19. Jahrhunderts.

Zu empfehlen sind auch die Restaurants der Hotels ›Lomnica‹, ›Eden‹ und ›Hubertus‹, auch das ›Praha‹, auf dessen Terrasse es sich abends gut sitzt.

▶ Karte S. 123

Aquapark Spindl, Spindleruv Mlyn 300, Tel. 00420/499523040, www.aquaparkspindl.cz, Entspannungs- und Planschbecken, Sauna, Dampfbad, Massagen; tgl. 10–20 Uhr.

Campingplatz Spindlermühle, Tel. 00420/499523534. Am Ortsausgang Richtung Spindlerpass. 50 Stellplätze mit Elektroanschluss, 14 Holzblockhütten, Waschmaschinen, Rad- und Skiaufbewahrung, Trockenraum.

Skol Max, Svatopetrská 260, Tel. 00420/499467101, www.skolmax.cz. Verleih: komplette Mountainbike-Ausrüstung.

Janské Lázně

Das ›böhmische Bad Gastein‹ ist der Kurort Johannisbad wegen seiner radioaktiven Thermalquellen und der waldreichen Gebirgsumgebung früher genannt worden. Weltweites Aufsehen erregte er mit der erfolgreichen Behandlung der Folgen von Kinderlähmung. Doch auch als Wintersportzentrum hat sich das am Fuß des Berges Śerná hora (Schwarzenberg, 1299 Meter) gelegene Janské Lázně einen guten Namen gemacht. Immerhin fanden hier 1925 die ersten Skiweltmeisterschaften statt.

Die Heilquelle wurde von Albrecht von Trautenberg aus Schatzlar und seinen Knappen entdeckt, als sie in den hiesigen Wäldern wieder einmal Raubritter jagten. Dabei stieß der Knecht Johannes am 24. Juni (dem Johannistag) 1006 auf den wundertätigen Brunnen. Das jedenfalls berichtet Simon Hüttel aus Trautenau in seiner Riesengebirgschronik aus dem 16. Jahrhundert. Andere vermuten, dass die Quelle von jenen Bergleuten gefunden wurde, die hier schon im 11. und 12. Jahrhundert Erze gruben und verarbeiteten. Wie auch immer: Der Ruf des heilkräftigen Thermalwassers verbreitete sich rasch und führte zum Bau einer Kapelle, zu der Wallfahrten unternommen wurden. Sogar Papst Pius II. persönlich soll dagewesen sein. Die ersten Gebäude ließ Johann Adolf von Schwarzenberg bauen, der sich 1675 hier einkaufte. Das letzte Haus aus dieser Zeit ist – seit Jahren unbewohnt – noch im Stadtzentrum zu sehen (Nr. 9). So richtig los ging dann aber alles erst Anfang unseres Jahrhunderts. Pensionen und Hotels wurden gebaut, Wasserleitung und Straßenbeleuchtung kamen hinzu. Der durch den Ort fließende Bach wurde überbrückt, der Marktplatz vergrößert. Darauf entstanden 1904 die schönen Kolonnaden im Jugendstil. Nach dem Ersten Weltkrieg bildete sich eine Aktiengesellschaft, die nicht nur Kurgäste, sondern auch Gebirgstouristen nach Johannisbad locken wollte. 1928 wurde die Drahtseil-Schwebebahn

Eine der zahlreichen Pensionen in Janské Lázně

auf den Schwarzenberg eröffnet, die erste im Riesengebirge. In den 1930er Jahren gab es eine weitere Entdeckung: Dr. Oskar Baudisch, Professor an der amerikanischen Yale-Universität, der aus der Gegend von Trautenau stammte, stellte fest, dass die Quellen von Johannisbad eine ähnliche Zusammensetzung wie die von Warm Springs in Georgia, USA, aufweisen. Also konnte man sie – wie die in Amerika – auch zur Behandlung von Kinderlähmungsfolgen nutzen. Damit wurden in der Folgezeit spektakuläre Erfolge erzielt. Außerdem werden mit den Thermalquellen verschiedene Bewegungs-, Nerven- und Hauterkrankungen behandelt.

Sehenswürdigkeiten

Für den Nicht-Kurgast ist Janské Lázně ein guter Ausgangspunkt für reizvolle Wanderungen und Skitouren. Denn mit der 2006 eröffneten neuen Kabinenseilbahn der österreichischen Firma Doppelmayr, die einen Höhenunterschied von 566 Metern überwindet, ist man schnell oben auf den Bergen. Aber auch für eine kurze Stippvisite ist der Ort interessant genug.

Vom 15 Kilometer entfernten Vrchlabí kommend, fährt man auf der Landstraße 14 zunächst Richtung Trutnov und biegt dann links ab auf die 297. Man kommt durch das Dorf Śistá, in dem es viele Privatzimmer-Vermieter und einen Campingplatz mit Badesee gibt. Es folgt das Bergdorf Černý Důl mit seinem großen Marktplatz und einer Barockstatue des heiligen Michael von 1713. Vorn am Markt steht das Hotel ›Post‹ mit Bogengang und schöner Fassade. Außerdem gibt es in Černý Důl einige preiswerte Pensionen. Anspruchsvollere sollten das neue Hotel ›Aurum‹ ein Stück rechts von der Hauptstraße ansteuern. Es bietet Sauna, Solarium, Hallenbad und Kegelbahn. Weiter führt die Straße durch den Wald hinauf zur Hoffmannova bouda und von dort wieder hinunter nach Janské Lázně. Der Kurort ist den Fußgängern vorbehalten, am Eingang gibt es einen rund um die Uhr bewachten Parkplatz.

Spaziert man die Hauptstraße in den Ort hinein, sollte man an der gelbweißen Villa gleich links nicht achtlos vorübergehen. Dahinter verbergen sich das Hotel ›Vyhlídka‹ (Aussicht) und das italienische

Rübezahl im Kurpark

▲ Karte: vordere Umschlagklappe

Restaurant ›Bella Vista‹, das Hotelier Eros Sgarbi aus Modena gemeinsam mit tschechischen Partnern betreibt. Im Zentrum stößt man rechts auf das örtliche Verkehrsamt mit Wechselstube und Telefon. Dort erhält man einen guten Stadtplan. Das erdrote Haus schräg gegenüber ist das schön restaurierte Hotel ›Terra‹. Dahinter folgt das langgestreckte ›Lázeňský dům‹, das **Kurhaus**, in dem die ›Schwarze Quelle‹ und der ›Johannis-Sprudel‹ entspringen. Im öffentlichen **Thermal-Hallenbad** mit 230 Quadratmeter Wasserfläche ist das 32 Grad warme Wasser auch für Gäste zugänglich. Die eisenhaltige Quelle ›Mariánský‹ sprudelt gegenüber der unteren Seilbahnstation im Tal des Johannisbaches. Am Rand von Svoboda nad Úpou am rechten Ufer des Baches entspringt in der Nähe der neuen Wohnhäuser die ›Kaiserquelle‹ (Cisařský pramen). Wie es heißt, soll sie Männern mit Potenzschwierigkeiten helfen. Einige alte Quellen sprudeln nicht mehr oder bereichern das örtliche Wasserleitungssystem. Die am leichtesten zugängliche Quelle, die ›Bürgermeisterquelle‹ (Starostův pramen), rinnt in der Nähe der Kinderheilanstalt Vesna aus einem Drachenkopf in einen steinernen Brunnen.

Das kulturelle Zentrum ist der **Kurplatz** vor den Kolonnaden, in dessen Nähe eine Rübezahlstatue steht. Hier finden sonntags Kurkonzerte statt. Drinnen gibt es ein Café und eine Diskothek. Im Sommer wird in der evangelischen Kirche meditative Musik gespielt.

Svoboda nad Úpou

Die Landstraße führt am Hotel ›Lesní dům‹ (Waldhaus) vorbei nach Svoboda nad Úpou (Freiheit), das bis ins 19. Jahrhundert ein Ortsteil von Johannisbad war. Noch heute sind beide Orte durch einen Promenadenweg, die ›Allee der hundertjährigen Linden‹, miteinander verbunden. Ihren klangvollen Namen verdankt die frühere Bergarbeitersiedlung Freiheit der Tatsache, dass hier in den Zeiten des Goldrausches im 16. Jahrhundert frei geschürft werden durfte. Kaiser Ferdinand I. erhob den Ort 1556 zur Bergstadt. Das Goldbergwerk blieb noch bis 1772 in Betrieb. Im 19. Jahrhundert gründete der einer Luxemburger Familie entstammende Prosper Piette eine der größten Papierfabriken Böhmens, die für ihr besonders feines Zigarettenpapier berühmt war und noch existiert. Heute ist Svoboda nad Úpou das wichtigste Geschäfts- und Verwaltungszentrum im östlichen Riesengebirge. Wer sich in Pec pod Sněžkou oder Malá Úpa einquartiert hat, kann hier einen Schaufenster- und Einkaufsbummel machen und dabei mal eine tschechische Kleinstadt ohne viel touristische ›Schminke‹ (aber auch ohne ›Touristen-Preise‹) kennenlernen. Zu sehen gibt es ein paar schöne **Bürgerhäuser** wie etwa das Rokokohaus in der Hauptstraße (Nr. 109) mit Satteldach, dessen Fassade durch toskanische Pilaster gegliedert ist. Den **Marktplatz** bewachen die Jungfrau Maria, der heilige Florian und der heilige Antonius. Diese **Statuengruppe** ist das Werk eines unbekannten Künstlers aus dem 19. Jahrhundert. Am Markt steht das einzige noch erhaltene Renaissancehaus der Stadt, das ›Můštanský dům‹ (Bürgerhaus), in dem sich eine gepflegte Pension und ein Restaurant befinden.

Horní Maršov

Weiter aufwärts im Tal der Úpa kommt man nach Horní Maršov. Das Zentrum des langgestrecken Ortes ist dort, wo sich die Hauptstraße nach Pec pod Sněžkou sich nach links wendet. Rechts liegen ein (kostenloser) Parkplatz und das einfache, aber empfehlenswerte gelbe Gasthaus ›U Bednářů‹.

Die blaugestrichene **Stahlbrücke** über die Aupa entstand 1898 nach einer der verheerendsten Überschwemmungen in dieser Gegend. Dabei wurde die alte Holzbrücke und auch ein Teil des Gerichts- und Verwaltungsgebäudes weggerissen. Wertvolle Dokumente und die Kasse des Ortes versanken in den Fluten. Die Brücke führt in den alten Teil des Dorfes. Rechts liegt das Hotel ›Slovan‹ mit einem kleinen Biergarten. Zum 300 Meter langen Skilift ›Třešňovka‹ sind es nur zwei Minuten zur Fuß. Die Perle von Horní Maršov soll jedoch das **Schloss** werden, das früher den Grafen Czernin gehörte. Es soll privatisiert und in ein Hotel umfunktioniert werden, leider hat sich bislang kein Käufer gefunden.

Ein beliebter Ausflug von Horní Maršov führt hinauf ins kleine Rehorn-Gebirge Rýchory zur Rýchorská bouda, in der sich ein ökologisches Bildungs- und Erholungszentrum befindet.

■ Infozentrum Veselý Výlet

Zu den besten Kennern von Horní Maršov und Umgebung zählen die Brü-

Die Blaue Brücke in Horní Maršov

▲ Karte: vordere Umschlagklappe

Das Informationszentrum Veselý Výlet

der Miloslav und Pavel Klimeš. In Tal Temný Důl an der Straße nach Pec pod Sněžkou betreiben sie ihr Informationszentrum Veselý Výlet (Lustiger Ausflug), zu dem eine Galerie, ein Laden und eine Pension gehören. ›Veselý Výlet‹ heißt ebenfalls ihre Zeitschrift, die zweimal im Jahr auch auf Deutsch über Neuigkeiten im östlichen Riesengebirge berichtet und kostenlos verteilt wird. In einem der Hefte haben sie das Geheimnis des Waldschlösschens Aichelburg gelüftet: Berthold von Aichelburg (1823–1861) hatte an der Prager Karls-Universität Philosophie und Jura studiert und übernahm 1847 die Herrschaft Marschendorf von seiner Mutter Josephine, geborene von Schaffgotsch. Aichelburg dachte modern. Im Unterschied zu anderen adligen Herren seiner Zeit setzte er sich für die Aufhebung der Leibeigenschaft ein und wurde zum Gönner und Wohltäter der Gegend. Land und Holz zum Hausbau gab er billig ab. Ein Sägewerk, eine Glashütte und eine Textilfabrik schufen Arbeitsplätze, ein Gericht in Marschendorf sorgte für mehr Rechtssicherheit. Am 13. Mai 1861 hat sich Berthold von Aichelburg aus nie geklärten Gründen im

Schloss von Marschendorf erschossen. Zwei Jahre später wurde ihm zu Ehren das Waldschlösschen gebaut.

Das **Schlösschen** liegt 15 Fußminuten von der Hauptstraße entfernt im Wald. In den Infozentren des Veselý Výlet in Temný Důl und Pec pod Sněžkou kann man sich gegen eine geringe Gebühr den Schlüssel für die kleine Anlage ausleihen und sie besichtigen. Im Sommer gibt es auf der Aichelburg Führungen in tschechischer und deutscher Sprache.

Wanderungen rund um Janské Lázně

Von Janské Lázně empfiehlt sich eine Bergfahrt mit der neuen Kabinenseilbahn auf den Cerná hora. Oder man wandert zur schönen Hoffmannova bouda, die für sich ein schönes Ziel darstellt.

Von Janské Lázně zur Hoffmannova bouda und zurück

Vom Kurplatz geht man auf dem grün markierten Weg zur Kinderheilanstalt Vesna und nimmt dann unterhalb des Berges Janská hora das gelbe Wegzeichen nach rechts. Der Weg führt steil hinauf zur Janská bouda und weiter zur Baudengruppe Zlatá vyhlídka, dann durch den Wald, zur Hoffmannova bouda an der Straße.

Die Hoffmannova ist stilvoll möbliert und hat einen schönen blau-gelb-grünen Kachelofen. Zurück geht es mit der grünen Markierung, die zum Zentralparkplatz von Janské Lázně führt. Wanderzeit: gut zwei Stunden.

Auf den Berg Černá hora

Hinauf fährt man mit der Kabinenseilbahn, die am Zentralparkplatz beginnt. Oben gibt es die große alte Sokolská bouda und ein Stück weiter die modernere Černá bouda. Zurück ins Tal kann man auf dem gelben Zeichen steil hinunter zu den Zrcadlovy boudy und dann auf dem blauen Weg sanfter nach unten steigen oder den rot markierten Weg über die Zinneckerovy boudy nehmen. Beide Routen nehmen etwa eineinhalb Stunden in Anspruch.

Auf der Rudolfova cesta nach Horní Maršov

Der blau markierte Weg beginnt am Hotel ›Lesní dům‹ und führt, am Hotel ›Siréna‹ vorbei, in einer guten halben Stunde zur Baude ›Modrokammená‹ hinauf. Von hier aus geht es in einer weiteren halben Stunde weiter auf der blauen Markierung zur Kreuzung Pražáčka. Hier biegt man rechts ab auf den gelb bezeichneten Weg, der nach Horní Maršov führt und an der blauen Brücke herauskommt. Insgesamt dauert die Wanderung knapp zwei Stunden. Hier kann man den Bus zurück nach Janské Lázně nehmen.

Diese Tour ist auch für Mountainbiker geeignet – mit dem Unterschied allerdings, dass diese ab der Kreuzung Pražáčka nicht den gelb markierten Pfad, sondern einen befestigten Weg nach Horní Maršov benutzen.

Die schöne Hoffmannova bouda

Janské Lázně und Umgebung

Informacni Centrum a Cestovni Agentura, Černohorská 265, 54225 Janské Lázně, Tel. 00420/499875186, info@janskelazne.cz, www.janskelazne.cz.

Informationszentrum Veselý Výlet, 54226 Horni Maršov, Temný Důl 46, Tel. 00420/499874298, info@veselyvylet.cz, www.veselyvylet.cz; tgl. 8.30–18 Uhr.

Auskünfte über Kurangelegenheiten erteilt das **Staatliche Heilbad Janské Lázně**, Tel. 00420/499860111, info@janskelazne.com. Kurangebote im Internet: www.janskelazne.com.

Hotel Omnia, Černohorská 327, 54225 Janské Lázně, Tel. 00420/499859780, recepce@omniahotel.cz,www.omniahotel.cz. Modernes Vier-Sterne-Design-hotel, 110 Betten, Swimming Pool, Sauna, Solarium.

Hotel Vylidka, Lernohorská 151, 54225 Janské Lázně 151, Tel. 00420/725456464, recepce@vyhlidkahotel.cz, www.vyhlidkahotel.cz. Am Ortseingang, hundert Meter von der Kabinenseilbahn entfernt. Modernisierte alte Villa mit 15 Zimmern, Sauna.

Hotel Astoria, Lázeňská 52, 54225 Janské Lázně, Tel. 00420/499875317,info@hotel-astoria.cz, www.hotel-astoria.cz. 10 Gehminuten von der Kabinenseilbahn entfernt. Der Skibus hält direkt vor dem Hotel. Übernachtung mit HP ab 390 Kronen.

Hotel Aurum, 54344 Černý Důl (Schwarzenthal), Tel. 00420/499435169, rezervace@hotel-aurum.cz, www.hotel-aurum.cz. Schwimmbad, Sauna, Kegelbahn, Tennisplatz, Fahrradverleih. Kinderfreundlich.

Hotel Pošta, 54344 Černý Důl, direkt am Marktplatz, Tel. 00420/731698681, hotel-posta@centrum.cz, www.hotel-posta.cz. Altes Haus mit schönem Giebel und Laubengang.

Pension Duncan, Tel. 00420/777854433 (mobil), d.danielisova@pkr.cz, www.penzionykrkonose.cz. In einer gründlich renovierten alten Villa, ruhige Lage. Mountainbike- und Skiverleih, ein Skilift ist in der Nähe. Die Zufahrt ist oben an der Landstraße ausgeschil-dert.

Pension Riegel, Marsovská 12, 54224 Svoboda nad Úpou, Tel. 00420/844223113, www.pension-riegel.cz-ubytovani.eu/Unterkunft-Svoboda-nad-Upou.htm. Mit Restaurant, Kinderermäßigung, Übernachtung ab 250 Kronen.

Pension Kneifel, 54226 Horni Maršov 61, Tel. 00420/499874123, pension.kneifel@seznam.cz, www.krkonose-pensionkneifel.cz. Mit gemütlichem Restaurant. Ü/F ab 350 Kronen.

Lyzarska bouda, Tel. 00420/774304091 (mobil), karel.pec@seznam.cz, www.lyzarskabouda.com. 5 km von Černý Důl entfernt (Abzweig links hinter der großen Rechtskurve). Ganzjährig bewirtschaftet, böhmische Küche.

Hoffmanova bouda, 00420/499329193. An der Landstraße von Černy Důl nach Janské Lázně. Das Haus ist beliebt, die Inneneinrichtung mit dem schönen Kamin sehenswert.

Camping Slunečná (›An der Sonne‹), 54344 Černý Důl, Tel. 00420/739219792, campingslunecna@cernydul.cz, www.campingslunecna.cz. Stellplätze mit Stromanschluss, Naturfreibad, W-LAN.

▲ Karte: vordere Umschlagklappe

Pec pod Sněžkou

Pec pod Sněžkou (Petzer) bildet den besten Ausgangspunkt für die Tour auf die Schneekoppe von der tschechischen Seite aus. Es ist also kein Wunder, dass es der meistbesuchte Ferienort im östlichen Teil des tschechischen Riesengebirges ist, zumal Besuchern der ›Aufstieg‹ auf den Gipfel recht einfach gemacht wird: Man setzt sich auf den Sessel und lässt sich vom Lift hochtragen. Nur umsteigen muss man noch unterwegs, auf dem Berg Růžová hora (Rosenberg). Schaut man zurück ins Tal, sieht man die weit auf den umliegenden Hängen verstreuten Häuser und Bauden von Pec. Velká Úpa dagegen zieht sich als eine Art Vorort lang im Tal der Úpa hin. Weniger bekannt ist, dass es auch dort einen Sessellift gibt. Allerdings führt er nur bis zu den Portášovy boudy. Von dort sind es noch zweieinhalb Kilometer Weg bis zur Umsteige-Liftstation auf der Růžová hora.

Wie viele andere Orte im böhmischen Riesengebirge war auch Petzer ursprünglich eine Siedlung von Holzfällern. Aus Tirol und aus der Steiermark waren sie in diese Gegend gekommen, um die Silbergruben von Kuttenberg mit Holz zu beliefern, das geflößt wurde. Noch heute trifft man hier immer wieder auf österreichische Familiennamen. Der Ortsname Petzer findet sich erstmals 1578 auf einer bebilderten Landkarte des Chronisten Simon Hüttel. Petzer ist das tschechische Wort für Back- oder Schmelzofen. Seit dem 16. Jahrhundert förderten die Bergleute im nahen Riesengrund Buntmetallerze, vor allem Kupfer. In den Schmelzöfen am Grünbach wurden Erze geschmolzen. Seit dem 18. Jahrhundert gab es in Petzer auch eine Wassermühle, in der Korn gemahlen wurde. Der letzte Müller, Albert Sagasser, baute die Mühle 1870 zu einer Holzschleiferei um, sein Sohn Theodor machte daraus ein Sägewerk, das Holzschindeln und Latten für Transportkisten produzierte. Im September 1919 brannte das Gebäude ab, wurde aber wieder aufgebaut. Die wichtigsten Erwerbsquellen blieben lange Zeit Holzeinschlag und Viehzucht. Später kamen Flachsanbau und die Herstellung von Butter und Käse hinzu. Berthold von

Pec pod Sněžkou im Sommer

Die neue Seilbahn auf die Schneekoppe

Aichelburg, Besitzer der Herrschaft Marschendorf, ließ Mitte des 19. Jahrhunderts eine Straße von Trautenau nach Petzer bauen. Damit gab er den Startschuss für den Fremdenverkehr im östlichen Teil des böhmischen Riesengebirges. Allerdings sollte es noch einige Jahrzehnte dauern, bis der Stein ins Rollen kam. Es fehlte eine Eisenbahnverbindung, die vieles erleichtert hätte. 1909 fuhr der erste Bus nach Petzer, seit 1928 gibt es einen regelmäßigen Linienverkehr. 1948 erhielt der Ort seinen heutigen Namen Pec pod Sněžkou (pod Sněžkou = unter der Schneekoppe).

Die Seilbahn auf die Schneekoppe

Der große Touristenansturm setzte erst mit der Inbetriebnahme des Sesselliftes auf die Schneekoppe – ein Lizenzprodukt der Schweizer Firma von Roll aus Bern – nach dem Krieg ein. Der erste Abschnitt von Pec auf den Rosenberg mit 464 Metern Höhenunterschied wurde im Januar 1949, der zweite auf den Gipfel der Schneekoppe mit 240 Metern Höhenunterschied im November des gleichen Jahres eingeweiht. Ob damals jemand geahnt hat, dass dieser Sessellift mehr als 60 Jahre in Betrieb sein würde? Obwohl wegen der oft stürmischen Windverhältnisse auf dem oberen Abschnitt der Betrieb dort an vielen Tagen eingestellt werden musste ... Zwar hatte man schon seit den 1990er Jahren über einen Neubau diskutiert, doch der Umstand, dass der Lift durch ein Naturschutzgebiet führt, erschwerte die Entscheidung. 2007 entschloss man sich schließlich für den Bau einer modernen Kabinenseilbahn. Im Mai 2012 absolvierte der alte Lift seine letzte Fahrt und wurde endgültig stillgelegt. Im Sommer 2012 begannen auf der gleichen Trasse die Bauarbeiten für die neue 4er-Kabinenseilbahn der Firma Leitner aus Südtirol. Die Stationen wurden auf den alten Grundrissen errichtet. Im Februar 2014 wurde die Gondelbahn eingeweiht. Wie ihre Vorgängerin verkehrt sie in zwei Abschnitten und überwindet einen Höhenunterschied von 760 Metern. Die Talstation ist näher an den Ort gerückt, die Fahrzeit hat sich von 25 auf 16 Minuten verkürzt. Hin- und Rückfahrt auf die Schneekoppe kosten 390 Kronen (Senioren ab 70 350, Kinder bis 10 Jahre 180 Kronen, Kinder bis 5 Jahren fahren kostenlos).

Aktuelle Informationen im Internet unter www.snezkalanovka.cz.

Sehenswürdigkeiten

Kommt man von Velká Úpa aus nach Pec, zeigt sich der Ort gleich von seiner allerbesten Seite: Man stößt an der Ecke auf die aus dem Jahr 1793 stammende **Hospoda na Peci**, das älteste Gasthaus am Platz, das vorbildlich restauriert wurde. In der Gaststube soll noch 1947 ein Bild mit dem letzten Bären gehangen haben, der im Riesengebirge – am 10. August 1802 im Riesengrund – erlegt wurde. Äxte und Sägen an den al-

▲ Karte: vordere Umschlagklappe

ten Deckenbalken erinnern noch heute an den Beruf der ersten Siedler. Hier trifft man Leute von der Bergwacht, Skilehrer und andere Einheimische mit wetterfesten Gesichtern. Auf den blanken Holztischen stehen die landesüblichen Halblitergläser und große Glasaschenbecher. Wer zum Sessellift will, muss hier rechts abbiegen.

Ein örtliches Verkehrsamt wie in Špindlerův Mlýn oder Harrachov gibt es nicht, immerhin aber eine beleuchtete Informationstafel. An der Hauptstraße findet man Skischulen, Ski- und Fahrradverleih. Mindestens einen Blick werfen sollte man in die Gaststube im Erdgeschoss des **Hotels Hvezda**, die im alten Riesengebirgsstil erhalten geblieben ist. Das Hotel, unter dem Namen ›Frühlingsheim‹ 1907 von Stefan Meergans erbaut, war der erste dreigeschossige Bau an dieser Straße. Vorher hatten hier nur einige Bauernhütten gestanden. Erst Ende der 1920er Jahre, als der Touristenstrom zunahm, wurden weitere Häuser an der Hauptstraße errichtet. Pec pod Sněžkou darf sich zwar seit 1987 Stadt nennen, hat aber nur 850 ständige Einwohner und wenig Geld. Fast alle Häuser und Bauden ringsum gehören Personen oder Unternehmen aus Prag und anderen Städten. Und dorthin fließen auch die dringend benötigten Steuergelder. Den Gast braucht das nicht zu kümmern. Er findet eine reichhaltige Quartierauswahl vor und kann gegenüber von der ›Hospoda na Peci‹ auch in das private **Vermittlungsbüro** mit Wechselstube von Frau Eva Lorencová und ihrer Tochter gehen. Die meisten Pensionen stehen auf dem Velká Pláň, einer Hangwiese, die sich hinter dem Ortskern bis an den Waldrand hinauf zieht.

Pec pod Sněžkou ist vor allem die Gegend der verträumten Bauden, die ringsum auf den Hängen verstreut liegen. Die höchste (1230 Meter) ist der Horský Dvůr (Berghof) in der winzigen Siedlung Richterovy boudy. Kühe werden von den heutigen Baudenwirten kaum noch gehalten. Eine der wenigen Ausnahmen sind David Sosna und seine Frau. Sie betreiben oberhalb von Velká Úpa, in der Siedlung Valšovky, seit ein paar Jahren wieder einen Bergbauernhof. Dort gibt es frische Milch, hausgemachte Butter und Quark, Käse aus eigener Herstellung, Joghurt mit Blaubeeren und andere Leckereien. Der Erfolg hat ihre Erwartungen weit übertroffen und wird hoffentlich andere zur Nachahmung reizen.

In grellem Kontrast zu den Bauden auf den Hängen steht das Hochhaus von Pec. Der schon etwas verblichene Betonriese erhebt sich mitten im Ort und beherbergt das **Hotel Horizont**. Es verkörpert jenen Baustil, der sich auch in einigen Großhotels von Špindlerův Mlýn widerspiegelt. Das ›Horizont‹ findet zwar niemand schön, doch gibt es dort immerhin die Möglichkeit, Billard zu spielen, und im 18. Stock eine Nachtbar.

In der Hauptstraße hat seit 1978 die Leitung des **Riesengebirgs-National-**

Die geschmackvoll restaurierte Hospoda na Peci

Die Umgebung von Pec pod Sněžkou bietet schöne Wandermöglichkeiten

parks (KRNAP) ihren Sitz. Hier kann man viel über Wege- und Wetterverhältnisse erfahren. Interessant ist auch das Gebäude selbst, ein eineinhalbstöckiges Haus, das zur Zeit des Ersten Weltkrieges von Stefan Dix erbaut wurde, die Zeiten ohne größere Veränderungen überdauert hat und gut erhalten geblieben ist. Vor 1945 lebte in diesem Haus der Skisportler Gustl Berauer, der 1939 Weltmeister in der Nordischen Kombination wurde und erstmals die bis dahin als unschlagbar geltenden Norweger besiegte. Auch nach dem Zweiten Weltkrieg, in dem er schwer verwundet wurde, blieb Berauer dem Sport verbunden. Von 1962 bis 1970 war er Vizepräsident des Deutschen Skiverbandes. Gustl Berauer starb 1986 in Schliersee.

Pisten und Loipen

Eine Vierer-Sesselbahn fährt hinauf auf den 1215 Meter hohen Hnůdý Vrch (Braunberg), die zugehörige Abfahrtspiste ist rund 1,5 Kilometer lang. Auf den Hängen um den Ort sind zehn Schlepplifte verstreut, die von der Firma ›Ski Pec‹ betrieben werden. Pro Tag zahlte man im Winter 2015/16 in der Hauptsaison 690 Kronen, pro Woche 3500 Kronen. Pec pod Sněžkou eignet sich gut als Ausgangspunkt für Skiwanderungen zum Böhmischen Kamm. Viele der umliegenden Wanderwege sind im Winter präparierte Loipen. Beliebt sind die Routen an den Berghängen des Lišči hora (Fuchsberg) und die Skiroute zum Schwarzen Berg.

Wanderungen rund um Pec pod Sněžkou

Die Umgebung von Pec pod Sněžkou ist ein Wanderparadies. Eine sehr schöne Tour beginnt mit einer Fahrt per Sessellift auf die Schneekoppe. Von dort kann man über die Wiesenbaude wieder zurück wandern.

Durch den Obří důl auf die Schneekoppe

Zwar ist man mit dem Sessellift schneller auf dem Gipfel, doch die Wanderung durch den Obří důl (Riesengrund) mit seinen Felswänden, Wasserfällen, Blumenwiesen und dem Blick auf die Schneekoppe ist wohl die landschaftlich schönste im gesamten Gebirge.

Man geht am langen Parkplatz an der Liftstation vorbei und folgt der blauen Wegmarkierung im Tal der Aupa auf-

▲ Karte: vordere Umschlagklappe

wärts. Links liegt der Brunnberg mit seinem östlichen Gipfel Studniční hora (Steinboden), rechts erhebt sich der Berg Růžová hora. Am Ende des Obří důl steht die Riesengrundkapelle, in der an eine schreckliche Steinlawinenkatastrophe erinnert wird, die sich im Sommer 1897 hier ereignete. Mehrere Häuser wurden weggerissen, acht Menschen fanden dabei den Tod.

Von der Kovárna, der früheren Bergschmiede, hat man einen faszinierenden Blick über das Tal. Die Kovárna ist ein ehemaliges Förderhaus, Reste von alten Stollen und Schächten sind in der Gegend noch erhalten. In einem Felsen sehen wir ein Kreuz, das Dix-Kreuz. Es erinnert an Stephan Dix, einen Wächter der Riesenbaude, der hier im April 1900 durch eine Lawine ums Leben kam. Nach einem steilen Anstieg erreichen wir den Platz, auf dem die Obří bouda (Riesenbaude) stand, die 1982 abgerissen wurde. Dort stößt die blaue Markierung auf den rot markierten Kammweg am Koppenplan unterhalb der Schneekoppe. Bis hierher sind es gut zweieinhalb Stunden zu gehen.

Die Pension ›Nikola‹ in Pec pod Sněžkou

Beim Aufstieg zum Gipfel hat man die Wahl zwischen dem steilen Zickzackweg (eine knappe Stunde) oder dem bequemeren, aber längeren ›Jubiläumsweg‹. Die einstige böhmische Baude auf dem Gipfel der Schneekoppe ist zwar verfallen, aber es gibt neuerdings wieder eine kleine tschechische Poststelle, an der man sich einen Sonderstempel auf die Ansichtskarte drücken lassen kann. Von der Schneekoppe fährt man mit dem Lift zurück nach Pec pod Sněžkou.

Rund um Pec pod Sněžkou

Dem roten Wegzeichen folgend, wandert man im Tal des Zelený potok (Grünbach), dann steil durch den Wald hinauf zu den Richterovy boudy. Von dort führt die grüne Markierung zur noch eineinhalb Kilometer entfernten Výrovka. Dort biegt man links ab und geht zum Scheidepunkt Na Rozcesti mit einer gemütlichen Baude. Hier schlägt man den rot markierten Weg zur drei Kilometer entfernten Liščí louka (Fuchswiese) ein. Dabei überquert man auf bequemem Weg den Berg Liščí hora mit schöner Aussicht ins Tal von Pec pod Sněžkou. Auf der Liščí louka steht die Lyžařská bouda (Skifahrer-Baude). Kurz vorher zweigt rechts ein gelb markierter Weg ins siebeneinhalb Kilometer entfernte Černý Důl (Schwarzenthal) ab. Man geht jedoch auf der roten Markierung geradeaus weiter, vorbei an der Lesní bouda (Waldbaude) und hinauf zur Lučiny (Bodenwiese) mit der großen Pražská bouda, einem beliebten Ausflugsziel. Immer noch dem roten Wegzeichen folgend, kommt man an der Krakonoš-Baude vorbei zum Berghotel Kolinská Bouda. Hier biegt man nach links auf die gelbe Markierung ab, die über Vebrova bouda und Javorské boudy hinunter zur ›Hospoda na Peci‹ führt.

Nach Velká Úpa und zu den Vlašské boudy

Am Ausgangspunkt, der ›Hospoda na Peci‹, nimmt man die blaue Markierung, die rechts am Ufer der Úpa nach Velká Úpa führt. Vor der Kirche stößt man auf die gelbe Markierung, der man am Hang aufwärts folgt.

Man passiert sodann die kleine Ansiedlung Hlušiny und erreicht bald die Vlašské boudy, auch Valšovky genannt, wo man auf dem Bergbauernhof der Familie Sosna frische Milch, Butter, Käse und Joghurt – alle Produkte sind hausgemacht – kaufen kann. Dort findet man das grüne Wegzeichen, das zu den Thamovy boudy führt.

Dahinter stößt man auf die blaue Markierung, der man nach links bis zur Kreuzung mit dem rot markierten Weg folgt. Dort biegt man links ab zur Pražská bouda. Weiter geht es mit gelber Markierung zur Husova bouda und anschließend auf dem blau bezeichnetem Weg. Er führt schließlich hinunter nach Pec pod Sněžkou.

Pec pod Sněžkou

PLZ: 54221.

Stadtinformation Pec pod Sněžkou, www.pecpodsnezkou.cz. Offizielle Internetseite der Stadt mit Informatio-nen über Unterkünfte, Restaurants, Parkplätze, Geldautomaten, Wetter, Seilbahnen, Lifte und vieles andere mehr.

Informationszentrum Veselý Výlet, Tel. 00420/499736130, pec@veselyvylet.cz, www.veselyvylet.cz. In einem neuen Holzhaus an der Hauptstraße in der Nähe des Busbahnhofes. Wanderkarten, Reiseführer, Ansichtskarten, Filme, Videokassetten, Souvenirs und die kostenlose Riesengebirgszeitschrift ›Veselý Výlet‹ (Lustiger Ausflug), die auch in deutscher Sprache erscheint, sowie Wechselstube und Quartiervermittlung.

Turista, Tel. 00420/499736280, turista@turistapec.cz, www.turistapec.cz. Das Informationsbüro von Eva Lorencová findet man an der Straße zur Seilbahn auf der linken Seite (rotes Haus). Zimmervermittlung, Auskünfte sowie Geldwechsel.

Informationsbüro des Riesengebirgs-Nationalparks, an der Hauptstraße; Mo–Fr 8–12 u. 13–15 Uhr.

Pecr Apartments Hotel, Tel. 00420/739329441, info@pecr.cz, www.pecr.cz. Neues 4-Sterne-Wellness-Hotel mit 38 Apartments mitten im Zentrum gegenüber der Hospoda na Peci.

Romantik-Hotel Nebozizek, Tel. 00420/499736154, hotelnebozizek@volny.cz, www.hotelnebozizek.cz. Das Haus von Helena Kopecká bietet schöne Zimmer mit Du/WC, ein reichhaltiges Frühstücksbüfett, Sonnenterrasse, Kinderermäßigung, Langlaufskier und Schlitten gratis.

Hotel Hvězda (Stern), Tel. 00420/490520030, www.hotelhvezda.cz. Zentral, stilvolle Zimmer, schönes Restaurant mit Riesengebirgsküche, kinderfreundlich. Ü/F ab 550 Kronen.

Hotel Devin, Velká Plán 190, Tel. 00420/605271611, www.hoteldevin.cz. Am Waldrand mit schönem Blick auf den Ort, Nichtraucherhaus, Skiraum, Restaurant mit Terrasse. Ü/F ab 530 Kronen.

Pension Nikola, Tel. 00420/499736251, nikola-pec@volny.cz, www.nikolapec.cz. Mitten im Ort, aber ruhig gelegen. Gemütlicher Familienbetrieb in einem liebevoll renovierten und ausgestatteten Altbau von

▲ Karte: vordere Umschlagklappe

1930, Frühstücksbüfett, Sauna. Die freundliche Inhaberin Alena Nowotná spricht Deutsch.

Enzian Grill, Tel. 00420/499736357, an der Hauptstraße. Das beste und beliebteste Restaurant von Pec pod Sněžkou, im Sommer sitzt man draußen auf der Terrasse.

Hospoda na Peci, am Ortseingang. Das älteste Gasthaus von Pec pod Sněžkou, böhmische Küche, Biergarten unter alten Bäumen.

Lučni bouda (Wiesenbaude), Tel. 00420/733740888, www.lucnibouda.cz. Älteste, berühmteste und größte Baude auf dem Riesengebirgskamm; Touristen- und Hotelzimmer, Restaurant auch mit vegetarischer Küche sowie hervorragende Skilanglaufbedingungen vor der Haustür. Eigene Bäckerei. Höchstgelegene Brauerei Mitteleuropas, mit Bierbad.

Pod Studničnou (Unter dem Brunnenberg), Jiří Bureš, Tel. 00420/607612068, podstudnicnou@seznam.cz, www.podstudnicnou.cz. Malerisch am Eingang zum Obří Důl gelegen. Böhmische Spezialitäten, 36 Betten, fünf Zimmer mit Du/WC. Gäste und Gepäck werden abgeholt.

Relaxpark, Tel. 00420/739335466, www.relaxpark.cz. Sommerrodelbahn, Rutschen, Trampolin, Seilbahn, Kletterpark, Spielplatz; tgl. 9–18 Uhr.

Malá Úpa und die Pomezní boudy

Malá Úpa (Klein Aupa) ist kein Ferienzentrum wie Špindlerův Mlýn oder Pec pod Sněžkou. Wenn man am Gasthof ›Na křižovatce‹ (Zur Kreuzschenke) zwischen Velká Úpa und Temný Důl abbiegt und in Richtung Pomezní boudy hinauffährt, kommen einem nur wenige Autos entgegen.

Man spürt, dass es hier ruhiger zugeht. Vielleicht liegt es daran, dass sich noch nicht überall herumgesprochen hat, wie einfach man hier auf die polnische Seite des Riesengebirges und nach Karpacz fahren kann und umgekehrt, vielleicht auch an dem rauheren Klima und den Wolken- und Nebelschwaden, die gelegentlich vorüberziehen und Malá Úpa den Beinamen ›Klein-London‹ eingebracht haben. Dafür ist es hier noch ursprünglicher und erholsamer und auch preiswerter als anderswo. Die Häuser sind weit verstreut. Und es gibt einen schönen, nicht zu steilen Weg zur Schneekoppe, die – worauf man hier gern verweist – auf dem Gebiet von Malá Úpa liegt.

Entstanden ist der Ort als Siedlung von Holzfällern aus Tirol, die sich im 16 Jahrhundert in der Gegend niederließen. Sie flößten die Stämme ins Tal und belieferten damit die Silbergruben von Kuttenberg. Buchenholz wurde zu Holzkohle verarbeitet. Später widmeten sich die

Gemütliches Quartier in Malá Úpa: die Pension ›Bouda 66‹

Siedler mehr der Landwirtschaft und züchteten Rinder und Ziegen. Nachdem Schlesien im 18. Jahrhundert preußisch geworden war, tat sich ein neuer Erwerbszweig auf, der für einen bescheidenen Wohlstand sorgte: der Schmuggel.

Als der österreichische Thronfolger Joseph II. 1779 Klein Aupa besuchte, wollte er wissen, was die Leute hier so leidlich gut ernährte. Die Gebirgler schwiegen hartnäckig. Wer es ihm erzählte, lockte der Habsburger, solle einen Wunsch erfüllt bekommen. Die Tochter des Müllers fasste sich ein Herz und verriet das Geheimnis: Es ist der Schmuggel, Majestät. Der spätere Kaiser hielt sein Versprechen und erfüllte der Kleinen ihren Wunsch, in Klein Aupa wurde eine Kirche gebaut. Später kam allerdings ein österreichisches Zollhaus hinzu, das die Bewohner von Klein Aupa an der Ausübung ihres einträglichen Gewerbes zu hindern suchte. Dennoch wurde von den Paschern, wie sich die Schmuggler hier nannten, noch mancher Tragkorb mit Tabak, Zucker, Kaffee und Schnaps vom preußischen Schlesien ins österreichische Böhmen geschleppt.

Die **Kirche St. Peter und Paul** wurde am 22. September 1791 eingeweiht. Sie steht in der Mitte des weit auseinandergezogenen Dorfes in einer Höhe von fast 100 Metern und ist damit die höchstgelegene Kirche im Riesengebirge. Sehenswert ist auch der kleine **Friedhof** daneben, dessen Gräber viel über die Geschichte der Siedlung erzählen. Ihre ersten Hütten standen dort, wo rechts die für den öffentlichen Autoverkehr gesperrte Straße nach Dolní Malá Úpa abgeht und links das neue, gutbesuchte Hotel ›Spálený Mlýn‹ so etwas wie ein Eingangstor nach Malá Úpa bildet. Hier war der Platz der alten Mohorn-Mühle, zu der auch eine Holzschleiferei gehörte, die die Siedler mit Dachschindeln versorgte. Der Gastwirt Adolf Wenzel machte daraus Ende des 19. Jahrhunderts, als der Tourismus auch dieses Tal erreichte, ein Hotel. Immerhin hatte in der Mohorn-Mühle ja 1779 schon Joseph II. geschlafen. 1941 brannte das Hotel ab, 1948 wurden die Reste eingeebnet.

Seit 1994 steht genau an dieser Stelle das schmucke, stilvolle **Hotel Spálený Mlýn** – auf deutsch ›Die abgebrannte Mühle –, ein Aushängeschild des neuen Malá Úpa. Alle Zimmer haben Bad und WC, es gibt ein öffentliches Telefon und einen bewachten Parkplatz. Hier kreuzen sich auch mehrere Wanderwege. Hinter dem Hotel steht die Pension ›Modrá hvůzda‹ (Blauer Stern).

Die Straße führt weiter im Tal der Kleinen Aupa durch den Wald und windet sich an verstreuten Bauden vorbei hinauf zu den **Pomezní boudy** (Grenzbauden). Dort gibt es in mehr als 1050 Metern Höhe eine Station der Bergwacht, ein Postamt, einige Pensionen und Restaurants, einen Parkplatz, das Gemeindeamt und das touristische Informationszentrum Malá Úpa mit angeschlossener Galerie und Wechselstube.

Malá Úpa, das 1980 Pec pod Sněžkou angegliedert wurde, hat sich nach 1989 wieder selbständig gemacht. Touristische Informationen erhält man im neuen **Info-Zentrum** auf der linken Straßenseite kurz vor dem Grenzübergang nach Polen. Dort gibt es auch Ansichts- und Wanderkarten, Reiseführer, Geldwechselmöglichkeit und einen Kopierer. Gegenüber lädt das Sportzentrum ›High 1050‹ ein, das außer Tennishalle, Squash, Fitnessstudio und Sauna auch Ferienwohnungen anbietet. Rechts liegt ein bewachter Parkplatz, dahinter beginnt der Weg zu den Nové domky (Neu-

▲ Karte: vordere Umschlagklappe

häuser), an dem mehrere Pensionen stehen. Die für den öffentlichen Autoverkehr gesperrte Straße führt weiter zur vielleicht schönsten Pension von Malá Úpa, der ›Rennerovka‹, direkt am Fuß eines Skiliftes gelegen. Seit mehr als 25 Jahren wird sie von Familie Oliva geleitet, bei der man sich schnell wohl und heimisch fühlt. Hier findet man Zimmer mit Dusche und WC, Ski-, Snowboard- und Schlittenverleih, Sauna, Kaminzimmer, einen Lagerfeuerplatz und exzellente Hefeknödel mit Heidelbeeren.

Neben der Kirche steht die empfehlenswerte Pension ‹U Kostela‹ von Jan Patzelt, weiter unten im Tal die Pension ›U Wondráčků‹ von Hana und Zikmund Wondráčkovi, ein Holzhaus, zu dem von der ›abgebrannten Mühle‹ eine schmale Waldstraße heraufführt. Die Pension ›Rusalka‹ ist eine typische alte Riesengebirgsbaude mit Kamin und der dazugehörigen original böhmischen Küche. Sie ist nur 200 Meter vom Parkplatz neben dem Hotel ›Spálený Mlýn‹ entfernt.

Wintersportmöglichkeiten

Malá Úpa zählt wegen seiner hohen Lage zu den schneereichsten Orten im

Das Info-Zentrum mit angeschlossener Galerie

Viele Touristen zieht es zur Schneekoppe

böhmischen Teil des Riesengebirges. Der regelmäßige Räumdienst sorgt dafür, dass die Hauptstraße auch im tiefsten Winter ohne Schwierigkeiten befahren werden kann.

In Malá Úpa sind sechs öffentliche Skilifte vorhanden. Der längste ist 1200 Meter lang und beginnt an der ›Rennerovka‹. Parallel verläuft ein zweiter Lift, dessen Piste abends auch beleuchtet ist. Ein weiteres Skigebiet, das Areal ›Pomezky‹, liegt direkt an der Grenze zu Polen (mehr Infos: www.skimu.cz).

Die Umgebung von Malá Úpa ist ein ideales Terrain für Skilanglauftouren. Eine der schönsten Routen führt von den Pomezní boudy über die Baude Jelenka und die Svorová hora zur Schneekoppe. Dort verläuft auch ein empfehlenswerter Wanderweg..

Wanderung auf die Schneekoppe und hinunter nach Spálený Mlýn

Direkt an der Pomezní bouda beginnt ein Weg, der zur Baude Jelenka an der Emma-Quelle (Emin pramen, 1340 Meter) führt. Dort kann man einkehren, auch Übernachtung ist möglich. Hier stößt man auf den rot markierten Kammweg, der über die Svorová hora und den Obří hřeben zur Schneekoppe führt. Bis zu dieser Stelle dauert die Wanderung knapp zwei Stunden. Von hier empfiehlt es sich, mit der Kabinenbahn hinunter zur Umsteigestation auf dem Sattel der Růžová hora zu fahren. Man kann auch den gelb markierten Steinweg nehmen.

Weiter wandert man auf dem grün und gelb bezeichneten Weg zu den Portášovy boudy, von wo aus ein Sessellift nach Velká Úpa geht. Ein Stück weiter zweigt links ein grün markierter Weg ab, der durch den Wald hinunter zur Straße und zur ›abgebrannten Mühle‹ führt. Hier kann man entscheiden, ob man in den Bus zu den Pomezní boudy steigt oder lieber zu Fuß durchs langgezogene Dorf wandert, bis zur Kirche auf der blauen, dann auf der gelben oder der roten Markierung. Die gesamte Wanderung dauert bis Spálený Mlýn ohne Liftfahrzeiten etwa drei Stunden. Für den Weg durchs Dorf zurück zu den Pomezní boudy muss man noch einmal eine knappe Stunde veranschlagen.

Malá Úpa und die Pomezní boudy

PLZ: 54227.

Info-Zentrum mit Galerie, Tel. 00420/499891112, info@malaupa.cz, www-malaupa.cz. Auf der linken Straßenseite vor dem alten Grenzübergang nach Polen; touristische Informationen, Ansichts- und Wanderkarten, Reiseführer und Kopierer; auch Geldtausch.

Hotel Pomezní bouda, Horní Malá Úpa 40, Tel. 00420/604268327, info@pomezni-bouda.cz, www.pomzni-bouda.cz. Altes Gebirgshaus mit Walmdach links vor dem Grenzschlagbaum; Zimmer in unterschiedlichen Kategorien, Restaurant.

Pension U Kostela, Marta Patzeltová, Tel. 00420/724330713, info@krkonose-ukostela.cz, www.krkonose-ukostela.cz. Im unteren Teil des Ortes neben der Kirche; Restaurant mit Terrasse, Spielzimmer für Kinder.

Renerovky, Tel. 00420/499891117, info@renerovky.cz, www.renerovky.cz. Zwei etwa 200 Meter voneinander entfernte Häuser, das neue (Renerovka 93) mit Kaminzimmer, Sauna und Whirlpool und Blick zur Schneekoppe, die alte Renerovka (Nr. 91) rustikaler und preisgünstiger. Keine Kreditkarten.

Pension Rusalka, Jiří Winter, Dolni Malá Úpa 45, Tel. 00420/499329150, jiriwinter@email.cz, www.rusalka-upa.cz. Die ehemalige ›Butterschenke‹ ist 200 Meter vom Parkplatz ›Spálený Mlýn‹ entfernt; 17 Zimmer mit DU/WC, Kamin- und Spielzimmer, Sauna. Kinderfreundlich; Ü/F ab 22 Euro.

Pension U Wondráčků, Dolni Malá Úpa 107, Tel. 00420/737934083, uwondracku@seznam.cz, www.uwondracku.cz. In einem schönen Holzhaus, 22 Betten in Zimmern mit DU/WC oder Etagendusche; Lagerfeuerplatz, Skilift. Im Winter werden Gäste und Gepäck vom Parkplatz abgeholt.

Pension Baude66, Jiří Brož, Dolní Malá Úpa 66, Tel. 00420/490511590, malaupa.bouda66@seznam.cz, www.bouda66.cz. Holzhaus aus dem Jahr 1806, liebevoll restauriert, ruhige Lage. Preiswert.

Restaurant Lesni Zátiši, Jaroslav Vrabel, Horni Malá Úpa 110 (an der Hauptstraße), Tel. 00420/737776339, info@lesni-zatisi.eu, www.lesni-zatisi.eu. Durchgehend warme Küche, Ter-

▲ Karte: vordere Umschlagklappe

rasse mit Blick zur Schneekoppe, Spielplatz, auch einige Zimmer werden vermietet.

Skischule und -verleih Happy Hill Malá Úpa, Horni Malá Úpa 24, Tel. 00420/775580187, malaupa@happy-hill.cz, www.happyhill.cz.

Karhan Sport, im Hotel Druzba, Tel. 775706121, info@karhansport.cz. Ski-, Snowboard- und Schlittenverleih und -service, 8.30–17 Uhr.

Bergbaude Jelenka, Pavel Hofman, Horní Malá Úpa čp. 122, Tel. 00420/499895105, chata.jelenka@seznam.cz, www.jelenka.eu. 1263 Meter hoch zwischen Malá Úpa und Schneekoppe gelegen, 26 Betten in Mehrbettzimmern.

Žacléř

»Wer sich will in Schatzlar nähren, muss essen Pilz' und Heidelbeeren!« hieß es einst. Das Leben im östlichsten Zipfel des Riesengebirges war nicht einfach. Die wichtigste Erwerbsquelle der Gegend war jahrhundertelang die Steinkohleförderung, deren Geschichte bis ins 16. Jahrhundert zurückreicht. Im 18. und 19. Jahrhundert wurde der Georgsschacht bis in eine Tiefe von mehr als 130 Meter getrieben. Erst 1992 wurde die letzte Grube geschlossen. Einen Teil des Schachts hat man der Öffentlichkeit zugänglich gemacht und bietet Bergwerksbegehungen an. Zwei gekreuzte Bergmannshämmer vor einer roten Mauer zieren bis heute das Wappen der Stadt.

Schon im frühen Mittelalter verlief über den Schatzlarer Sattel eine der wichtigsten Handelsstraßen von Böhmen nach Schlesien. Im 12. Jahrhundert wurde auf einem günstig gelegenen Felsvorsprung eine Burg gebaut – von Raubrittern, wie die Sage weiß. Unterhalb davon siedelten sich Bergarbeiter und Holzfäller an. Die Burg hatte eine bewegte Geschichte. Ihre Besitzer wechselten häufig, mehrmals wurde sie zerstört und wieder aufgebaut. Kaiser Karl IV. verpfändete 1365 die Burg Schatzlar samt der Herrschaft Trautenau an die Fürsten Bolko und Wladislaw von Oppeln. 1392 fiel sie an die böhmische Krone zurück. Nachdem sich Räuber hier eingenistet hatten, wurde die Burg 1447 gestürmt und zerstört, bald aber wieder aufgebaut. Um 1520 war sie Zuflucht des berüchtigten Raubritters und Lösegelderpressers Hermann von Schumburg, der die von ihm geschnappten Händler in Ketten legen ließ, bis sie gegen Bares ausgelöst wurden. 1523 wurde sie gebrandschatzt und später von Christoph von Gendorf als dreistöckiges Renaissanceschloss neu aufgebaut. Während des Dreißigjährigen Krieges nahmen die Schweden das Schloss ein und brannten es nieder. Danach kam es in den Besitz der Jesuiten, die darin eine ihrer prunkvollen Residenzen einrichteten und es 1750 zum **Barockschloss** umbauten. Im sogenannten Kartoffelkrieg von 1778/79 zwischen Preußen und Österreich wurde das Schloss von den Truppen Friedrichs II. besetzt. Das Schloss ist gut erhalten, heute in Privatbesitz und für die Öffentlichkeit nicht zugänglich. Sehenswert ist das barocke Hauptportal.

Nach Žacléř kommt man, wenn man auf der Landstraße 14 in Richtung Trutnov fährt und kurz hinter Mladé Buky dem Hinweisschild folgt und links abbiegt. Hinter der Ortschaft Babí wartet oben auf dem Berg eine Sehenswürdigkeit besonderer Art auf Besucher: die **Festung** Stachelberg. Von 1935 bis 1938 gebaut, sollte sie mit zwölf Bunkern die größte und modernste Artilleriefestung der tschechoslowakischen Streitkräfte werden, blieb aber unvollendet. Ein Teil der unterirdischen Gänge und Tunnel steht unter Wasser. Der größte Bunker wurde nun zu einem Museum umfunktioniert, in dem Pläne, Zeichnungen, Fotos, Waffen und Ausrüstungsgegenstände zu sehen sind. Auch wer sich dafür nicht interessiert: Die Aussicht von hier oben ist phantastisch.

Kommt man von Süden nach Žacléř (Schatzlar) hinein, fällt rechts der Blick auf einen dreieckigen **Platz,** der von **Bürgerhäusern** gesäumt ist, den Rýchorské náměstí. Dazu gehören Holzhäuser mit hohem Giebel und Laubengang darunter, wie sie früher für den Ort typisch waren. Gegenüber steht das Rathaus. Der Platz wird von einer monumentalen, doch schlanken **Mariensäule** beherrscht. Sie stammt von 1725, als die Jesuiten in Schatzlar das Sagen hatten. Dargestellt ist der spanische Begründer des Jesuitenordens Ignatius von Loyola, flankiert von den Heiligen Dominikus, Bernhard und Hieronymus. Auch der heilige Florian, der Schutzpatron der Feuerwehrleute, Rauchfangkehrer und Bäcker, ist als Statue auf dem Ringplatz vertreten. Die **Statue** stammt aus dem Jahr 1875 und stand ursprünglich am Haus Nr. 116. Im Jahr 1988 wurde sie bei einem Autounfall beschädigt und zwischen die Häuser Nr. 81 und 83 versetzt. 2008 hat man sie restauriert und wieder an ihrem alten Platz aufgestellt. Sie zeigt St. Florian als römischen Legionär mit einem Wasserkübel in der Hand ein brennendes Haus löschend.

Das Rathaus in Žacléř

▲ Karte: vordere Umschlagklappe

Ein **Obelisk** aus Naturstein erinnert an den Pädagogen Johann Amos Comenius, der sich hier eine Zeit lang aufgehalten hat, bevor er endgültig ins Exil ging. Comenius, 1670 in Amsterdam gestorben, wird von den Tschechen als ›Lehrer der Nation‹ verehrt. Die durch Žacléř führende Hauptstraße trägt seinen Namen. Obwohl der Stein erst seit 1908 auf dem Platz liegt, ist Comenius schon der Dritte, der mit ihm geehrt werden soll: Seine beiden Vorgänger waren Kaiser Joseph II. (bis 1923) und Friedrich Schiller.

Unterhalb des Rýchorské náměstí führt die J.-Purkynů-Straße zur katholischen **Pfarrkirche der heiligen Dreifaltigkeit**. An ihrer Stelle stand ursprünglich eine Holzkirche. Ihre steinerne Nachfolgerin wurde – nach einem verheerenden Brand – Ende des 18. Jahrhunderts barock umgebaut. Ihre Hauptaltäre sind der heiligen Dreifaltigkeit und der Krönung der Himmelskönigin geweiht und stammen von dem ostböhmischen Bildhauer Jiři Pacák, der auch die Mariensäule schuf. 1912 wurde das Mansardendach durch ein flaches Dach ersetzt. Bei Messen und Konzerten erklingt noch heute die von der Firma Rieger im Jahr

1902 gebaute Orgel. Hinter der Kirche steht eine Christusstatue von 1935. Sie wird Emil Schwantner zugeschrieben, dem bedeutendsten Bildhauer des Riesengebirges.

Emil Schwantner wurde 1890 im nahen Královec (Königshan) geboren. Er lernte zwei Jahre in der Modellierstube der Schatzlarer Porzellanfabrik von Theodor Pohl und ging anschließend an die Prager Kunstakademie. Sein Lehrer und Förderer war der Schöpfer des Reiterdenkmals auf dem Prager Wenzelsplatz, Josef Václav Myslbek.

In den Jahren 1912/13 arbeitete Schwantner in Berlin an den Figuren für das Leipziger Völkerschlachtdenkmal mit. Bei Ausbruch des Ersten Weltkrieges meldete er sich freiwillig an die Front, von der er als überzeugter Pazifist zurückkehrte. Viele seiner Grabreliefs und Kriegerdenkmäler sind noch heute im Riesengebirgsvorland zu betrachten. Sein bedeutendstes Werk, der ›Totenreigen‹, stand im Trautenauer Stadtpark und wurde 1944 von den Nationalsozialisten, denen wohl die pessimistische Aussage nicht gefiel, eingeschmolzen. Ein Bronzerelief für Wilhelm Kiesewetter, einen 1925 verstorbenen sozialdemokratischen Abgeordneten im Prager Parlament, stand ehemals auf dem Friedhof von Trutnov, wurde aber 1993 von Unbekannten zersägt und gestohlen. 1946 bot man Schwantner eine Professur in Prag an. Er zog es jedoch vor, das Land zu verlassen und starb wenige Tage vor Weihnachten 1956 verarmt und vergessen in Schönebeck an der Elbe.

Sehr zu empfehlen ist ein Besuch im **Schatzlarer Stadtmuseum**, das nach 1989 von geschichtsinteressierten Einwohnern gemeinsam mit in Deutschland lebenden ehemaligen Schatzlarern aufgebaut und am 7. Mai 1999 eröffnet wurde. Seinen Sitz hat es in einem unter Denkmalschutz stehenden Gebäude von 1912 am Ring Nr. 10, in dem bis 1949 das Bezirksgericht untergebracht war. Gezeigt werden Exponate, die in tschechischer, deutscher und polnischer Sprache über die interessante Vergangenheit von Stadt und Region, über Persönlichkeiten aus der Stadt, Bergbau und Volkskunde informieren. In den letzten Jahren kamen weitere Räume für Sonderausstellungen hinzu.

Im Stadtmuseum

Die Umgebung

Eines der interessantesten Ausflugsziele von Žacléř aus ist das winzige **Gebirge Rýchory**, das man auch von Svoboda nad Úpou oder Horní Maršov aus gut erreichen kann. Das rauhe, niederschlagsreiche Klima und die Abgeschiedenheit haben hier eine für Botaniker hochinteressante Pflanzenwelt gedeihen lassen. Die Gegend um den Dvorský les (Höfelbusch) gleicht mit ihren uralten bizarren Riesenbuchen, dem wildwu-

Das Rehhorngebirge im Winter

chernden Astgewirr und den umgestürzten Baumstämmen einem undurchdringlichen Urwald. Fotografen fühlen sich von dieser in Mitteleuropa seltenen Szenerie angezogen. Von den beiden Bauden, die hier oben standen, existiert nur noch eine, die ›Rýchorská‹ (Rehhornbaude). Darin ist ein ökologisches **Bildungs- und Erholungszentrum** untergebracht, das vom Riesengebirgs-Nationalpark getragen und unterhalten wird. Die Angebote richten sich an Schüler, Studenten und Lehrer, aber auch an interessierte Einzelpersonen. Vorträge und Informationsmaterial sind auch auf Deutsch und Englisch erhältlich.

Nur fünf Kilometer sind es von Žacléř zum tschechisch-polnischen **Grenzübergang** bei Královec (Königshan). Von hier bietet sich ein Tagesausflug nach Polen in die alte Stadt Kamienna Góra (Landeshut) an, die zwischen Riesengebirge und dem Waldenburger Bergland liegt. Südöstlich von Královec erstreckt sich das (kleine) Rabengebirge.

▲ Karte: vordere Umschlagklappe

Wintersportmöglichkeiten

Wenn auch der Tourismus in Žacléř noch nicht auf Hochtouren läuft, so bereitet sich das südlich der Stadt gelegene Skigebiet im Prkenný Důl (Brettgrund) doch schon heute darauf vor. Direkt davor gibt es einen kostenlosen Parkplatz. Im unteren Teil liegt die 300 Meter lange, leichte Piste BRED, weiter oben das Areal ARRAKIS mit drei etwas anspruchsvolleren Pisten, die einen Höhenunterschied von rund 250 Metern aufweisen. Eine amerikanische Schneekanone sorgt für die Verbesserung des Pistenauslaufes. Gezahlt wird an den Liften wie in Pec pod Sněžkou mit Magnetkarten von Skidata. Eine Skischule, die auch auf Deutsch und Englisch unterrichtet, ein Skiverleih und ein Zubehörladen bieten ihre Dienste an. Nur 50 Meter entfernt liegt die Pension Zelený Mlýn mit einem stilvollen Restaurant.

Wanderung über die Rýchorská zum Dvorský les

Am Marktplatz folgt man der gelben Markierung, die zum Schloss und dann im Snůžný potok (Weißelbachtal) durch den Wald zum Forsthaus Ozon führt. Dort geht es rechts ab hinauf zum Bergrücken Žacléřský hřbet, wo man auf den grün markierten Weg (er kommt von der Porzellanfabrik) und das Weiße Kreuz Bílý kříž trifft. Man biegt links ab, und das grüne Wegzeichen bringt einen weiter hinauf zu den Vizov-Höfen, zur Hubertus-Baude und dann zum Rýchorský kříž. An der Wegkreuzung auf dem Berg Kutna biegt man rechts ab zur Rýchorská bouda (Rehornbaude, 1001 Meter), dem Öko-Zentrum, in das man einkehren kann. Man geht zurück zur Kutna-Kreuzung und folgt der roten Markierung zum Dvorský les (Höfelbusch, 1033 Meter) und hinunter über die Felder zur Landstraße. Dort biegt man links ab, und das grüne Wegzeichen führt über den Prkenný Důl (Brettgrund) nach Žacléř zurück.

Žacléř

PLZ: 54201.

Tourist-Information, Rýchorské náměstí 10, Tel. 00420/499739225, muzeum@zacler.cz, www.zacler.cz. Informationen über die Stadt.

Pension/Café Bonaqa, Petr Horáček, Rýchorské náměstí 86, Tel. 00420/498100955, 00420/776199929 (mobil), info@bonaqa.com, www.bonaqa.com. Zentral, am historischen Marktplatz. Nichtraucherhaus, Kinderermäßigung; Ü/F p.P. ab 340 Kronen.

Pension Zelený Mlýn, Tel. 00420/499776555, penzion-zacler-zeleny-mlyn@cz-hotel.eu, www.penzion-zeleny-mlyn-zacler.abc-ubytovani.eu. Etwa 1 km von Žacléř entfernt, im Skigebiet Prkenni Důl. Modern, mit Restaurant, Spielplatz und Skiraum. ÜF pro Person ab 390 Kronen.

Öko-Bildungszentrum Rýchory (Rehhornbaude), 54226 Horni Maršov, Tel. 00420/499948150. Vorträge auch auf deutsch und englisch, Kurse, Diskussionen, Exkursionen, Spiele sowie Öko-Bibliothek und -Videothek. Für Wanderer Büfett mit warmem Essen; Übernachtungsmöglichkeiten.

Restaurant Sport, Tel. 00420/499776362, sportzacler@volny.cz. An einem kleinen Platz auf der rechten Seite der Hauptstraße. Gut besuchtes Restaurant, auch einige Zimmer.

Stadtmuseum Žacléř, Tel. 499739225, muzeum@zacler.cz. Di–So 10–16 Uhr, April und November geschlossen.

Festung Stachelberg, über dem Dorf Babí gelegen. Militärhistorische Dokumentation im Bunker einer 1935–1938 errichteten tschechischen Befestigungsanlage: Fotos, Zeichnungen, Waffen und Ausrüstungsgegenstände. Juli/August Di–So 10–17 Uhr, im Mai, Juni und September nur an den Wochenenden.

Trutnov

Das südöstliche Tor zum Riesengebirge bildet die im Tal der Úpa (Aupa) gelegene Stadt Trutnov, mit rund 33 000 Einwohnern zugleich das Verwaltungs- und Wirtschaftszentrum der Region. Ein Besuch lohnt sich, denn Trautenau, wie die Stadt von den Deutschen genannt wurde, blieb glücklicherweise in beiden Weltkriegen von größeren Zerstörungen verschont und kann auf eine 700-jährige Vergangenheit zurückblicken. Die von einer mittelalterlichen Stadtmauer umschlossene historische Altstadt und der Ringplatz mit seinen schönen Laubengängen zeugen bis heute davon. 1421 eroberten die Hussiten die Stadt und brannten sie nieder, danach wechselte sie mehrmals ihren Besitzer. Wirklich Geschichte geschrieben wurde an der Aupa 1866, als die Österreicher in der blutigen ›Schlacht von Trautenau‹ den einzigen habsburgischen Sieg im Preußisch-Österreichischen Krieg erfochten. Ihre Blüte aber verdankte die am alten Handelsweg zwischen Schlesien und Böhmen gelegene Riesengebirgsstadt dem Gewerbefleiß und dem Handelsgeschick ihrer Bürger. Lange Zeit spielte Trautenau eine herausragende Rolle im europäischen Flachs- und Leinenhandel. Dadurch blieb die Stadt trotz der abgeschiedenen Lage eng mit der Welt verbunden und offen für neue Anregungen. Garn und Leinen wurden nicht nur in die mitteleuropäischen Nachbarländer und

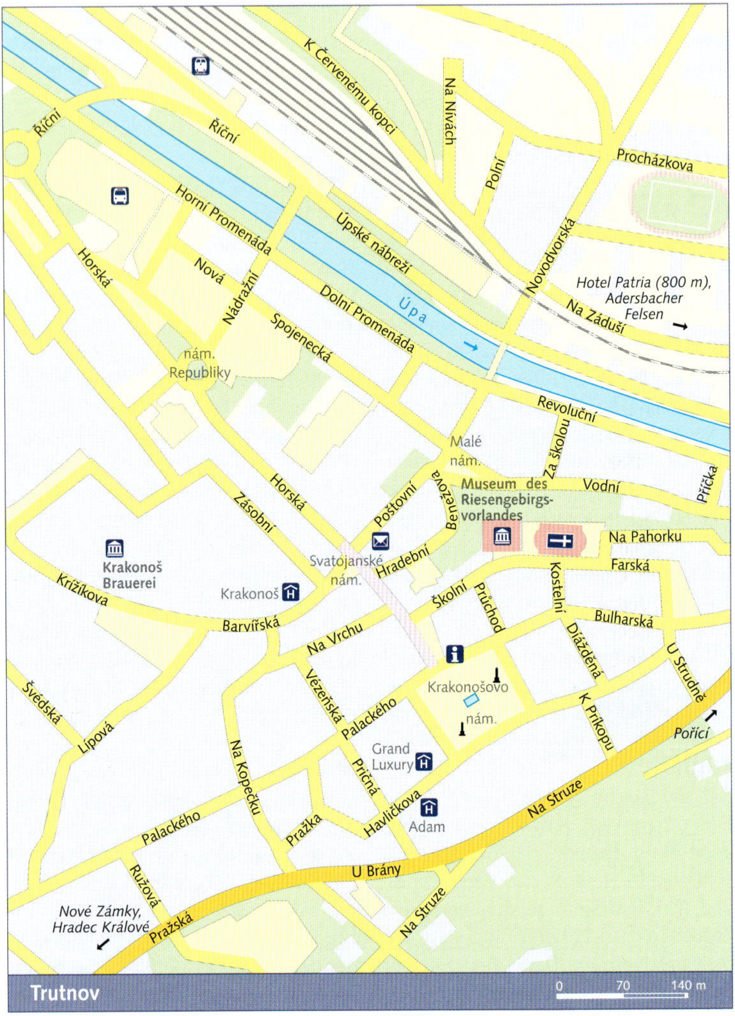

nach Italien, sondern auch nach England und Spanien, später sogar nach Amerika und Asien geliefert. Besondere Bedeutung erlangte die 1823 von Johann Faltis errichtete Leinenmanufaktur und Baumwollweberei.

Einer der bekanntesten Trautenauer war der Industrielle und Flugzeugkonstrukteur Igo Etrich. Die vom ihm gebaute ›Etrich-Taube‹ wurde zum erfolgreichsten Flugzeug in den Pioniertagen der Luftfahrt. Autokonstrukteur Ferdinand Porsche, der Erfinder des Volkswagens, der ebenfalls aus Nordböhmen stammte, hatte für seinen Landsmann und Freund Etrich einen 60-PS-Motor konstruiert - den ersten Flugzeugmotor der Welt. Damit schaffte die ›Taube‹ 1911 die Strecke München–Berlin und 1913 den ersten Europaflug von Berlin nach London und zurück. Igo Etrich starb 1967 mit 87 Jahren in Salzburg.

Die Industrie mit ihren Textil- und Elektrobetrieben und der weit über die Stadtgrenzen hinaus bekannten Krakonos-Brauerei spielt auch heute noch eine wichtige Rolle in Trutnov. Aber auch als Reiseziel, vor allem als Ausgangspunkt für Erkundungen ins Riesengebirge, wird die Stadt immer beliebter. Der **Ringplatz** mit seinen schön sanierten Renaissance- und Barockbauten, der Rübezahlbrunnen von 1892 und die Dreifaltigkeitssäule von 1704 sind besonders sehenswert. Neue Hotels, Restaurants und Geschäfte machen die Stadt noch attraktiver. Und wer es gern etwas lauter mag: Jedes Jahr im August geht in Trutnov Tschechiens größtes Rockfestival über die Bühne.

Trutnov: Ringplatz mit Rübezahlbrunnen von 1892

i Trutnov

PLZ: 54101.

Tourismusbüro, Stará Radnice na Krakonošově nám. 72, Tel. 00420/ 499818245, info@ictrutnov.cz, www.ictrutnov.cz.

Hotel Adam, Havlíčkova 10.

Hotel Patria, Náchodská 358.

Grand Luxury Hotel, Krakonošovo náměstí 120.

Hotel Krakonoš, Barvířská 41/6.

Hostinné

Hostinné liegt an der Elbe, rund 15 Kilometer westlich von Trutnov. Gegründet vom böhmischen König Ottokar II. und schon 1270 erstmals erwähnt, gehört Hostinné, von den deutschen Siedlern Arnau genannt, zu den ältesten Orten im Riesengebirgsvorland. Im Mittelalter war die Stadt nicht nur von einer Mauer, sondern auch von einem Wassergraben umgeben. Mit ihrer starken Befestigung trotzte sie sogar den Hussiten, die Arnau 1424 belagerten, aber - anders als Trautenau - nicht erobern konnten. Erst im 18. und 19. Jahrhundert wurden die Befestigungsanlagen abgerissen.

Im 16. Jahrhundert war die Stadt vor allem durch die berühmte Glockengießerei der Familie Schrotter bekannt. Auch Arnau wechselte, wie viele Orte der Region, häufig den Besitzer. Nach einem verheerenden Stadtbrand lud Johann Christoph von Waldstein den italienischen Baumeister Carlo Valmadi ein, die Stadt wiederaufzubauen. Von dem Italiener stammt das gut erhaltene **Renaissance-Rathaus** am Markt. Sein mit Sgraffito verzierter Turm wird von zwei überlebensgroßen Kriegern dominiert, die mit Schild und Schwert bewaffnet sind. Ein Schild ist mit dem böhmischen, der andere mit dem mährischen Adler geschmückt. Zwischen beiden Figuren findet sich das Wappen der Stadt.

Im 17. Jahrhundert ließen sich Jesuiten und Franziskaner in Hostinné nieder, bauten ein Kloster, dessen Kirche nach Plänen des Prager Baumeisters Martin Reiner errichtet wurde. Schon seit 1684 findet in Hostinné bis heute an jedem ersten Augustwochenende die traditionelle Volkswallfahrt Porciunkula statt.

Wirtschaftlich lebte Hostinné von der Textil-, später vor allem von der Papierindustrie. Die erste Papierfabrik namens ›Elbmühle‹ wurde 1835 von Gustav und Wilhelm Kiessling gegründet und war im umgebauten Renaissance-Schloss ansässig. Sie blieb noch bis 1985 in Betrieb.

Der quadratische **Marktplatz** von Hostinné ist von Laubengängen umgeben. In der Mitte des Platzes erhebt sich eine Pestsäule von 1678, flankiert von Statuen der Heiligen Antonius von Padua, Franziskus Seraphicus, Johannes von Nepomuk, Sebastian und Ingnatius.

Sehenswert ist auch die **Dreifaltigkeitskirche** von 1280. Sie wurde mehrfach umgestaltet, zuletzt 1877 im neugotischen Stil. Ihre Madonnenstatue auf dem Altar stammt aus dem 15. Jahrhundert, die reich verzierte Renaissancekanzel von 1612.

Die Felsen von Adršpach

Die bizarren, haushohen Sandsteingebilde bei Adršpach (Adersbach) tragen Namen wie ›Omas Lehnstuhl‹, ›Rübezahls Zahnstocher‹ oder ›Bürgermeister und Bürgermeisterin‹. »Das Ganze sieht einem Tollhause der Natur nicht unähnlich und macht einen so sonderbaren Eindruck, dass man sich beim ersten Anblick schwerlich des lauten Auflachens erwehren kann«, schrieb 1809 der Kapellmeister und Musikschriftsteller Johann Friedrich Reichardt. Die beiden Felsenstädte von Adršpach (Adersbach) und Teplice nad Metují (Wekelsdorf) mit ihren skurrilen Felsfiguren, Schluchten, Labyrinthen und Treppen stehen seit 1933 unter Naturschutz. Sie gehören zur sogenannten Broumovská vrchovina (Braunauer Anhöhe), einer Hügellandschaft zwischen Riesengebirge und den Orlické hory (Adlergebirge).

Entstanden sind die Felsen vor Millionen von Jahren aus Sandmassen, die sich auf dem Grund eines seichten Meeres ablagerten. Der Sand verfestigte sich zum Steinblock, wurde unter Druck hochgehoben und zerbarst. Er war der Erosion durch Wasser, Sonne und Luft ausgesetzt. Bis ins 19. Jahrhundert hinein galt das Gebiet als düster-geheimnisvoll und undurchdringlich. In den feuchten Schluchten wachsen seltene Torfmoorpflanzen und die sogenannte ›Adršpašská borovice‹ (Adersbacher Kiefer). Für Schwarzstorch, Bussard, Sperber und Uhu bieten die Felstürme und zerklüfteten Wände Nistplätze. Auch Dachse haben hier ihre Heimat. Seitdem 1923

Das Renaissance-Rathaus auf dem Marktplatz in Hostinné

▲ Karte: vordere Umschlagklappe

Bergsteiger aus Dresden die Sandsteinfelsen für sich entdeckten, sind die beiden Felsenstädte, ähnlich wie die ›Sächsische Schweiz‹, zum internationalen Klettermekka geworden.

Ein Ausflug hierher ist unbedingt zu empfehlen. Vor allem Kinder kommen bei den phantastischen Felsgebilden mit den ulkigen Namen voll auf ihre Kosten. Verbinden lässt sich die Tour mit einem (Einkaufs-) Bummel durch die alte **Stadt Trutnov**. Der geschäftige Ort mit rund 30 000 Einwohnern hat einen schönen Ringplatz, auf dem ein Brunnen mit Rübezahlstatue sprudelt. Von hier ist es nur noch eine halbe Autostunde nach Adršpach. Man verlässt Trutnov auf der Landstraße 14 in Richtung Náchod und biegt nach wenigen Kilometern, im Ort Poříčí, wie ausgeschildert nach links in ein Seitental ab. Im Dorf Chvaleč zweigt wiederum nach links eine Straße ab, die über Serpentinen hinauf nach Adršpach führt. Dort türmen sich rechts schon bald die ersten hohen Felsen auf. Am Nordrand des Felsgebietes ist die Ruine der **Burg Adersbach** zu sehen. Die Burg entstand Mitte des 13. Jahrhunderts und wurde – nachdem sich Raubritter hier eingenistet hatten – 1447 zerstört. Heute sind nur noch die Grundmauern und ein Felsenkeller übrig.

Touren durch die Felsen

Am Ende von Adřspach liegt links ein großer bewachter Parkplatz. Etwas weiter unten, hinter dem Bahnübergang, befindet sich der Eingang zur Felsenstadt Adršpašské skály mit Kasse, Wanderkarten- und Souvenirverkauf. Auf der Rückseite der Eintrittskarte ist die Route mit den (tschechischen) Namen der schönsten Figuren aufgedruckt. Die Wanderung dauert zwei bis drei Stunden. Führer bieten ihre Dienste an.

Überall trifft man auf skurrile Felsformationen

Der Weg ist grün markiert und führt vorbei am ›Indianer‹, dem ›Zuckerhut‹ und vielen anderen Felsgebilden zum ›Elefantenplatz‹. Man schiebt sich durch die enge ›Felsengasse‹ und überquert die ›Teufelsbrücke‹. Dann zweigt der Weg nach rechts ab hinauf zur ›Madonna‹ und zum Kleinen Wasserfall an einer Rasthütte. Von dort steigt man nun auf der gelben Markierung aufwärts. Kurz vor einer weiteren Rasthütte rauscht links der Große Wasserfall. Dort erinnert eine Gedenktafel an Goethe, der 1790 beide Felsenstädte besucht hat. An der Rasthütte führen steile, enge Stufen hinauf zum Felsensee mit Bootsanlegestelle. Ein Fährmann stakt hier die Besucher auf einer Holzbarke auf dem kleinen, ruhigen See entlang. Am anderen Ufer steigt man aus und gelangt über einige Stufen wieder zum gelb mar-

Die Felsen sind ein Paradies für Kletterer

kierten Weg. Links geht es zur Wolfsschlucht und weiter in die Felsenstadt von Teplice nad Metují, rechts erreicht man wieder die grüne Markierung. Dort sind einige der bekanntesten Felsen zu sehen: das ›Krokodil‹, das ›Liebespaar‹, der ›Schornstein der Zuckerfabrik‹, der ›Bürgermeister‹ und ›Rübezahls Klavier‹. Bald ist der Ausgangspunkt erreicht.

Der Eingang zur Felsenstadt von Teplice nad Metují, dem Teplické skalní můsto, liegt zwischen Adršpach und Teplice am Hotel Orlik, an dem es auch einen Parkplatz gibt. Diese Felsenstadt ist noch größer und weitläufiger als die von Adršpach. Man folgt der blauen Markierung zur Ozvůna (Echo). Kurz hinter dem Nosorožek (Nashorn) führt ein kleiner steiler Pfad zur 200 Meter entfernten Raubritterburgruine Střmen mit guter Aussicht über die Felsenstadt, die Broumovská vrchovina (Braunauer Anhöhe) und bis zur Schneekoppe. Einige der bekanntesten Gebilde hier sind die ›Lebkuchenfrau‹, das ›Fleischerbeil‹, der ›knieende Mönch‹, ›Rübezahls Zahnstocher‹ und der ›Igel auf dem Frosch‹. Vom Annatal führen Stufen in die ›Unterwelt‹, eine tiefe, lange, kalte Schlucht, auch ›Sibirien‹ genannt. Dort liegt manchmal noch im Juni Schnee. Von hier führt die blaue Markierung zurück zum Parkplatz am Hotel Orlik. Vier Stunden sollten für die Tour eingeplant werden.

Beide Felsenstädte lassen sich an einem Tag besichtigen. Man kann sie auch vom Flugzeug aus bewundern: In der nahegelegenen Kleinstadt **Broumov**, die mit ihrem Kloster und den schönen Barockhäusern am Markt selbst einen Besuch wert ist, gibt es einen Flugplatz. Von dort startet ein Doppeldecker zu Rundflügen.

Für den Besuch der beiden Felsenstädte empfehlen sich nicht die Sonn- oder Feiertage, dann ist – jedenfalls bei schönem Wetter – der Andrang an Parkplatz, Imbissständen und Kasse beträchtlich. Wer es sich leisten kann, sollte mehr als einen Tag Zeit mitbringen und eine Übernachtung einlegen.

Adršpach und Umgebung

Informationsbüro, Horní Adršpach 128, 54952 Teplice nad Metuji, Tel. 00420/491586012, info@skalyadrspach.cz, www.skalyadrspach.cz.

Hotel Javor, Dolni Adršpach 10, 54957 Teplice nad Metuji, Tel. 00420/491586187, www.hotel-adrspach.cz. Geschmackvoll eingerichtete Zimmer, Restaurant mit offener Küche, kinderfreundlich.

U Kozaru, Dolní Adršpach 81, 54957 Teplice nad Metuji, Tel. 00420/491586027, 00420/728123200 (mobil), ubytovanikozarovi@seznam.cz, www.penzionkozarovi.cz. Lucie Kozárová vermietet Privatzimmer mit Kochecke, Kühlschrank und Grill im

▲ Karte: vordere Umschlagklappe

Garten. Übernachtung ab 360 Kronen p.P., Frühstück 90 Kronen.

Hotel Lesní Zátiší, Věra Vrzalová, 54951 Dolní Adršpach Tel. 00420/491586202, mobil 00420/777172786, lesni.zatisi@email.cz, www.hotellesnizatisi.cz. Am Eingang zur Felsenstadt. Restaurant.

Penzion Adršpach, 54951 Dolní Adršpach 130, Tel. 00420/491586011, mobil 00420/603908571, www.penzionadrspach.cz. Übernachtung mit Frühstück ab 480 Kronen. Auch Bungalows.

Campingplatz Bučnice, Gabriela Blahnová, Dolní Adršpach 104, 54957 Teplice nad Metují, Tel. 00420/602811609, info@autokempbucnice.cz, www.autokempbucnice.cz. Zwischen Adršpach und Teplice, hier kann man auch Holzhütten mieten.

Felsenstadt, Sommer tgl. 8–18 Uhr, Winter tgl. 8.30–16 Uhr, Kahnfahrt auf dem See von Mai bis Oktober tgl. 9–17 Uhr.

Das Isergebirge

Das Isergebirge – tschechisch Jizerské hory, polnisch Góry Izerskie – bildet den westlichsten Teil der Sudeten und ist von Deutschland noch schneller zu erreichen als das Riesengebirge. Es setzt dieses in westlicher Richtung fort, und wie das Riesengebirge zerfällt es in einen größeren tschechischen und einen kleineren polnischen Teil. Die Grenze wird aber nicht von dem Kamm, sondern zu einem großen Teil von dem Flüsschen Iser (Jizera) gebildet. Die höchsten Berge sind nur reichlich 1100 Meter hoch. Der wohl bekannteste Gipfel ist der nahe der tschechisch-polnischen Grenze gelegene Smrk (Tafelfichte, 1124 Meter), an dessen Fuß die Iser entspringt. Vom Smrk zieht sich der Wysoki Grzbiet (Hoher Iserkamm) auf der polnischen Seite bis zur Wysoka Kopa (Hinterberg), dem mit 1126 Metern höchsten Berg im Isergebirge. Die vorherrschende Gesteinsart ist Granit. Mit seinen reichen Niederschlägen ist das Gebirge so etwas wie ein Wasserspeicher. Das Wasser sammelt sich in den hochgelegenen Torfmooren, die es wie ein Schwamm aufsaugen und auf denen viele kleine Rinnsale entspringen. Die Bäche fließen zur Iser oder zur Lausitzer Neiße. Da die Iser in die Elbe und die Neiße in die Oder mündet, ist das Isergebirge eine Wasserscheide zwischen Nord- und Ostsee.

Wegen seiner etwas weniger spektakulären Landschaft ist das dünnbesiedelte Isergebirge touristisch nicht so erschlossen und besucht wie das Riesengebirge. Hier kann man stundenlang wandern, Mountainbike fahren oder skilaufen, ohne vielen Menschen zu begegnen, wird aber – vor allem im polnischen Teil – auch nicht alle paar Kilometer auf eine gastliche Baude treffen.

Hervorragende Bedingungen findet man für ungestörte Skilanglauftouren. Denn das Klima ist hier so rauh, dass der Schnee meistens bis in den April hinein liegen bleibt. Im Durchschnitt hält sich die Schneedecke 110 Tage im Jahr. Im südlichen Zipfel des polnischen Isergebirges findet jeweils am ersten Märzsonnabend der berühmte ›Piasten‹-Massenskilanglauf statt. Auch Im tschechischen

Jizerka ist einer der schönsten Orte im Isergebirge

Teil gibt es mit dem ›Jizerská Padesátka‹ (Iser-Fünfzig) einen traditionsreichen Volkslanglauf über 50 Kilometer.

Lohnenswerte Reise- und Ausflugsziele im Isergebirge sind der polnische Kurort Świeradów Zdrój (Bad Flinsberg), die einstige Edelsteinsucher- und Glasmachersiedlung Jizerka (Klein Iser), der höchstgelegene Ort im Isergebirge, der 1012 Meter hohe Jeschken – der Hausberg von Liberec (Reichenberg) mit seiner prächtigen Rundsicht – und Jablonec (Gablonz), das alte Zentrum der nordböhmischen Glasschmuckherstellung.

Świeradów Zdrój

Das bedeutendste Fremdenverkehrszentrum im Isergebirge und das Tor zum polnischen Teil ist der niederschlesische Kurort Świeradów Zdrój (Bad Flinsberg) im Tal des Flusses Kwisa (Queis). Das Dorf am Osthang des 1107 Meter hohen Heufuders (Stóg Izerski), des Nachbargipfels der Tafelfichte, wurde im Jahr 1337 erstmals erwähnt. Der Name soll auf den heidnischen Gott Flins zurückgehen. Ihn verehrten die Milzener, ein slawischer Stamm, der sich im frühen Mittelalter vor den christlichen Missionaren ins unwegsame Isergebirge geflüchtet hatte – und hier offenbar einen neuen heidnischen Kultplatz fand. Flins' Thron soll auf dem Geierstein (heute Sępia Góra) gestanden haben.

Sprudelndes Heilwasser und ein mildes Klima machten Flinsberg berühmt. Schon 1572 hatte der schlesische Arzt Leonhard Thurneysser die Heilquellen beschrieben. Auch der schlesische Reformator Kaspar von Schwenckfeld und der Chronist Friedrich Lucae machten auf diese Quelle aufmerksam. Nach der Veröffentlichung einer Denkschrift durch den Wigandsthaler Arzt Dr. Weist im Jahr 1738 begann hier der Kurbetrieb, 1763 wurde Flinsberg zum Kur- und Badeort. Reichsgraf Johann von Schaffgotsch berief 1793 eine Kommission, die die Heilwirkung der Flinsberger Quellen wissenschaftlich untersuchte. Sie kam zu dem Ergebnis, dass das Wasser » ... appetitanregend ist, den Brechreiz hemmt, Angstzustände, Magen- und Leberkrankheiten mildert.« Schaffgotsch ließ ein Kurhaus bauen, die ersten Logierhäuser entstanden. Und auch die Einheimischen, die bis dahin vorwiegend vom Holzeinschlag in den Wäldern des Isergebirges gelebt hatten, begannen die anreisenden Badegäste zu

Alte Villen sind saniert und werden als schmucke Hotels betrieben

▲ Karte: vordere Umschlagklappe

beherbergen. 1811 wurde eine zweite Heilquelle entdeckt, die ab 1824 auch für den Badebetrieb genutzt wurde. In den Folgejahren wurden weitere Badehäuser gebaut wie das Leopoldsbad (1838), das Ludwigsbad (1879) und das Marienbad. Ende des 19. Jahrhunderts wurden die Fichtenrindenbäder - eine Flinsberger Spezialität - durch Moorbäder ergänzt. 1895 zerstörte ein verheerender Brand einen großen Teil der Kuranlagen. Doch schon vier Jahre später konnte das neue prachtvolle Kurhaus mit seiner 80 Meter langen Wandelhalle aus Holz feierlich eingeweiht werden. Es überragt bis heute den Ort.

Die direkte Bahnverbindung nach Berlin, die 1909 ihren Betrieb aufnahm, ließ die Zahl der Kurgäste stark ansteigen und trug zum weiteren Aufblühen des Kurortes bei. Gern wanderten die Besucher jetzt auch ins Isergebirge und besuchten die neue Baude unterhalb des 1108 Meter hohen Heufuders (Stóg Izerski), die im Oktober 1924 nach zweijähriger Bauzeit eröffnet worden war. Die von der Familie Kober bewirtschaftete Heufuderbaude wurde schnell zu einem der beliebtesten Ausflugsziele der Flinsberger und ihrer Badegäste.

Man stellte 1933 fest, dass die Quellen am Hang des Heufuders radonhaltig sind. Ein Jahr später wurde ein neues Radiumbad eingeweiht. Nach 1945 erhielt Flinsberg zunächst den Namen Wieniec Zdroj, seit 1946 heißt der Ort Swieradów Zdroj (zdroj ist das polnische Wort für Quelle). Seit 1970 hat der Kurort Stadtrecht. Das zwei Kilometer entfernte Czerniawa Zdrój (Bad Schwarzbach) dicht an der tschechischen Grenze und ursprünglich ein Zufluchtsort böhmisch-protestantischer Religionsflüchtlinge, besitzt ebenfalls Heilquellen und ist seit 1974 zu Świeradów Zdrój eingemeindet. Ein polnisch-tschechischer Grenzübergang - der einzige im Isergebirge - führt ins nahe tschechische Nové Město pod Smrkem (Neustadt an der Tafelfichte).

Nach dem Zusammenbruch des Kommunismus hat es einige Jahre gedauert, bis die deutschen Kurgäste Świeradów Zdrój (wieder) entdeckten. Anfangs waren es nur ein paar Neugierige, doch schnell sprach sich herum, was hier geboten wird. Heute erlebt der Kurort eine neue Blütezeit. Alte Villen wurden renoviert und zu schönen Gästehäusern umfunktioniert. Neue komfortable Hotels mit angeschlossenem Kurbetrieb und modernsten Behandlungsmethoden sind entstanden und wetteifern um die Gunst der Gäste. Besucher flanieren durch den gepflegten **Kurpark**, trinken Mineralwasser in der alten Wandelhalle des **Kurhauses** und anschließend vielleicht einen Cappuccino oder Tee im Galerie-Café.

Wintersport- und Wandermöglichkeiten

Auch für Wintersportler, Mountainbiker und Wanderer ist hier viel getan worden. Im Winter 2008/09 wurde die neue Kabinenseilbahn hinauf zum Heufuder eingeweiht. Die achtsitzigen Gondeln der österreichischen Firma Doppelmayr überwinden einen Höhenunterschied von 440 Metern und können pro Stunde rund 2500 Personen auf den Gipfel befördern. Die Gondelbahn ist das ganze Jahr über in Betrieb. Daneben hat man eine 2,5 Kilometer lange Skipiste angelegt. 20 Schneekanonen sorgen für ausreichend Schnee, 68 Beleuchtungsmasten für genügend Licht auch am Abend. An der Talstation der Seilbahn warten ein Ausrüstungsverleih und eine Skischule auf Kundschaft. Auch ein Geldautomat ist vorhanden.

Wanderungen um Świeradów Zdrój

Von Swieradów Zdrój gelangt man mit der neuen Kabinenseilbahn oder zu Fuß auf den Stóg Izerski (Heufuder). Weitere reizvolle Wanderziele sind die sagenumwobene Abendburg und die Große Iserwiese mit der einsam gelegenen Berghütte Chatka Gorzystow.

Von Świeradów Zdrój zum Stóg Izerski

Das beliebteste Wanderziel von Świeradów Zdrój aus ist der Stóg Izerski (Heufuder, 1107 Meter), ein Aussichtsberg mit einer Baude unterhalb des Gipfels. Man erreicht ihn auf der roten Markierung. Von hier kann man auf dem grün markierten Weg über Czerniawa Zdrój nach Świeradów Zdrój zurücklaufen. Oder man entscheidet sich dafür, auf der roten Markierung zu bleiben und auf dem Hohen Iserkamm nach Szklarska Poręba zu wandern. Hierzu braucht man etwas Ausdauer und genügend Proviant im Rucksack, da auf der rund 20 Kilometer langen Strecke keine Einkehrmöglichkeit existiert. Man überquert dabei die Wysoka Kopa, den höchsten Gipfel des Isergebirges, und kommt am sagenumwobenen Wieczorny Zamek (Abendburg, 1047 Meter) vorbei.

Wo sich jetzt graue Felsmassen auftürmen, stand einst das prachtvolle Schloss eines heidnischen Fürsten. Sein Schatz, weiß die Sage, liegt noch heute in drei unterirdischen Kammern verborgen. In der Johannisnacht kann man manchmal zwischen elf und zwölf Uhr die Abendburg in ihrer alten glanzvollen Schönheit aufleuchten sehen. Ein Zwerg öffnet das Burgtor. Wer von ihm eingelassen wird, darf in die drei Schatzkammern hineingehen und soviel von den aufgehäuften Schätzen greifen, wie er tragen kann. Um Mitternacht aber muss er die Kammern verlassen haben, sonst bleibt er darin gefangen.

Die Berghütte Chatka Górzystów

▲ Karte: vordere Umschlagklappe

Über die Izerska Hala zum Wieczorny Zamek

Auch in dem Walenbüchlein des Schatzsuchers Hans Man von Regensburg spielte die Wieczorny Zamek (Abendburg) eine Rolle. Man gelangt von Świeradów Zdrój aus auch auf dem blau markierten Weg zu ihr. Dabei kommt man zuerst zur Izerska Hala (Große Iserwiese) mit ihren Moor- und Sumpfflächen. Hier war die entlegene Siedlung Groß Iser. Bis 1945 gab es hier drei Gasthöfe, eine Jugendherberge und eine Schule. Nach dem Einmarsch der Roten Armee wurde das Dorf zerstört, seine Bewohner vertrieben. Nur die Schule blieb erhalten, sie diente als Grenzstation im Sperrgebiet. Heute beherbergt sie die polnische Berghütte ›Chatka Górzystów‹, die zu einem beliebten Anlaufpunkt mit Übernachtung (wie einst das ›Misthaus‹ in Klein Iser) geworden ist.

»Bis an den Weg heran zieht sich hier und dort das Moorgelände. Und waldwärts träumt es in düsterem Schweigen. Schwarzgrüne Flecke üppiger Knieholzbüsche beleben die fahlfarbene Weite. Wie kraftstrotzende, verschlungene Schlangenleiber recken sich ihre Verästelungen aus der Moortiefe auf und winden sich über dem Boden hin. Vereinzelt blinkt ein düsterbrauner Moorpfuhl im Sumpfgelände. Und gelbliche, rotbraune, weißgraue und schwarzbraune Moorpolster bilden die trügerischen Hübel und Gänge zwischen Tümpeln und Buschgewirr. Sonst sprießen noch allenthalben magere, saure Gräser und Binsen oder die Kräuter der roten Moos- und blauen Tränkelbeere ...« (Wilhelm Müller-Rüdersdorf, Hochmoorwelt).

Świeradów Zdrój

Vorwahl: 0048/(0)75.
PLZ: 59-850.
Städtisches Fremdenverkehrsamt, ul. 11 Listopada 35, Tel. 7816489, it@swieradowzdroj.pl, www.swieradowzdroj.pl.
Kurhaus (›Dom Zdrojowy‹), ul. Zdrojowa 1, Tel. 7820569, marketing@uzdrowisko-swieradow.pl, www.uzdrowisko-swieradow.pl. Auskünfte über Kurbehandlungen.

Hotel & Medi SPA Biały Kamień (Weißer Stein), ul. Leśna 8, Tel. 7817551, info@bialykamien.com, www.weisserstein.eu. Komfortzimmer mit Bergblick, Wellnesszentrum mit vielen physiotherapeutischen und kosmetischen Behandlungen. DZ mit Frühstück ab 81 Euro.
Hotel Kwisa, ul. Zdrojowa 8, Tel. 7816231, biuro@kwisa.com, www.kwisa.com. An der Hauptstraße. 19 Zimmer, einige mit Veranda, Schwimmbad, Restaurant.
Hotel Narczyz, ul. Sienkiewicza 14, Tel. 7816027, narcyz@narcyz.pl, www.narcyz.pl, im Kurzentrum gelegen. 81 Betten, alle mit Bad, WC, Sat-TV und Telefon, viele auch mit Balkon oder Veranda. Mit Schwimmbad.
Park-Hotel SPA, Familie Buczyński, ul. Orzeskowej 2, Tel. 781629, parkhotel@parkhotel.pl, www.parkhotel.pl. 1905 erbaut, 77 Nichtraucherzimmer, 5 Suiten, Sauna, Schwimmhalle und Restaurant. Pro Person im DZ mit Halbpension ab 82 Euro.
Hotel Malachit, ul.Kościuszki 1, Tel. 7816732, malachit@interferie.pl, www.interferie.pl/malachit. 2 km außerhalb. Großes Hotel, Schwimmbad unterm Dach, Sauna, Tennisplatz und Turnhalle.
Hotel Berliner, ul. Piłsudskiego 8, Tel. 7816260, berliner@berliner.pl, www.berliner.pl. Kurhotel mit 100-jähriger Tradition, 50 Zimmer, Schwimmbad, Restaurant. Nichtraucherhaus.
Pension Averon, ul. Zrodlana 3a, Tel. 7817405, info@averon.net, www.averon.net, am Hang mit Blick über die Stadt. 16 Betten in fünf Zimmern mit Bad, WC, Sat-TV und Balkon. Viele Kurbehandlungen finden im Haus statt. Restaurant mit Aussichtsterrasse, Garten, Lagerfeuer- und Grillplatz.
Restaurant U Bożeny, in der Hauptstraße gegenüber dem Hotel Kwisa. Polnische und internationale Küche.

Heimatstube, 11-go Listopada 35 (schräg gegenüber vom Friedhof), 3. Etage, Ausstellung zur Geschichte des Kurortes.

Tom-Sport, Tomasz Mitkiewicz, ul. Dabrowskiego 2, Tel. 0048/607766412, tomek@tom-sport.pl, www.tom-sport.pl. Fahrradverleih, Skiverleih, Skischule.

Jablonec nad Nisou

Das Tor zum tschechischen Teil des Isergebirges und zugleich sein Verwaltungszentrum ist die rund 45 000 Einwohner zählende Stadt Jablonec nad Nisou (Gablonz an der Neiße). Sie liegt an der Quelle der Neiße, die im Stadtwappen als kleiner Bach dargestellt ist, der unter einem Apfelbaum entspringt.

Weltbekannt wurde Jablonec durch die hier ansässige Schmuck- und Glasindustrie. Die ›Gablonzer Bijouterie‹ machte den Ort zu einer der blühendsten und wohlhabendsten Städte in Nordböhmen. Im Jahr 1356 erstmals urkundlich erwähnt, fristete die Siedlung jedoch zunächst jahrhundertelang ein Schattendasein, während des Dreißigjährigen Krieges wurde sie niedergebrannt. Erst das Glas aus dem nahen Isergebirge und seine geschickte, kunstfertige Verarbeitung brachten den Bewohnern wirtschaftlichen Aufschwung und somit auch Wohlstand. Seit dem Ende des 17. Jahrhunderts ging es mit der Glasindustrie bergauf.

Im Jahr 1808 wurde das Dorf Gablonz vom Kaiser zur Marktgemeinde erhoben und bekam damit das Recht zugesprochen, Jahrmärkte abzuhalten. Ein paar Jahrzehnte später lieferte man die ›Gablonzer Ware‹ schon ins Ausland, erst in die Nachbarländer, bald auch nach Übersee und in die ganze Welt. Beim florierenden Handel halfen neue Verkehrsverbindungen wie die ›Riesengebirgsstraße‹ Reichenberg–Gablonz–Trautenau, die Ende der 1840er Jahre gebaut wurde, und die Eisenbahn nach Reichenberg. Am 28. März 1866 erhob Kaiser Franz Joseph I. den aufstrebenden Marktflecken zur Stadt.

Der wirtschaftliche Aufstieg setzte sich rasch fort und manifestierte sich in stattlichen neuen Gebäuden, die noch heute

Neues Rathaus: Der funktionalistische Stahlskelettbau wurde 1932 eingeweiht

vom früheren Wohlstand zeugen. Sehenswert sind zum Beispiel einige **Jugendstilbauten** und prächtige Villen in der Podhorská ulice (Gebirgsstraße, Teil der Riesengebirgsstraße) und in der 28. října (Josef-Pfeifer-Straße). In der Zeit um 1930 entstanden moderne funktionalistische Gebäude wie die **Villa Schmelowsky**, die **Villa Hásek**, die **Villa Kantor** und die katholische **Herz-Jesu-Kirche** auf der Bastei, ein nüchterner Bau mit klaren Formen, der am 24. April 1932 geweiht wurde. Besonderes Aufsehen erregte das **Neue Rathaus** auf dem Friedensplatz mit seinem 51 Meter hohen Turm, ein Werk des Reichenberger Architekten Karl Winter, das im Oktober 1932 nach nur 20 Monaten Bauzeit fertiggestellt wurde. Das wohlhabende Gablonz war damals Teil der architektonischen Moderne und huldigte dem Zeitgeist der neuen Sachlichkeit.

Als nach dem Zweiten Weltkrieg die deutschen Gablonzer, mehr als 80 Prozent der Einwohnerschaft, ihre Stadt verlassen mussten, änderte sich der Charakter des Ortes rasch. Die Vertriebenen gründeten den Ort Neu-Gablonz bei

▲ Karte: vordere Umschlagklappe

Kaufbeuren, wo viele von ihnen in den nächsten Jahrzehnten eine neue Heimat fanden. Sie hatten ihr Know-How und ihre Erfahrungen mit der Glaskunst mit nach Bayern genommen und bauten neue erfolgreiche Glaswerkstätten auf. Erst Billigprodukte aus asiatischen Niedriglohnländern haben ihnen in letzter Zeit das Leben schwerer gemacht. Manche von ihnen fahren – obwohl in die Jahre gekommen – jetzt sogar regelmäßig wieder in ihre alte Heimat. Und das lohnt sich. Denn Jablonec blüht immer mehr auf und macht sich, auch mit EU-Mitteln, fit für die Zukunft. Viele Fassaden und Gebäude, vor allem in der historischen Stadtmitte, wurden saniert, Parks und Plätze mit Blumen und Springbrunnen einladend gestaltet. Asphalt hat man durch Pflaster ersetzt, neue Fußgängerzonen sind entstanden.

Das alte **Stadttheater** von 1907 ist nach zweijähriger Rekonstruktion neu eröffnet worden; das interessante **Museum für Glas und Bijouterie**, in dem es für Besucher viel zu sehen gibt, wurde komplett saniert. Aber auch die **Sportmöglichkeiten** machen die Stadt zum lohnenden Reiseziel. Es gibt Bademöglichkeiten am Stausee, Tennisplätze und Tennishallen in Proseč (Proschwitz) und Břízky (Birkenwäldchen), ein Hallenbad, eine Halle zum Schlittschuhlaufen und Reitschulen in Rýnovice (Reinowitz). Und in nur 20 Bus- oder Autominuten ist man im Isergebirge!

Jablonec nad Nisou

PLZ: 46601.

Informationszentrum der Stadt Jablonec n. Nisou, Kostelni 1/6, Tel. 00420/483356201, info@jablonec.com, www.jablonec.com, Mo–Fr 9–17, Sa 10–13 Uhr.

Hotel Merkur, Anenské náměstí 8, Tel. 00420/483312741, recepce@hotelmerkur.cz, www.hotelmerkur.cz. Nahe der Fußgängerzone, Internet, Euro und Kreditkarten werden akzeptiert, DZ/Frühstück ab 1300 Kronen.

Pension Lesovna (›Jägerhaus‹), Jana a Vladimir Volechovi, Novoveska 50a, Tel. 00420/483314582, lesovna@atlas.cz, www.penzionlesovna.cz. Ruhig gelegen, 20 Fußminuten vom Stadtzentrum, mit Sauna und Fitnessraum.

Cafe Bar Modrá Zahrada, Lidicka 12, Tel. 00420/770659483, Mo–Fr 8–24 Uhr, Sa/So 16–24 Uhr. Viele junge Gäste, Sommergarten.

Museum für Glas und Bijouterie, U Muzea 398/4, Tel. 00420/483369011, mobil 00420/778527123, info@msb-jablonec.cz, www.msb-jablonec.cz, Di–So 9–17 Uhr. Sammlungen mit Glas, Bijouterie, Münzen, Medaillen und Plaketten, Dauerausstellungen ›Die Zauberwelt der Bijouterie‹ und ›Der Zaubergarten – Böhmisches Glas aus sieben Jahrhunderten‹. Eintritt 80 Kronen.

Stadttheater, Liberecka 5/1900, Tel. 00420/483310064, divadlo@divadlojablonec.cz, www.divadlojablonec.cz.

Schwimmbad Jablonec n. Nisou, Sv. Cecha 4204/80, Tel. 00420/483319328, kancelar@bazenjbc.cz, www.bazenjbc.cz. 25-Meter-Becken mit acht Bahnen, Kinderbecken, Whirlpool, Wildwasser, Riesenrutsche.

Jizerka

Ähnliche Stimmungen wie auf der Izerska Hala kann man auch im tschechischen Teil des Isergebirges erleben, zum Beispiel in Jizerka (Klein Iser) am gleichnamigen Bach. Italienische Schatzsucher, die Halbedelsteine suchten – und auch fanden –, gründeten die Siedlung im 16. Jahrhundert. Noch im 19. Jahrhundert wurden schwarze Iserine aus der Kleinen Iser gewaschen und als Trauerschmuck nach Berlin und Dresden verkauft, für ein Goldstück und dreißig Kreuzer das Pfund. Bis heute mündet in der Nähe des Dorfes der Safirový potok, der Saphirbach, in die Kleine Iser, aus dem nicht nur Saphire, sondern auch Turmaline und Amethyste gezogen wurden. Hier soll Böhmens schönster Saphir gefunden worden sein, der heute in der Mineraliensammlung des Prager Nationalmuseums glänzt. Auch Vogelfänger haben hier gelebt.

Die kleine Gemeinde ist die höchstgelegene und kälteste Nordböhmens. Sie erstreckt sich unterhalb des Bukovec, einem 1005 Meter hohen Basaltkegel, in dem – was sonst – ein Schatz verborgen sein soll. Wer mit dem Auto auf der Landstraße 10 (E 65) aus Richtung Tanvald kommt, muss in Desná links Richtung Horní Polubný (Ober-Polaun) abbiegen. Aus Richtung Harrachov kommend, nimmt man die Abzweigung rechts nach Korcenov (Wurzelsdorf), auf der man ebenfalls hinauf nach Horní Polubný gelangt. In der Mitte des Ortes, am Hotel Sport, weist ein Schild den Weg nach Jizerka. Eine asphaltierte Straße führt durch den Wald zum Parkplatz am Ortseingang, der von zwei bescheidenen Gasthäusern flankiert wird. Die Weiterfahrt ist nur den Bewohnern des Dorfes und ihren Gästen gestattet. Nur einige Schritte weiter genießt man den wunderschönen Blick auf die wenigen, verstreut auf der Hochebene liegenden Häuser. Im 19. Jahrhundert, als hier zwei Glashütten in Betrieb waren, wohnten rund 400 Menschen in Klein Iser. Nach der Schließung der Fabriken versank der Ort für Jahrzehnte im Dornröschenschlaf. Bis zum Ende des vorigen Jahrhunderts wirkte Jizerka wie ein verwunschenes Geisterdorf. Nur wenige Leute lebten ständig hier.

Wer die fast mystische Ruhe dieser Zeit erlebt hat, mag sie heute vielleicht manchmal vermissen. Denn längst hat sich Jizerka zu einem idyllischen kleinen Feriendorf mit vielen Unterkünften entwickelt. Ruhig und gemütlich geht es hier freilich immer noch zu. In den Sommermonaten bietet der autofreie Ort gute Möglichkeiten für Radler und Wanderer, im Winter tummeln sich auf der schneesicheren Hochebene die Skilangläufer. Eine der gespurten Loipen führt direkt an der alten Dorfschule vorbei, in der heute das **Heimatmuseum** sein Domizil hat. Dass Jizerka so viel Anziehungskraft gewonnen hat, ist auch das Verdienst von Ondrej Duda und seiner Frau Renata, die Jizerka schon seit vielen Jahren kennen und lieben. Die beiden haben den alten **Gasthof Pyramide** in der Ortsmitte und das wenige Schritte entfernte **Herrenhaus** übernommen, gründlich saniert und mit viel Holz im alten Stil liebevoll und individuell eingerichtet. Die Holz-Doppelfenster besitzen sogar wieder die kleinen Lüftungsklappen, wie sie in den alten Häusern üblich waren. Die ›Pyramide‹ hat ihren Namen von der Steinpyramide, die 1815 zu Ehren des Grafen Wilhelm Clam Gallas errichtet wurde und bis heute hier steht. Das ›Herrenhaus‹ (Panský dum) war der

▲ Karte: vordere Umschlagklappe

Wohnsitz des einstigen Glasfabrikanten Riedel. Beide Häuser haben zusammen mehr als 30 stilvolle Zimmer, einige davon mit Schreibtisch und Internetzugang, und jeweils eine Sauna. Im ›Herrenhaus‹ gibt es außerdem Whirlpool, Fahrrad-, Ski- und Trockenraum. Fahrräder, Nordic Walking-Stöcke, Skier und Schneeschuhe können ausgeliehen werden. Mit der hauseigenen Loipenmaschine werden im Winter die Loipen gespurt. Die Halle der ehemaligen Glasfabrik wird zur Sporthalle umgebaut. Im Winter kämen die meisten seiner Gäste aus Deutschland, berichtet Herr Duda, im Sommer seien die Tschechen in der Mehrheit.

Das alten Klein Iser-Fahrern noch gut bekannte ›Misthaus‹, eines der letzten Häuser des Dorfes, ist inzwischen leider geschlossen. Kurz vor dem ›Misthaus‹ zweigt ein rot markierter Weg – der Lasičí cesta (Wieselweg) – auf einer Asphaltstraße in Richtung Iser und polnische Grenze ab. Für Wanderer, Radler und Skifahrer gibt es einen Grenzübergang. Auf der Anhöhe geht es nach links auf den Střední Jizerský hřeben (Mittlerer Iserkamm). Man überquert dessen höchsten Punkt, den Jelení stráň (Hirschhang, 1018 Meter), und erreicht die Pýtlacké kameny (Raubschützfelsen). Der Name verweist auf den einstigen Beruf der Bewohner. Auch **Hennrichs Kreuz**, heute Hennrichův kříž, ein Stück weiter unten steht damit in Zusammenhang: Hennrich war im Krieg von 1813 gegen Napoleon ein Deserteur, der sich hier eine Hütte gebaut hatte und vom Wildern lebte. Die Förster hassten ihn vor allem, weil er aus seiner Beute immer nur das beste Stück herausschnitt und den Rest im Wald verfaulen ließ. Hennrich jagte auch seine Feinde: Eines Tages zielte er durchs offene Fenster auf einen Förster. Doch dessen schwangere Frau stellte sich vor ihren Mann. Der Wilddieb ließ die Flinte sinken und verschwand. Einige Zeit später ging der Förster mit seinem einarmigen Kollegen Hub, der seine rechte Hand bei einer Schießerei mit Wilderern verloren hatte, zu dessen einsamer Försterei. Am Querwasser (heute Příčná voda) trafen sie auf Hennrich. Aus Hubs Flinte krachte ein Schuß, der ›unverwundbare‹ Hennrich verschwand. Ein paar Tage später fand man den toten Wilderer hundert Meter weiter und begrub ihn. Das Gewehr des Revierförsters Hub, das für das einarmige Schießen extra hergerichtet war, ist noch heute im Museum von Liberec (Reichenberg) zu sehen. An Hennrich erinnert das Kreuz. Solche Gedenkkreuze, -steine, -tafeln und -bilder, die an tragische Unfälle, Mordtaten und Selbstmorde erinnern, findet man im böhmischen Isergebirge häufig.

i Jizerka

Hotel Pansky Dům (Herrenhaus), Ondrej und Renata Dudovi, Jizerka 20, 46850 Polubný, Tel. 00420/483384985, mobil 00420/602112580, jizerka@dudovi.cz, www.dudovi.cz. Stilvoll eingerichtete Zimmer, Sauna, Fahrrad- und Skiverleih, Nichtraucherhaus, im Winter nur mit Halbpension buchbar.

Gasthof Pyramida. Nur wenige Meter vom Hotel Pansky Dům entfernt. Gleiche Betreiber und Kontaktdaten. 17 Zimmer.

Museum des Isergebirges, Mai–Okt. Sa/So 9–16 Uhr. Das Museum befindet sich in der alten Schule des Dorfes.

EXTRA

Das Misthaus

Jahrzehntelang war es eines der bekanntesten Reiseziele im Isergebirge: das Misthaus (tschech. Hnojový Dum) in Klein Iser (Jizerka). Seine Berühmtheit verdankte es seinem Besitzer, dem Bergsteiger, Höhlenforscher, Naturfotografen, Weltenbummler und Lebenskünstler Gustav Ginzel. Geboren wurde Ginzel 1932 in Reichenberg (Liberec) als Sohn einer sudetendeutschen Familie. Weil sein Vater Spezialist für Textilmaschinen war, konnten die Ginzels nach dem Zweiten Weltkrieg in der Tschechoslowakei bleiben. Ein Studium blieb dem naturwissenschaftlich interessierten Gustav jedoch verwehrt, er bildete sich autodidaktisch weiter. Seit den 1960er Jahren nahm er an Forschungsexpeditionen teil, die ihn unter anderem nach Sibirien, in die Anden und die Sahara führten. Schon damals engagierte er sich für den Umweltschutz und wies auf das durch die Schwefelgase der nahegelegenen Braunkohlekraftwerke verursachte verheerende Waldsterben im Isergebirge hin. 1963 kaufte er für 345 tschechische Kronen (heute rund elf Euro) in Jizerka ein zum Abbruch vorgesehenes Isergebirgshaus. Vorher hatte man Kuhmist darin gelagert, sein neuer Besitzer nannte es deshalb das ›Misthaus‹. Gustav leitete einen Gebirgsbach durch das urige, aus dem 18. Jahrhundert stammende Holzhaus, mistete es aus und machte es zur ›schönsten Rumpelkammer der Welt‹. Bis unters Dach war das Misthaus vollgestopft mit Kuriositäten, alten Büchern und Mitbringseln von Nepal bis Argentinien. Dazwischen spazierten Katze Margot und Kater Erich herum (ein respektloser Hinweis auf das damalige DDR-Herrscherpaar Margot und Erich Honecker). Besonders unter sächsischen und tschechischen Wanderern, Bergsteigern und Regimekritikern wurde das Misthaus schnell zum Geheimtipp. Gustavs kauziger Humor war legendär. Besucher waren jederzeit willkommen, nächtigten kostenlos (man brachte kleine Geschenke mit), mussten aber auf zivilisatorischen Komfort verzichten. Nach dem Fall der Mauer ging die Gästezahl zurück. Dann kam die Katastrophe: In der Nacht zum 24. August 1995 – Gustav war gerade in Australien – brannte das Holzhaus unter ungeklärten Umständen vollständig ab. Doch der Lebenskünstler und seine Freunde ließen sich nicht entmutigen. Schon im Januar 1996 fand in Dresden eine Benefizveranstaltung für den Wiederaufbau des Misthauses statt, an der sich auch der Bergsteiger Reinhold Messner beteiligte. Mit tatkräftiger Unterstützung gelang es Gustav, sein Misthaus im alten Stil wiederzuerrichten. Doch im Jahr 2000 erkrankte er und zog zu seiner Schwester nach Kempten im Allgäu. Das Misthaus wurde von seinem Bruder Wolfgang Ginzel verwaltet, der aber schon im Frühjahr 2004 starb. Seitdem steht das Haus leer. Sein Schöpfer starb im November 2008 in Kempten und fand seine letzte Ruhestätte auf dem Friedhof des Liberecer Stadtteils Rudolfov.

Das legendäre ›Misthaus‹

Frýdlant und Umgebung

Leidenschaftliche Autofahrer tun sich im Isergebirge schwer. Der Verkehr ist stark eingeschränkt, die einzige, quer durchs Gebirge führende Straße von Frýdlant (Friedland) nach Desná ist ab dem Ausflugslokal Smůdava (Wittighaus) gesperrt. Als Grund wird der Schutz der Trinkwassertalsperre Souš genannt. Wer solchen Schwierigkeiten elegant aus dem Weg gehen will, sollte mit der Bahn ins Isergebirge fahren. Man steigt in Zittau in den Zug nach Liberec und dort in den Triebwagen Richtung Tanvald. Die Quartiergeber holen ihre Gäste samt Gepäck vom Bahnhof ab.

Man kann aber auch mit dem Auto von verschiedenen Seiten ein Stück ins Isergebirge hineinfahren. Wer aus Deutschland kommt, wird meist die Grenzübergänge Zittau oder Görlitz benutzen. Ab Görlitz (Zgorzelec) fährt man zunächst ein Stück durch Polen und erreicht am Grenzübergang Zawidów-Habartice tschechischen Boden. Nach einer weiteren Viertelstunde ist man in Frýdlant, dem nördlichen Tor zum tschechischen Isergebirge. Dort thront auf einem 60 Meter hohen Basaltfelsen eine der interessantesten Burgen Nordböhmens: das weithin sichtbare **Schloss Friedland** von Herzog Albrecht von Waldstein, aus dem Schiller den ›Wallenstein‹ gemacht hat. Die Grundmauern des wuchtigen Turmes sollen noch aus dem 11. (!) Jahrhundert stammen. Wallenstein, der allerdings nur selten hier war, soll die Absicht gehabt haben, in Friedland eine Universität zu gründen. Im Schloss befand sich in einem Gewölbe hinter zwei Meter dicken Mauern seine sagenhafte Schatzkammer, das ›Wallensteinsche Geldstübchen‹.

Über Raspenava (Raspenau) kommt man zum Wallfahrtsort **Hejnice** (Haindorf). Seine Anziehungskraft geht auf ein Bild der Mutter Gottes zurück, das ein armer Siebmacher im 13. Jahrhundert an einem Baum aufhängte, weil er geträumt hatte, dass seine kranke Frau und sein Kind dann gesund würden. Als das geschah und sich herumsprach, pilgerten scharenweise Leute hierher. Von 1722 bis 1729 entstand nach Entwürfen des Barockbaumeisters Johann Fischer von Erlach eine zweitürmige **Wallfahrtskirche**, die den Ort heute noch beherrscht.

Ausflüge lohnen sich südwärts in die wildesten Teile des Isergebirges mit Felsen, Schluchten und Wasserfällen, die zum Teil als Naturschutzgebiete ausgewiesen sind. Ein rot markierter, halbstündiger Wanderweg führt von Hejnice nach **Lázně Libverda** (Bad Liebwerda), einem malerisch im Tal gelegenen Badeort, dessen heilkräftiges Wasser sich schon August der Starke in Fässern an seinen Dresdner Hof bringen ließ. In einem überdimensionalen, urigen Holzfass ist die beliebte Ausflugskneipe ›Obří sud‹ (Riesenfass) eingerichtet.

Die rote Wegmarkierung steigt weiter vorbei an der Baude Hubertka, einer

Der Aussichtsturm Královka bei Oldřichov

einfachen Touristenhütte, zum **Smrk**. Er wird der ›König des Isergebirges‹ genannt. Früher stand auf dem ebenen, ehemals Tafelfichte genannten Gipfel tatsächlich eine gewaltige Fichte, die aber schon 1790 bei einem Sturm entwurzelt wurde. Den Landvermessungsturm aus dem Jahr 1810 brannten Schmuggler nieder, damit sich darauf keine Zollbeamten verstecken konnten. 1892 wurde ein neuer Aussichtsturm mit Touristenhütte eröffnet, die Baude 1932 erneuert. 1909 entstand eine Gedenkstätte aus Anlass des 100. Jahrestages des Besuches des Dichters Theodor Körner. Nach 1945 verfielen Turm und Hütte bis auf die Fundamente, nur die Gedenkstätte blieb erhalten. Erst in den 1990er Jahren wurde in Nové Město ein ›Verein der Freunde eines neuen Aussichtsturmes‹ gegründet. Das Engagement war erfolgreich: Im Herbst 2003 konnte auf der Tafelfichte ein neuer, 20 Meter hoher Turm eingeweiht werden, von dem man bei gutem Wetter bis zu 150 Kilometer weit sehen kann.

Im Wittigtal kommt man über das kleine Dorf Bílý Potok (Weißbach) auf einer Serpentinenstraße hinauf zum **Ausflugslokal Smědava** (Wittighaus). Hier befindet sich auch die Endstation der Buslinie. Die Weiterfahrt ist gesperrt. Das ›Smědava‹ ist ein idealer Ausgangspunkt für Wanderungen und Skitouren ins Isergebirge, zum Beispiel zum Smrk oder

Die skurrile Kneipe ›Obří sud‹ in Lázně Libverda

nach Jizerka und weiter bis nach Harrachov (beide Wege sind rot markiert).

Oldřichov liegt am Nordwestrand des Isergebirges an der Bahnlinie Liberec–Frýdlant. Interessant ist die felsige Umgebung mit ihren Labyrinthen, Felsenstädten und Höhlen. Ein anderer Zugang zum böhmischen Isergebirge ist Bedřichov, das man von Liberec aus mit Bus oder Auto über Kateřinky oder Starý Harcov erreicht. Nur einen Kilometer entfernt befindet sich der **Aussichtsturm Královka** auf dem Berg Nekras (859 Meter), zwei Kilometer sind es zur Quelle der Bílá Nisa (Weiße Neiße). Im **Wintersportzentrum Bedřichov** gibt es auch ein Skilanglaufstadion (Start und Ziel des ›Iser-Fünfzig‹-Laufes) und mehrere Lifte und Abfahrtspisten.

Karte: vordere Umschlagklappe

i Frýdlant und Umgebung

Informationszentrum Tanvald, Krkonošská 629, 46841 Tanvald, Tel. 00420/483369670, infocentrum@tanvald.cz, www.tanvald.cz. Unterkunftsverzeichnisse, Wanderkarten, Tourenvorschläge und sonstige Infos; Mo–Fr 9–12.30 u. 13–17, Sa 9–12 Uhr.

Hotel U Můstků (Bei den Schanzen), 46861 Desná (Dessendorf) I/368, Tel. 00420/483383277, mobil 00420/777666273, hotel@umustku.cz, www.umustku.cz. Zwei- bis Vierbettzimmer mit Du/WC, Balkon; Restaurant, Kaminbar, Grill- und Bademöglichkeit, Parkplatz und Garage,

Wasch- und Bügeldienst, Ausflüge mit hoteleigenem Kleinbus.
Hotel Na Vyhlídce, Herr Panek, 46849 Kořenov (Wurzelsdorf) 877, ca. 15 km nördlich von Jablonec, Tel. 00420/ 608477575, vyhlidka@iol.cz, www.na-vyhlidce.cz. 18 Zwei- und Dreibettzimmer und 2 Apartments; Kaminbar, Billard, Skiverleih, Loipe in der Nähe.
Hotel Semerink, 46811 Janov nad Nisou 1284, Tel. 00420/777268333, info@hotel-semerink.cz, www.hotel-semerink.cz. 31 Zimmer, Sauna, Hallenbad, Fitnessraum, Fahrradverleih.
Pension Selský Dvur (›Bauernhof‹), 46843 Albrechtice 146, Tel. 00420/ 483381560, mobil 00420/ 606279794, pension.selskydvur@tiscali.cz, www.selskydvur.jizerky.com. Gemütlich eingerichtet. Übernachtung mit HP ab 490 Kronen.
Pension Věra, Vítězná 22, 46841 Tanvald, Tel. 00420/731003989, pension.vera@volny.cz, www.privat-vera.cz. Sechs Zimmer, Aufenthaltsraum, Küche, Hausbar, Kinderspielzimmer, überdachtes Schwimmbecken im Garten. Eigene Autogarage. Übernachtung mit Frühstück ab 500 Kronen.
Hotel Bon, Pod Špičákem 621, 46801 Tanvald, Tel. 00420/777855199, hotelbon@volny.cz, www.hotel-bon.cz. 24 DZ, WLAN, Sauna, Whirlpool, Kegelbahn, Billard, Tennis, Minigolf.

Jeleni chata (Hirschbaude), Lučany nad Nisou 5, 46871 Lučany nad Nisou, Tel. 00420/777837577, jelenichata@gmail.com, http://jelenichata.cz. Zwei- bis Fünfbettzimmer mit Du/WC, im Naturschutzgebiet in unmittelbarer Nähe des Hirschgeheges. Langlaufloipen in der Umgebung, Restaurant mit Wildspezialitäten, Kinderspielplatz mit Planschbecken.
Prezidentská chata (Präsidentenbaude), 46812 Bedrichov, Tel. 00420/ 604551469 (mobil), info@prezidentska.cz, www.prezidentska.cz. Gebirgsbaude mit 17 Zimmern auf dem Kamm des Isergebirges, ca. 1,5 Kilometer vom Skizentrum Bedrichov entfernt. Die ›Isergebirgsmagistrale‹ (Langlaufloipe) führt direkt an der Baude vorbei. Im Winter können Pferdeschlittenfahrten gebucht werden. Im Sommer auch Reitschule.

Autokemp Tanvaldská kotlina (Tannwalder Talkessel), Pod Špičákem 650, Tel. 00420/483311928. Ganzjährig geöffnet, Strom- und Wasseranschluss, Abwassertankentsorgung, ruhige Lage am Fuße des Berges Špičák (Spitzberg).

Liberec

Sehr zu empfehlen ist ein Tagesausflug in die etwa eine Autostunde westlich des Riesengebirges gelegene nordböhmische Stadt Liberec, von den Deutschen früher Reichenberg genannt. Wer längere Zeit nicht hier war, wird angenehm überrascht sein, wie gut sich die Stadt im letzten Jahrzehnt herausgemacht hat. Liberec zählt rund 110 000 Einwohner und liegt in einem Kessel, der durch das Isergebirge und den Kamm des Jeschken gebildet wird.
Liberec wurde im 13. Jahrhundert gegründet, 1352 erstmals schriftlich erwähnt und 1577 von dem in Prag residierenden Kaiser Rudolf II. zur Stadt erhoben. Schon bald entstand daraus eine Stadt der Tuchmacher. Ihre erste große Blütezeit erlebte die Stadt unter

Albrecht von Wallenstein, der auf dem nahegelegenen Schloss Friedland seinen Stammsitz hatte und die Ausrüstung für seine im Dreißigjährigen Krieg kämpfenden Truppen in den hiesigen Manufakturen herstellen ließ. Im 18. Jahrhundert entwickelte sich Reichenberg schnell zum wichtigsten Zentrum der Textilproduktion und Glasherstellung in der gesamten österreichischen Monarchie. Die beginnende Industrialisierung beschleunigte den wirtschaftlichen Aufschwung. 1830 war Liberec die zweitgrößte Stadt in Böhmen nach Prag und exportierte seine Textilerzeugnisse und Glaswaren in die ganze Welt. Schon 1858 wurde die Stadt ans Eisenbahnnetz angeschlossen.

Sehenswürdigkeiten

Das architektonische Ensemble der **Wallenstein-Häuser** mit ihren charakteristischen Laubengängen und Schmuckgiebeln hält in seinem Namen die Erinnerung an den bedeutenden Feldherren wach. Sie gelten als die ältesten Häuser der Stadt, wurden aber erst nach Wallensteins Tod, in den Jahren von 1678 bis 1681, für Handwerker und Tuchmacher erbaut. Auch ein Gasthof befand

Beeindruckend: der Treppenaufgang des Rathauses

▶ Karte S. 169

sich darin. In den 1980er Jahren waren sie vom Totalabriss bedroht, inzwischen sind die Fassaden gerettet.

Symbol für Aufschwung und Reichtum Liberecs im 19.Jahrhundert ist das 1888 bis 1893 nach einem Entwurf des Wiener Architekten Neumann im Stil der Neorenaissance errichtete repräsentative **Rathaus** am Marktplatz, das zu den schönsten und beeindruckendsten Rathäusern Mitteleuropas gezählt werden kann. Ein Vorgängerbau, der auf der anderen Seite des Marktplatzes stand, wurde abgerissen. Der Turm aber blieb erhalten und ziert heute das Nordböhmische Museum.

Die reich gegliederte Fassade des neuen Rathauses wird von einem 65 Meter hohen, schlanken Turm mit kupferner Spitze überragt. Eine Gedenktafel in Form einer Panzerkette rechts vom Haupteingang erinnert an den mutigen Widerstand der Einwohner beim Einmarsch der Roten Armee 1968, der hier in Liberec besonders stark war. In den ersten Tagen der Besetzung sprach damals der spätere Präsident Vaclàv Havel über einen illegalen Fernsehsender zu den Menschen. Mit neun Toten hatte Liberec nach Prag die meisten Opfer zu beklagen. Ihre Namen sind zur bleibenden Erinnerung in der Gedenktafel am Rathaus verzeichnet. Die Besichtigung der Innenräume des Rathauses sollte man sich nicht entgehen lassen. Durch das prächtige Treppenhaus mit seinen farbigen Glasfenstern steigt man hinauf zu den Magistratsräumen und den drei Festsälen. Der schönste davon ist der holzgetäfelte Trausaal mit einer schönen Kassettendecke und künstlerisch wertvollen Schnitzereien. Das Untergeschoss des Rathauses ist den leiblichen Genüssen vorbehalten, es beherbergt einen einladenden Bierkeller,

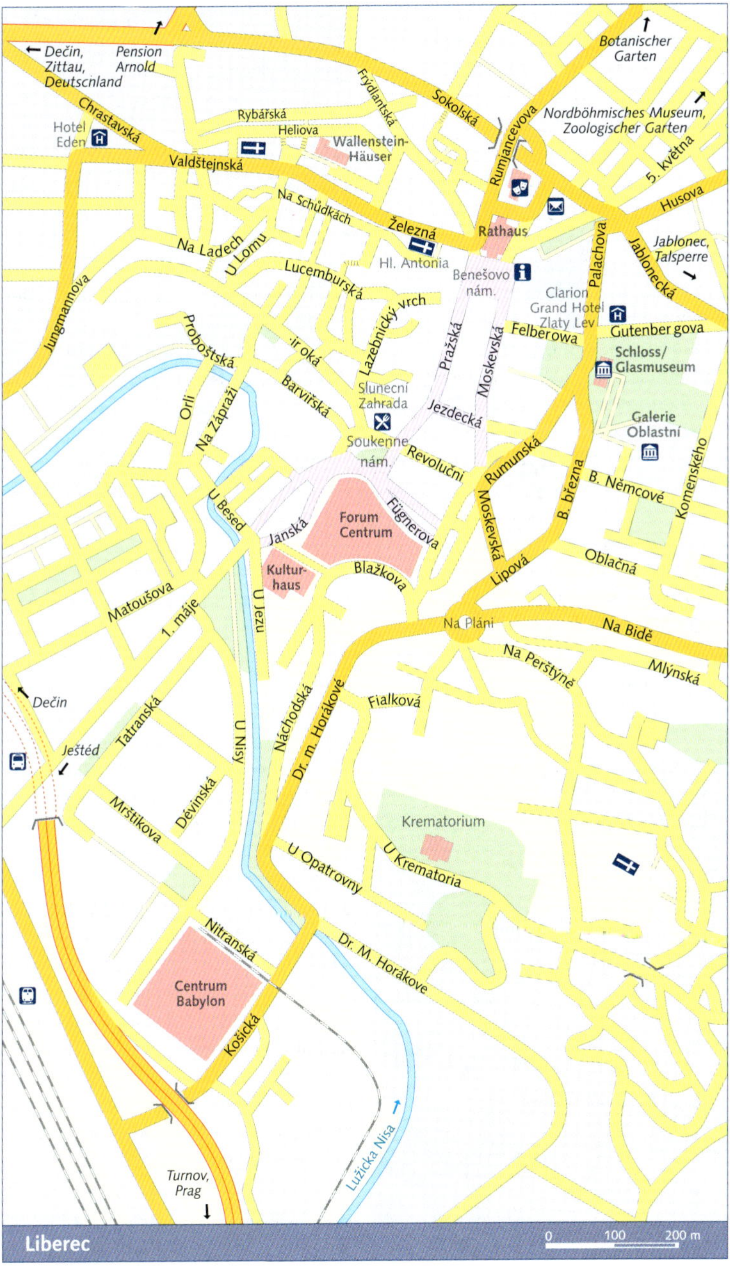
Dečin, Zittau, Deutschland
Pension Arnold
Botanischer Garten
Nordböhmisches Museum, Zoologischer Garten
Hotel Eden
Chrastavská
Rybářská
Heliova
Wallenstein-Häuser
Frýdlantská
Sokolská
Rumjancevova
5. května
Husova
Valdštejnská
Na Schůdkách
Železná
Rathaus
Jablonec, Talsperre
Jablonecká
Palachova
Na Ladech
U Lomu
Lucemburská
Hl. Antonia
Benešovo nám.
Clarion Grand Hotel Zlaty Lev
Jungmannova
Lazebnický vrch
Pražská
Moskevská
Felberowa
Gutenbergova
Proboštská
Schloss/ Glasmuseum
Barvířská
Slunecni Zahrada
Jezdecká
Galerie Oblastní
Orli
Na Zápraží
Soukenne nám.
Revoluční
Rumunská
B. března
B. Němcové
Komenského
U Besed
Forum Centrum
Fügnerova
Janská
Kulturhaus
Blažkova
Moskevská
Lipová
Oblačná
Matoušova
1. máje
U Jezu
Na Pláni
Na Bidě
Na Perštýně
Mlýnská
Dečin
Tatranská
Náchodská
Dr. m. Horákové
Fialková
U Nisy
Ještěd
Mrštikova
Dévinská
Krematorium
U Opatrovny
U Krematoria
Nitranská
Dr. M. Horákove
Centrum Babylon
Košická
Lužicka Nisa
Turnov, Prag
Liberec
0 100 200 m

eine Weinstube und ein Restaurant. Hinter dem Rathaus steht das **František-Šalda-Theater** von 1883. Wer Gelegenheit hat, einen Blick ins Innere zu werfen, wird den prachtvollen Anblick nicht so schnell vergessen.

Die aus der Zeit der Wende vom 19. zum 20. Jahrhundert stammenden Gebäude der Sparkasse, des Jugendstilhotels ›Praha‹, des Nordböhmischen Museums, des Stadtbades und der Handelskammer künden ebenso vom Aufschwung der damaligen Zeit wie das weitläufige, grüne Villenviertel und das 1906 eröffnete Grand Hotel ›Zlatý Lev‹ (Goldener Löwe). Es ist noch heute in Betrieb und erstrahlt seit einer kürzlich vorgenommenen Renovierung in altem Glanz.

Zwischen den beiden Weltkriegen entstanden unter anderem das Kaufhaus Bat'a, das Hotel Imperial und der Flughafen. Nach 1945 kam die Hochschule für Textilindustrie und Maschinenbau hinzu. Liberec und die nahegelegene Stadt Jablonec (Gablonz) wurden durch eine Straßenbahn verbunden. Ein moderner Bau ist die neue Bibliothek am Standort der ehemaligen Reichenberger Synagoge.

Das moderne Freizeitzentrum ›Babylon‹

Der markante Turm auf dem Jeschken gilt als das Wahrzeichen von Liberec

Besuchen sollte man das schon seit 1873 existierende **Nordböhmische Museum**, in dem sich viel über die Siedlungs-, Industrie- und Stadtgeschichte (leider nur bis 1918) erfahren lässt. Zu sehen sind auch schöne alte Truhen, Gobelins, Schmuck und Jugendstilglas. Zu den wertvollsten Ausstellungsstücken gehört die ›Pieta von Reichenberg‹, ein Vesperbild aus der Zeit um 1730. Führungen werden auch in deutscher Sprache angeboten.

Stolz ist man in Liberec auch auf den **Zoologischen Garten** mit Giraffen und weißen Tigern, der 1904 als erste Einrichtung dieser Art in Böhmen entstand. Eine weitere Attraktion ist der neugestaltete **Botanische Garten** mit Pflanzen der nordböhmischen Flora und aus aller Welt.

Erwähnung verdient auch noch die **Oblastní Galerie**, die regionale Kunstgalerie mit Werken niederländischer Maler des 17. Jahrhunderts, französischer Landschaftsmalerei des 19. Jahrhunderts und moderner tschechischer Malerei. Die

▲ Karte S. 169

Villa, in der sie untergebracht ist, wurde 1872 von Johann Liebig errichtet, einem der bedeutendsten Reichenberger Textilfabrikanten. Was man aus einer alten Fabrik machen kann, zeigt das beliebte **Freizeitzentrum Babylon**, in das ein holländisches Unternehmen eine Milliarde tschechische Kronen investiert hat. Hauptanziehungspunkt ist der vollständig überdachte Aquapark, Tschechiens größtes Erlebnisbad, mit drei miteinander verbundenen Schwimmhallen, Riesenwasserrutschen, Höhlen mit Unterwassermusik, Dampfbädern, Whirlpools, Saunen und Solarien. Angeschlossen sind ein Vier-Sterne-Hotel, zudem Kongresszentrum, Bowlingbahn, Fitness-Studio, Internetcafé, Unterhaltungskomplex Lunapark, Disco, Spielhalle, Einkaufspassage und drei Restaurants.

Auf dem Jeschken (Ještěd)

Der architektonisch interessante, in der Sonne glänzende und weithin sichtbare, markante Turm auf dem 1012 Meter hohen **Jeschkengipfel** gilt als das eigentliche Wahrzeichen von Liberec. Der originelle, kegelförmige Bau aus den späten 1960er Jahren, ein sogar mit internationalen Architekturpreisen ausgezeichnetes Werk des Liberecer Architekten Karel Hubáček, beherbergt ein Berghotel mit Restaurant und hervorragender Aussicht.

Auf den Berg gelangt man am bequemsten mit einer **Kabinenseilbahn**. Im Sommer treffen sich hier oben Drachenflieger, im Winter ist die Jeschkenregion mit ihren Schleppliften, Pisten und Sprungschanzen ein traditionelles und beliebtes Skigebiet.

Liberec

Verkehrsamt, nam. Dr. E. Benese 23, 46059 Liberec 1, Tel. 00420/485101709, info@visitliberec.eu, www.visitliberec.eu, Okt. bis Mai Mo–Fr 8–17, Sa 9–12 Uhr, sonst Mo–Fr 8–18, Sa/So 9–12 Uhr.

Clarion Grand Hotel Zlatý Lev, Gutenbergova 3, Tel. 485256700, info@clariongrandhotelzlatylev.com, www.clariongrandhotelzlatylev.com. Traditionsreiches Vier-Sterne-Haus in zentraler Lage, 117 Zimmer mit freiem Internetzugang, Sauna und Fitness-Raum.

Hotel Eden, Chrastavská 316/13, 46001 Liberec 1, Tel. 00420/485108477. Ruhig, fünf Minuten zum Stadtzentrum.

Café-Restaurant Slunecní Zahrada (Sonnengarten), Soukenné námestí 156/9, 46001 Liberec 1. Mit Sommergarten, Pilsner Urquell vom Fass.

Autokemp Liberec, Dagmar Buchtová, Letná ul., 46001 Liberec XII-Staré Pavlovice, Tel. 00420/724030343, www.autokempliberec.cz. 80 Stellplätze mit Elektroanschluss, Zeltwiese, 29 Bungalows. 2 km zum Stadtzentrum (Bushaltestelle 100 m), WLAN kostenlos, Restaurant mit Sonnenterrasse und Blick auf den Jeschken.

Centrum Babylon, Nitranská 1, 46012 Liberec, info@centrumbabylon.cz, www.centrumbabylon.cz. Erlebnisbad, Bowlingbahn, Restaurants, Einkaufszentrum, Hotel.

Nordböhmisches Museum, Masarykova 11, 46001 Liberec 1, Tel. 00420/485246111, www.muzeumlb.cz; Di–So 9–17 Uhr, Mi 9–18 Uhr.

Pisten und Loipen aller Schwierigkeitsgrade sowie eine garantierte weiße Pracht machen das Riesengebirge schon seit dem vorigen Jahrhundert zu einem Zentrum des Skisports. Vor allem zwischen Weihnachten und Neujahr tummeln sich hier unzählige Skifahrer vor allem auch aus Deutschland.

Im zentralen Riesengebirge

Wintersport im Riesengebirge

Karte: vordere Umschlagklappe

Stumme Wegweiser erleichtern die Orientierung

Seine Schneesicherheit hat das Riesengebirge bei den Wintersportlern zu großer Beliebtheit verholfen: Zwei bis drei Meter Schnee auf dem Kamm sind keine Seltenheit, und auch zu Ostern kann man noch Ski fahren. Die Saison dauert etwa von Mitte November bis Mitte April. Hinzu kommt die Tatsache, dass das Riesengebirge für Berliner, Hamburger oder Leipziger nun mal näher liegt als die Alpen. Ein weiteres gutes Argument sind die niedrigen Preise. Schließlich verdient hervorgehoben zu werden, dass die Infrastruktur rund um den Wintersport – Liftbetrieb, Pflege der Pisten und Loipen, Skiverleih und -service – in den vergangenen Jahren erheblich verbessert worden ist. Bei Bedarf werden die Pisten künstlich beschneit, und auch für Snowboarder gibt es gute Möglichkeiten.

Die wichtigsten Wintersportzentren sind Harrachov (Harrachsdorf), Špindlerův Mlýn (Spindlermühle) und Pec pod Sněžkou (Petzer) auf der tschechischen, Karpacz (Krummhübel) und Szklarska Poręba (Schreiberhau) auf der polnischen Seite. Besonders auf die tschechischen Orte setzt zwischen Weihnachten und Silvester ein regelrechter Run ein, und es empfiehlt sich sehr, für diese Zeit vorzubuchen oder in weniger bekannte und kleinere Wintersportorte auszuweichen. Dazu gehören zum Beispiel Rokytnice (Rochlitz), Benecko, Horní Mísečky (Schüsselbauden), Strážné (Pommerndorf) oder Malá Úpa (Klein Aupa).

Abfahrtspisten unterschiedlichen Schwierigkeitsgrades finden sich überall. Einteilung und Markierung folgen internationalen Gepflogenheiten: schwarz für schwierigere Pisten (in Špindlerův Mlýn jeweils eine am Medvědín und am Pláň), rot für mittlere Ansprüche, blau für Anfängerpisten. Das Langlaufloipennetz ist dicht und gut markiert, wegen der beträchtlichen Schneehöhe und relativ häufigem Nebel auf dem Kamm auch mit Stangen und ›stummen Wegweisern‹, Symbolen aus Blech, die nur die Zielrichtung des Weges anzeigen (zum Beispiel steht ein S für die Spindlerbaude). Die Loipen sind gut, aber nicht immer so gut gespurt wie in den Alpen. Die Länge ist durch unterschiedliche

1 Benecko (Benetzko)
2 Bílé Labe (Weißwasser)
3 Cerna Bouda (Schwarzschlagbaude)
4 Dvoračky (Hofbauden)
5 Hřeben (Hauptkamm)
6 Hrnčířské Boudy (Töpferbauden)
7 Jablonec (Gablonz)
8 Janské Lázně (Johannisbad)
9 Labská bouda (Elbfallbaude)
10 Láhrovky (Lahrbauden)
11 Liščí bouda (Fuchsbauden)
12 Luční bouda (Wiesenbaude)
13 Lučiny (Bodenwiesenbauden)
14 Martinova bouda (Martinsbaude)
15 Horní Mísečky (Schüsselbauden)
16 Nový Svůt (Neuwelt)
17 Pec pod Sněžkou (Petzer)
18 Petrovka (Peterbaude)
19 Pomezní Boudy (Grenzbauden)
20 Rezek
21 Rokytnice (Rochlitz)
22 Śnieżne Kotły (Schneegruben)
23 Sniezka (Schneekoppe)
24 Špindlerova bouda (Spindlerbaude)
25 Špindlerův Mlýn (Spindlermühle)
26 Úpa (Aupa)
27 Wossecker Baude
28 Vrchlabí (Hohenelbe)

Auch Rodelmöglichkeiten bietet das Riesengebirge

Farben angegeben, blau für fünf Kilometer, gelb für zehn Kilometer.
Auf der tschechischen Seite des Riesengebirges wurde vor einigen Jahren der neue, rot-weiß markierte **Riesengebirgs-Skiwanderweg** (Krkonošská lyžařská cesta) angelegt. Er beginnt in Harrachov und erschließt in mehreren Etappen fast das ganze Riesengebirge, wobei viele Bauden passiert werden. Von Harrachov gelangt man zunächst an der Elbequelle und der Vrbatova-Baude vorbei nach Špindlerův Mlýn (23 Kilometer). Über Svatý Petr geht es hinauf auf den Pláň, weiter zur Baude ›Rozcesti‹ und – am Fuchsberg vorbei – zu der oberhalb von Pec pod Sněžkou gelegenen Pražká-Baude (20 Kilometer). Hier gibt es einen Abzweig, der über Pec pod Sněžkou und Spálený Mlýn nach Malá Úpa und weiter zu den Grenzbauden am Grenzübergang nach Polen führt (16 Kilometer). Auf dem Hauptweg überquert man den Berg Šerná hora (Schwarzenberg) und gelangt über Horní Maršov nach Žacléř. Die Verkehrsämter halten eine Karte mit dem Verlauf des Krkonošská lyžařská cesta bereit.

▲ Karte: vordere Umschlagklappe

■ Informationen vor Ort

Nützliche Informationen und Tipps zum Thema Wintersport im westlichen Riesengebirge findet man in den Winterausgaben der Zeitschrift ›Veselý výlet‹ (Lustiger Ausflug), die im Info-Zentrum in Horní Maršov, Ortsteil Temný Důl, kostenlos erhältlich ist. Gute Dienste leisten auch die überall erhältlichen Winterausgaben der Wanderkarten: Krkonoše, lyžařská mapa (Skikarte), Kartografie Praha, und Karkonosze, mapa zimowa (Winterkarte), Eko-Graf Wrócław. Sehr gute Informationen über die aktuellen Schnee- und Wetterverhältnisse im tschechischen Riesengebirge findet man unter der Internetadresse www.holidayinfo.cz. Links führen zu Live-Webkameras, die in wichtigen Wintersportorten im Riesengebirge installiert sind. Viele nützliche Infos bieten auch Internetseiten für Skifahrer wie www.schneehoehen.de, www.snowpage.de, www.skiinfo.de, www.skiregion.cz oder www.snowhill.cz.

■ Sicherheitshinweise

Wer im Winter ins Riesengebirge fährt, sollte sich – besonders bei Skiwanderungen auf dem Kamm – auf ein rauhes, wechselhaftes Wetter gefasst machen. Zwar wird man gerade in den höheren Lagen viele herrliche Sonnentage erleben, doch können das schöne Wetter und die gute Sicht auch schnell im Nebel versinken. Oben in den Bergen ist man dann zur Orientierung auf die Stangenmarkierung und die Blechschilder angewiesen und sollte sie auf keinen Fall verlassen. Böige, stürmische Winde sind sogar an sonnigen Tagen keine Seltenheit. Gefährlich sind Vereisungen. Beginnt es plötzlich zu tauen, entsteht an steilen, felsigen Hängen Lawinengefahr. Betroffen davon ist besonders das Gebiet rings um die Schneekoppe, vor allem der Kleine Teich (Mały Staw) und der obere Melzergrund (Kocioł Łomniczki) auf der polnischen und der Riesengrund (Obří důl) und der Blaugrund (Modrý důl) auf der tschechischen Seite. Auch der obere Elbgrund (Labský důl) zählt zum lawinengefährdeten Gebiet. Warnschilder mit der Aufschrift ›LAVINY/LAWINEN‹ weisen darauf hin. Einige Abschnitte in diesen Regionen sind im Winter ganz oder zeitweilig gesperrt. Solche Wege sind mit einem violetten Dreieck markiert. Wer zu einer längeren Ski-Tour in die Berge aufbricht, sollte sich vorher im Quartier, beim Verkehrsamt oder bei der Bergwacht über die Wetterverhältnisse informieren. Ski heil!

Die im Folgenden genannten Preise wurden aktuell recherchiert, sind aber ständigen Änderungen unterworfen.

Szklarska Poręba

Szklarska Poręba (Schreiberhau) ist neben Karpacz (Krummhübel) schon seit vielen Jahren die beliebteste Skiregion des polnischen Riesengebirges. In Ortsnähe findet man kurze und leichte Pisten, die auch für Kinder geeignet sind. Die anspruchsvolleren Pisten liegen am Hausberg des Ortes, dem 1362 Meter hohen Reifträger (Szrenica). Wegen des spezifischen Mikroklimas der Region herrschen hier Schneebedingungen wie in den Alpen in 2000 Meter Höhe. Zwei doppelsitzige Sessellifte führen hinauf auf den Reifträger. Dort beginnt die 2000 Meter lange schwarze Piste ›Zjazdowa‹. Eine der schönsten Abfahrten der Skiarena ›Szrenica‹ ist die 4444 Meter lange kurvenreiche Piste ›Lollobrygida‹ mit einem Höhenunterschied von mehr als 600 Metern. Zwei Kilometer lang ist die ›Śnieżynka‹, die an der Hala Srenicka (Neue Schlesische Baude) beginnt (beide rot markiert = mittlere Schwierigkeit). Leichter ist die eineinhalb Kilometer lange, blau markierte Piste ›Puchatek‹, die von der Mittelstation des Sesselliftes zur Talstation führt und abends beleuchtet ist. Dort gibt es für Kinder bis sieben Jahre einen ›Winterkindergarten‹.

Pisten-Bully im Riesengebirge

Schneekanonen sorgen für ausreichend Schnee auf den wichtigsten Pisten. Die Firma ›Sudety‹ betreibt außerdem fünf Schlepplifte, drei davon an der Hala Srenicka. Ein weiterer ist oberhalb der Alten Schlesischen Baude (Pod Łabskim Szczytem). An dieser Baude beginnt auch die leichtere Piste ›Bystra‹ (blau) mit reichlich 300 Metern Höhenunterschied. Ausgangspunkt mehrerer gespurter Langlaufloipen mit unterschiedlichem Schwierigkeitsgrad ist Jakobsthal (Jakuszyce) nahe der tschechischen Grenze, wo auch der berühmte, 50 Kilometer lange ›Piasten‹-Langlauf beginnt.

Karpacz

Karpacz (Krummhübel) liegt unterhalb der Schneekoppe, also hat man auch das Skigebiet Schneekoppe (poln. Sniezka) genannt. Doch direkt am Gipfel gibt es keine Pisten, abgefahren wird von der

1350 Meter hohen Kleinen Koppe (Kopa). Zur Bergstation schwebt man mit dem Einzel-Sessellift ›Zbyszek‹ (im Winter von 9 bis 16 Uhr). Von hier führt die anspruchsvolle (schwarz) Piste ›Liczyrzepa‹ hinunter. Der Höhenunterschied beträgt bei 2,6 Kilometer Länge mehr als 500 Meter. Insgesamt findet man hier acht Skipisten unterschiedlicher Schwierigkeitsgrade. In der Nähe der Strzecha Akademicka (Hampelbaude) beginnt auf knapp 1300 Meter Höhe die ›Złotówka‹ (rot = mittlere Schwierigkeit). Dort gibt es auch eine Bob- und Rodelbahn und zwei Schlepplifte, mehr als ein Dutzend weitere liegen rund um Karpacz. Ein Tagesskipass kostet 65 Zloty, für einen 3-Stunden-Pass sind 45 Zloty fällig.

Harrachov

Obwohl nach Harrachov (Harrachsdorf) auch im Sommer viele Gäste kommen, ist hier die eigentliche Hauptsaison der Winter. Der Ort zählt zu Tschechiens beliebtesten und bekanntesten Wintersportzentren. Das zentrale alpine Skiareal liegt am Śertova hora (Teufelsberg), zu dem zwei Sessellifte hinaufführen. Einer davon, ein moderner Viersitzer, beginnt im Ortsteil Rýžoviště, direkt neben dem Sporthotel, und hat einen Höhenunterschied von 300 Metern. Mit ihm können drei unterschiedlich schwierige Pisten befahren werden, eine blaue (2200 Meter lang), eine rote (1640 Meter) und eine schwarze Piste (1250 Meter). Der andere ist ein zweisitziger Sessellift, der vom Zentrum des Ortes leicht zu erreichen ist. Die dazugehörige rote Piste ist 1850 Meter lang und hat einen Höhenunterschied von 355 Metern. In Betrieb sind die beiden Lifte täglich zwischen 8 und 16 Uhr. Ein 400 Meter langes Teilstück im unteren Bereich mit eigenem Lift ist abends bis 21 Uhr beleuchtet. Zu allen Abfahrtsstrecken haben auch Snowboardfahrer Zutritt. Die beiden roten Abfahrten werden bei Bedarf künstlich beschneit. Eine Tageskarte für Erwachsene in der Hauptsaison (Weihnachten bis Mitte März) war im Winter 2015/16 für 650 Kronen zu haben, eine Wochenkarte kostete 3500 Kronen. Ebenfalls in Rýžovištů und verstreut an den Ortsrändern liegen kleinere, weniger anspruchsvolle Skiareale mit etwa einem Dutzend Schleppliften, die auch für Anfänger und Kinder geeignet sind. Einige von ihnen sind abends beleuchtet.

Langlaufloipen beginnen in der Nähe der Talstation des Sesselliftes und an den Abhängen des Teufelsberges unter den Sprungschanzen; allerdings sind nicht alle öffentlich zugänglich. Besonders beliebt ist die Strecke, die von der Sessellift-Bergstation über den Kamm des Teufelsberges in Richtung Ručičky führt und den Wintersportort auf den bewaldeten Hängen umrundet. In Harrachov bieten fünf Skischulen (Unterricht auch auf Deutsch) und mehrere Skiverleiher ihre Dienste an. Am Hotel ›RiWo‹ gibt es auch eine Rodelbahn. Die großen Hotels (Hotel ›Sklář‹, Hotel ›Svornost‹, Hotel ›Fit & Fun‹) haben Saunas und Hallenbäder. Der Campingplatz ›Jiskra‹ ist auch im Winterhalbjahr geöffnet. Die Skiflugschanze von Harrachov, auf der Weiten von mehr als 200 Metern gesprungen werden, war schon mehrmals Austragungsort der Weltmeisterschaften im Skifliegen.

Rokytnice

Rokytnice (Rochlitz) ist in den letzten Jahren auch bei deutschen Wintersportlern immer beliebter geworden. Die interessantesten Skigebiete sind Horní Domky und Studenov. Das Skiareal

▲ Karte: vordere Umschlagklappe

Horní Domky liegt am südlichen Berghang des 1344 Meter hohen Lysá hora. Es bietet Pisten verschiedener Schwierigkeitsgrade und zieht Skifahrer und Snowboarder gleichermaßen an. Die blauen, roten und schwarzen Pisten sind insgesamt 11,4 Kilometer lang und werden jeden Tag mit Schneeraupen präpariert. Im Snowpark warten Schanzen, Hindernisse und ein Schlepplift. Skifahrern und Snowboardern stehen zwei 4-sitzige Sessellifte und sechs Skilifte zur Verfügung. Eine neue Seilbahn führt vom Parkplatz ›U Rokytky‹ zur Hütte ›Lovčenka‹ hinauf. Die zweite Seilbahn auf den Berg Lysá hora, gebaut 1996, führt als einzige in Tschechien in die erste Zone des Riesengebirgs-Nationalparks, in den Sommermonaten wird ihr Betrieb eingestellt. Das Skifahren und Snowboarden außerhalb der Pisten ist verboten, Nationalpark-Ranger sorgen für die Einhaltung der Regeln. Das war die Bedingung für die Genehmigung des Liftes. An der Bergstation beginnen Loipen, darunter die Riesengebirgs-Magistrale (tschech. Krkonošská magistrála). Insgesamt gibt es in Rokytnice und Umgebung fast 60 Kilometer gespurte Loipen. Das Skigebiet Studenov bietet gemäßigtere Abfahrten und relativ breite blaue und rote Pisten. Das Skigebiet Modrá Hvězda–Bahýnka liegt in unmittelbarer Nähe des Stadtzentrums von Horní Rokytnice, nur 100 Meter von der Bushaltestelle entfernt. Die breiten Pisten eignen sich gut für Anfänger und Snowboarder ohne Vorkenntnisse und für Familien mit Kindern. Hier gibt es auch eine Kinderskischule.

Weit ziehen sich die Loipen dahin

Vrchlabí, Skigebiete Herlíkovice und Bubákov

Drei Kilometer nördlich von Vrchlabí (Hohenelbe) liegen an den Hängen des 1019 Meter hohen Předni žalý (Heidelberg) die Skigebiete Herlíkovice und Bubákov mit insgesamt 7,3 Kilometer Abfahrten, unter anderem mit einer schwarzen und drei roten Pisten. Der viersitzige Sessellift wird auch gern von Langläufern benutzt, denen er einen guten Zugang zu den Kammloipen ermöglicht. Von der Bergstation ist es auch nicht weit zu den Loipen von Benecko. Folgt man dem Kammweg, erreicht man bald den Scheideweg ›Na rozcestí‹ und anschließend die Loipen von Horní Mísečky. Auch ein Snowboardpark ist vorhanden.

Benecko

Auch das 700 bis 1000 Meter hoch gelegene Benecko ist längst ein etabliertes Wintersportzentrum. Am Westhang des Předni žalý (Heidelberg) gibt es einen viersitzigen Sessellift mit 850 Meter langer, breit angelegter Piste und mehrere Schlepplifte und mittelschwere, rot markierte Pisten. Zwei kürzere Schlepplifte und leichtere Pisten finden sich im Ortsteil Štůpanická Lhota. Unterhalb davon ist die örtliche Bergwacht-Station. Die Langlaufloipen, die zu den besten im

Für das leibliche Wohl ist in Špindlerův Mlýn gesorgt

Riesengebirge gehören, beginnen unterhalb des Hotels ›Panorama‹ und führen bis nach Horní Mísečky. Die jeweilige Länge ist farblich markiert. Ski- und Snowboard-Verleih sowie eine Skischule gibt es im Hotel ›Krkonoš‹ (Tel. 93212). Snowboarder erwartet ein Snowpark, außerdem gibt es eine 150 Meter lange Snowtube-Strecke.

Horní Mísečky

Das Skizentrum Horní Mísečky (Schüsselbauden) liegt nicht nur mehr als 1000 Meter hoch, seine rund 50 Kilometer Loipen gehörten auch zu den besten in Tschechien. Am Waldrand in der Nähe des Weges, der auf das Bergmassiv Žalý führt, befindet sich ein Langlaufstadion, wo Rundstrecken beginnen. Hier trainieren auch Leistungssportler.

Von Horní Mísečky aus kann man sich in zwei Etappen mit zwei hintereinander liegenden Liften auf den Medvědín schleppen lassen. Dort findet man je eine schwierige und eine mittelschwere Abfahrtspiste hinunter nach Špindlerův Mlýn.

Špindlerův Mlýn

Das Skiareal Špindlerův Mlýn (Spindlermühle) ist das größte und bekannteste Wintersportzentrum des Riesengebirges. Hier gibt es vier Sesselbahnen und elf Schlepplifte, 25 Kilometer präparierte Pisten (davon 85 Prozent beschneit) und 100 Kilometer gespurte Loipen. Snowboarder erwartet in Svatý Petr ein Snowpark mit Halfpipe (100 x 16 Meter). Zwischen den beiden großen Skigebieten Svatý Petr und Medvědín verkehrt ein kostenloser Skibus.

Ein viersitziger Sessellift führt vom Skistadion Svatý Petr (Sankt Peter) hinauf auf den 1196 Meter hohen Plán (Planur). Am Nordhang gibt es drei Abfahrtspisten: rechts vom Lift eine Slalomstrecke mit schwarzer Markierung, links eine 50 Meter breite rote Piste und daneben eine leichtere, zweieinhalb Kilometer lange Touristenpiste. Dieses Skigebiet hat auch eine Beschneiungsanlage.

Auf den Medvědín (1235 Meter) fährt ebenfalls ein viersitziger Sessellift. Die Talstation liegt etwas nördlich des Zen-

▲ Karte: vordere Umschlagklappe

trums nahe der Elbe. Zwei reichlich zwei Kilometer lange und 30 Meter breite Abfahrtspisten verlaufen rechts und links des Liftes, eine ist schwarz markiert, die andere rot. Eine flachere blaue Piste führt entlang eines Schleppliftes erst nach Horní Mísečky und dann weiter nach Špindlerův Mlýn. Ein weiterer Schlepplift beginnt an der Davidova bouda (Davidsbaude) und führt zum Ptači kámen (Vogelstein) zwischen Spindler- und Martinsbaude (Höhenunterschied 280 Meter). Man kommt hierher mit dem Linienbus Richtung Špindlerovka, Haltestelle Davidova bouda. Die Abfahrt ist anfangs etwas steil, führt dann über flache Wiesen. Zum Berg Hromovka führt ein Dreier-Sessellift mit roter Piste, dessen Bergstation an der Anfänger-Abfahrt vom Plan liegt. Täglich zwischen 18 und 21 Uhr wird hier mit Flutlicht gefahren. Die Talstation findet man in der Nähe des zentralen Parkplatzes.

Der Skipass für 7 Tage kostet für Erwachsene in der Hauptsaison 3530 Kronen, die Tageskarte ist für 650 Kronen zu haben. Špindlerův Mlýn hat mehrere Skischulen und Ski- und Snowboardverleiher. Die Skischule SKOL MAX bietet sechstägige Grundkurse, Snowboardkurse, einen Skikindergarten, Carving-Unterricht, Langlaufkurse und Einzelunterricht. 100 Kilometer gespurte und markierte Loipen und 80 Kilometer Winterwanderwege stehen zur Verfügung. An der Špindlerovka (Spindlerbaude) beginnt eine vier Kilometer lange Schlittenbahn. Man kauft sich ein Ticket, wird mit dem Bus hinaufgebracht, erhält seinen Schlitten und los geht's. Die Sommer-Rodelbahn am Hotel Harmony im Stadtteil Bedrichov ist auch im Winter in Betrieb. Am Hotel ›Hubertus‹ neben der alten Elbbrücke beginnen Pferdeschlittenfahrten. Die großen Hotels bieten (Winter-) Annehmlichkeiten wie Sauna, Hallenbad, Solarien und Kegelbahnen.

Janské Lázně

Janské Lázně (Johannisbad) im östlichen Riesengebirge ist gleichzeitig ein Kurort und ein beliebter Wintersportplatz. Die Skigelände liegen an den Hängen des Śerná hora (Schwarzer Berg), zu dem die 2,3 Kilometer lange Kabinen-Drahtseilbahn hinauffährt. Die Talstation ist gleich neben dem Zentralparkplatz. Die Abfahrten hier sind bis zu drei Kilometer lang und damit die längsten in Tschechien, allerdings, verglichen etwa mit Špindlerův Mlýn, eher gemächlich. Eine Fahrt hinauf zur 1260 Meter hohen Bergstation dauert 13 Minuten. Neu ist die Vierer-Sesselbahn für die 1800 Meter lange Piste ›Protěž‹ (Edelweiß). Insgesamt gibt es zehn kleinere Pisten mit Schleppliften (davon acht leicht, zwei mittelschwer). Eine Tageskarte für das gesamte Skiareal ›Śerná Hora‹ kostet in der Hauptsaison 550 Kronen, eine Wochenkarte (7 Tage) ist für 2890 Kronen zu haben.

Der Kurort Janské Lázně ist auch im Winter einen Besuch wert

Mit dem Skigebiet Pec pod Sněžkou hat man einen Verbund gebildet, für den Karten zum Sonderpreis angeboten werden. Die Betreiberfirma ›Mega plus‹ unterhält auch eine Skischule, einen Skikindergarten sowie Ski-, Schlitten- und Snowboard-Verleih. Eine komplette Abfahrtsausrüstung (Skier, Schuhe, Stöcke) kostet 280 Kronen pro Tag, 1400 Kronen pro Woche. Die Skipässe sind auch im Skiareal Malá Úpa gültig.

Pec pod Sněžkou

Die Kabinenseilbahn von Pec pod Sněžkou (Petzer) zur Schneekoppe hat für den alpinen Skisport keine Bedeutung, da es am höchsten Berg des Riesengebirges keine Abfahrtspisten gibt. Eine Vierer-Sesselbahn fährt hinauf auf den 1215 Meter hohen Hnůdý Vrch (Braunberg), die Abfahrtspiste ist rot und 1510 Meter lang. Auf den Hängen um den Ort sind neun Schlepplifte verstreut, die von der Firma ›Ski Pec‹ betrieben werden. Abends sind drei Pisten beleuchtet. Der Skipass ist auf allen Liften gültig. Snowboardern wird ein ›Funpark‹ geboten. Zwei beliebte Pisten (rot) sind die am Nordwesthang des 1075 Meter hohen Javor, zu dem zwei Lifte hinaufführen. Schwarze Pisten gibt es hier nicht. Mittelschwere Abfahrten findet man auch im Skigebiet Zahrádky. Weitere Abfahrten mit Schleppliften gibt es auf den Hängen rund um Velká Úpa. Die Skigebiete sind durch einen kostenlosen Skibus miteinander verbunden. Pec pod Sněžkou eignet sich gut als Ausgangspunkt für Skiwanderungen zum Böhmischen Kamm. Viele der umliegenden Wanderwege sind im Winter präparierte Loipen. Beliebt sind die Routen an den Berghängen des Lišči hora (Fuchsberg) und die Skiroute zum Schwarzen Berg.

▲ Karte: vordere Umschlagklappe

Malá Úpa in der Wintersonne

›Ski Pec‹ hat eine Ski- und Gepäckaufbewahrung, Skiverleih und -service und eine Verkaufsstelle für Skizubehör. Mehrere Skischulen bieten im Ort ihre Dienste an. Von Anfang Dezember bis Anfang April fährt mehrmals täglich ein Skibus von Janské Lázně über Svoboda, Marsov und Velká Úpa nach Pec pod Sněžkou und zurück.

Malá Úpa

Im Zentrum von Malá Úpa (Klein Aupa) wurde im Dezember 2009 das neue Skigebiet Pomezky in Betrieb genommen. Auf der 1,5 Kilometer langen und 60 Meter breiten Skipiste kommen Anfänger, aber auch fortgeschrittene Carving-Skifahrer auf ihre Kosten. Im Skigebiet U Kostela in Malá Úpa (Klein Aupa) gibt es sechs Schlepplifte mit Längen von 300 bis 1000 Metern. Das Skigebiet hat drei Schneekanonen, mit denen die Pisten in Schuss gehalten werden. Die Skipiste ›U kostela 400‹ bietet jeden Mittwoch von 18 bis 21 Uhr abendliches Skifahren mit Flutlicht. Auch ein Skibus steht zur Verfügung. Von den Abfahrts-

strecken hat man zum Teil gute Aussicht auf die Schneekoppe. An der ehemaligen Hübner-Baude, 300 Meter unterhalb von den Pomezní Boudy (Grenzbauden), gibt es einen Lift und einen Hügel, der auch für Kinder geeignet ist.
Malá Úpa und seine Umgebung ist aber vor allem ein Paradies für Skilangläufer und -wanderer. Von den Pomezní Boudy führt eine beliebte Route über die Emma-Quelle (Baude Jelenka) und die Svorová hora (Schwarze Koppe) zur Schneekoppe.

Žacléř

Südlich von Žacléř (Schatzlar) liegt das kleine, aber gut entwickelte Skigebiet Prkenný Důl im östlichen Riesengebirge. Davor gibt es einen kostenlosen Parkplatz. Auf den Berg führen zwei je 1100 Meter lange Skilifte, ›Dopík‹ und ›Pomík‹, mit einem Höhenunterschied von 250 Metern. ›Bobík‹, der dritte Schlepplift, ist 500 Meter lang und führt auf die halbe Höhe des Berges. Zur Wahl stehen sechs blaue, eine rote und eine schwarze Abfahrtspiste. Eine Schneekanone sorgt für die Verbesserung des Pistenauslaufs. Auch hier werden Magnetkarten von Skidata benutzt. Die Betreiberfirma Arrakis unterhält auch eine Skischule, einen Skiverleih, einen Zubehörladen und die nahe der Lift-Talstation gelegene Pension ›Zelený Mlýn‹ mit Restaurant. Langläufer können das Pistengelände auf einer Loipe umrunden.

i Wintersport im Riesengebirge

Szklarska Poręba: Sudety Lift, ul. Turystyczna 25a, 58580 Szklarska Poręba, Ski-Information: Tel. 0048/75/7172118, Fax 7173036, sudety lift@pbox.pl, www.sudetylift.com.pl.
Karpacz: Centrum Informacji Turystycznej (Städtisches Verkehrsamt), ul. Konstytucji 3 Maja 25a, 58540 Karpacz, Tel. 0048/75/7618605, Fax 7619716, www.karpacz.pl.
Harrachov: Sportovni areal Harrachov a.s., 51246 Harrachov, Tel. 00420/481529353, Fax 529320, areal@harrachov.cz, www.skiareal.com.
Rokytnice: Spartak Rokytnice a.s., Horní Rokytnice 461, 51244 Rokytnice nad Jizerou, Tel. Horní Domky: 00420/481522380, Tel. Lanová dráha: 00420/481523833, Tel. Studenov: 00420/481522970, 00420/481522969, spartak@rokytnice.cz, www.rokytnice.com.
Herlíkovice: SKI areál Herlíkovice, Za Řekou 370, 54302 Vrchlabí 4, Tel. 00420/499421463, Fax 00420/499421673, info@herlikovice.cz, www.herlikovice.cz.
Benecko: Skiareal Benecko, Tel. 00420/481582145, www.skiareal-benecko.cz.
Špindlerův Mlýn: Skiareal Špindlerův Mlýn, 54351 Špindlerův Mlýn 281, Tel. 00420/499467106, Fax 433246, skiareal@skiareal.cz, www.skiareal.cz.
Janské Lázně: Informační centrum SKIRESORT ČERNÁ HORA, Černohorská 265, 54225 Janské Lázně, Tel. 00420/499875186, Fax 875008, info@janskelazne.cz, www.janskelaz ne.cz.
Pec pod Snezkou: Ski Pec, Tel. 00420/499736375, Fax 736398, info@skipec.com, www.skipec.com.
Malá Úpa: SKiMU Sport Centrum, Horní Malá Úpa 130, Tel. 00420/499891039, info@skimu.cz, www.skimu.cz.
Žacléř: Skiareal Arrakis – Prkenný Důl, 54201 Žacléř, Tel. 00420/499776555, arrakis@tiscali.cz, www.arrakis-zacler.com.

Sprachführer

Reisewörterbuch Deutsch – Polnisch – Tschechisch

Deutsch	Polnisch	Tschechisch
Allgemeine Wendungen		
Danke	dziękuję	děkuji
Bitte	proszę	prosím
Entschuldigung, Verzeihung	przepraszam	promiňte prosím
Guten Tag	dzien dobry	dobrý den
Guten Abend	dobry wieczór	dobrý večer
Gute Nacht	dobranoc	dobrou noc
Auf Wiedersehen	do widzenia	nashledanou
Hallo/Tschüss	cześćc	ahoj
Ja	tak	ano
Nein	nie	ne
Verzeihung	przepraszam	promiňte prosím
Ich spreche kein Polnisch!	Nie mówię po polsku!	Nemluvím polsky/ česky
Ich verstehe nicht!	Nie rozumiem!	nerozumím
gut/einverstanden	dobry (Adjektiv)/dobrze (Adverb)	dobře- domluveno
Wie geht es Ihnen?	Jak się Pan ma? (wenn der Gesprächspartner ein Mann ist)	Jak se máte? Jak se vám daří? (es ist egal, ob sich um einen Mann oder eine Frau handelt)
	Jak się Pani ma? (wenn der Gesprächspartner eine Frau ist)	
Wie geht's?	Jak się masz?	Jak to jde?
Wie heißen Sie?	Jak się Pan/Pani nazywa?	Jak se jmenujete?
Wie heißt du?	Jak masz na imię?	Jak se jmenuješ?
Gut, einverstanden	dobrze	dobře

Deutsch	Polnisch	Tschechisch
Deutschland	Niemcy	Německo
Österreich	Austria	Rakousko
Schweiz	Szwajcaria	Švýcarsko
Polen	Polska	Polsko
Tschechien		Česká Republika/Česko
Ortsangaben		
hier	tu/tutaj	zde/tady
dort	tam	tam
links	lewo	vlevo
nach links	na lewo	doleva
rechts	prawo	vpravo
nach rechts	na prawo	doprava
geradeaus	prosto	rovně
gegenüber	na przeciw	naproti
nah	blisko	blízko
weit	daleko	daleko
Wo ist ...	Gdzie jest	Kde je.../Kde se nachází...
Wie komme ich nach ...?	Jak dojsc do	Jak se dostanu k/na...?
Zeitangaben		
Wann?	Kiedy?	Kdy?
Wie lange	Jak długo	Jak dlouho?
Wie spät ist es?	Która jest godzina?	Kolik je hodin?
morgens/früh	rano	ráno
nachmittags	po południu	odpoledne
abends	wieczorem	večer
jetzt	teraz	teď/nyní
heute	dzisiaj	dnes

Deutsch	Polnisch	Tschechisch
gestern	wczoraj	včera
morgen	jutro	ráno
Tag	dzień	den
Nacht	noc	noc
Woche	tydzień	týden
Monat	miesiąc	měsíc
Jahr	rok	rok
Zahlen		
null	zero	nula
eins	jeden	jeden/jedna/jedno
zwei	dwa	dva/dvě
drei	trzy	tři
vier	cztery	čtyři
fünf	pięc	pět
sechs	szesc	šest
sieben	siedem	sedm
acht	osiem	osm
neun	dziewięc	devět
zehn	dziesięc	deset
hundert	sto	sto
tausend	tysiąc	tisíc
Unterwegs		
Bahnhof	dworzec, stacja kolejowa	nádraží
Bahnsteig	peron	nástupiště
Zug	pociąg	vlak
Busbahnhof	autobusowy, dworzec PKS	autobusové nádraží
Fahrkarte	bilet	jízdenka/lístek
Flughafen	lotnisko	letiště

Deutsch	Polnisch	Tschechisch
Abfahrt	odjazd	odjezd
Ankunft	przyjazd	příjezd
Hotel	hotel	hotel
Unterkunft	noclegi	ubytování
Zimmer	pokój	pokoj
(Jugend-)Herberge	schronisko (młodzieżowe)	mládežnická ubytovna
Baude	schronisko	chata/menší horský hotel
wandern	wędrowanie	jít na túru
Wanderkarte	mapa turystyczna	turistická mapa
Wanderweg	szlak turystyczny	Turistická stezka
Fahrrad	rower	kolo
Angel	wędka	udice
Angelschein	zezwolenie wędkarskie	rybářský lístek
See	jezioro	jezero
Fluss	rzeka	řeka
Naturschutzgebiete	rezerwaty przyrody	přírodní rezervace
Notfall		
Hilfe!	Ratunku! Pomocy!	Pomoc!
Apotheke	apteka	lékárna
Arzt	lekarz	lékař
Zahnarzt	dentysta	zubní lékař
Krankenhaus	szpital	nemocnice
Rettungswagen	pogotowie ratunkowe	záchranný vuz/sanitka
Polizei	policja	policie
Pannenhilfe	pogotowie techniczne	technická pomoc
Notarzthilfe	pogotowie ratunkowe	První pomoc
Feuerwehr	straż pożarna	hasičská služba

Deutsch	Polnisch	Tschechisch
Post/Geld		
Postamt	poczta	pošta
Brief	list	dopis
Briefmarke/n	znaczek pocztowy/ znaczki pocztowe	Poštovní známka
Telefon	telefon	telefon
Geld	pieniądze	peníze
Geldautomat	bankomat	peněžní automat
Bank	bank	banka
Wechselstube	kantor	směnárna
Kreditkarte	karta kredytowa	platební karta
Einkäufe		
Geschäft	sklep	obchod
Bäckerei	piekarnia	pekárna
Fleischerei	sklep mięsny	řezník
Lebensmittelgeschäft	sklep spożywczy	obchod s potravinami
Buchhandlung	księgarnia	knihkupectví
Kaufhaus	dom towarowy/ handlowy	Nákupní dum
Wieviel kostet das?	Ile to kosztuje?	Kolik to stojí?
Im Restaurant		
Speisekarte	jadłospis	jídelní lístek
Frühstück	śniadanie	snídaně
Mittagessen	obiad	oběd
Abendbrot	kolacja	večeře
Herr/Frau Ober/mein(e) Herr/Dame ...	proszę pana/pani	Pane/Paní vrchní!
Prost	Na strowie!	na zdraví
Auf uns!		A na nás!
Bitte die Rechnung!	Proszę o rachunek!	Prosím, účet!

Kleines Reisewörterbuch Tschechisch-Deutsch

Tschechisch	Deutsch
Hinweise	
bezolovnatý benzín	Benzin (bleifrei)
teplý	warm
Ženy	Damen
Muži	Herren
Pro (ne)kuřáky	für (Nicht)raucher
životu nebezpečné	Lebensgefahr
konec	Ende
objížďka	Umleitung
Pozor!	Vorsicht, Achtung
Kouření zakázáno!	Rauchen verboten
Hlídané parkoviště	bewachter Parkplatz
Prujezd zakázán!	Durchgang verboten
čerpací stanice/benzínová pumpa	Tankstelle
toalety/WC	Toiletten
vchod	Eingang
východ	Ausgang
Vstup zakázán!	Betreten verboten
volno	frei
výjezd (na dálnici)	Ausfahrt (an Autobahnen)
obsazeno	besetzt
zavřeno	geschlossen
rezervováno	reserviert
studený	kalt

Eine typische Speisekarte (Typický český jídelní lístek)

polévky	**Suppen**
česká bramboračka	böhmische Kartoffelsuppe

Tschechisch	Deutsch
staročeská cibulačka	altböhmische Zwiebelsuppe
domácí česnečka	hausgemachte Knoblauchsuppe
gulášová polévka	Gulaschsuppe
dršťková polévka	Kuttelflecksuppe
Předkrmy	**Vorspeisen**
domácí tlačenka s octem a cibulí	hausgemachte Presswurst mit Essig und Zwiebeln
nakládaný hermelín	eingelegter Camembert
domácí uzená krkovička s křenem a okurkou	haugemachter, geräucherter Schweinekamm mit Meerrettich und Gurke
pivní sýr, máslo, cibulka, topinka	Bierkäse, Butter, Zwiebel und Brottoast
Hlavní jídla	**Hauptgerichte**
svíčková na smetaně, houskový knedlík	Lendenbraten in der Sahnesauce, Semmelknödel
vepřová plec, kysané zelí, houskový-bramborový knedlík	Schweineschulter, Sauerkraut dazu Semmelknödel-Kartoffelknödel
pečené kuře na másle, vařený brambor	Gebratenes Huhn auf Butter, Salzkartoffeln
pečená kachna, kyselé zelí, špekový knedlík	Gebratene Ente mit Sauerkraut, Speckknödel
pečené koleno se zeleninovou oblohou	Schweinshaxe mit der Gemüsebeilage
vepřo, knedlo, zelo	Schweinbraten mit Sauerkraut und Semmelknödel
vídeňský řízek s bramborovým salátem	Wiener Schnitzel mit Kartoffelsalat
sekaná s bramborovou kaší a s okurkem	Hackbraten mit Kartoffelpüree und Gurke
Ryba	**Fisch**
kapr na modro s bramborovým salátem	Karpfen auf den Blauen mit Kartoffelsalat
pstruh po mlynářsku s vařenými brambory	Forelle nach Müller Art mit Salzkartoffeln

Tschechisch	Deutsch
makrela s velkým salátem	Makrele mit grossem Salat
Moučníky	**Dessert ??? oder Nachtisch???**
jemný tvarohový řez	Zarte Quarkschnitte
zmrzlinový pohár	Eisbecher
palačinky s ovocem	Eierkuchen mit Obst
jablkový závin	Apfelstrudel
Přílohy	**Beilagen**
houskový knedlík	Semmelknödel
bramborový knedlík	Kartoffelknödel
špekový knedlík	Speckknödel
rýže se zeleninou	Reis mit Gemüse
vařené brambory	Salzkartoffeln
bramboráčky	Kartoffelpuffer
špenát	Spinat
Nápoje	**Getränke**
Minerální voda	Mineralwasser
pivo	Bier
Víno (červené-bílé)	Wein(rot-weiss)
limonáda	Brause
káva	Kaffee
čaj	Tee

Kleines Reisewörterbuch Polnisch-Deutsch

Polnisch	Deutsch
Hinweise	
benzyna (bezołowiowa)	Benzin (bleifrei)
ciepłe	warm
kobiety/dla kobiet	Damen/für Frauen
mężczyźni/dla mężczyźn	Herren/für Männer
dla (nie)palących	für (Nicht)raucher

Polnisch	Deutsch
grozi smiercia	Lebensgefahr
koniec	Ende
objazd	Umleitung
ostrożnie	Vorsicht, Achtung
palenie wzbronione	Rauchen verboten
parking strzeżony	bewachter Parkplatz
przejście wzbronione	Durchgang verboten
stacja benzynowa	Tankstelle
ustępy	Toiletten
uwaga	Vorsicht, Achtung
wejście	Eingang
wyjście	Ausgang
wstęp wzbroniony	Betreten verboten
wolne	frei
wyjazd	Ausfahrt (an Autobahnen)
zajęte	besetzt
zamknieto	geschlossen
zarezerwowany	reserviert
zimna	kalt

Eine typische Speisekarte

zupa	**Suppen**
Barszcz (z pasztecikiem)	Rote-Rüben-Suppe (mit Pastetchen)
Flaki	Kuttelsuppe
Kapuśniak	Deftige Weiß- und Sauerkohlsuppe
Krupnik	Graupensuppe mit Fleischeinlage
Zupa Szczawiowa	Sauerampfersuppe
Zupa Pomidorowa	Tomatensuppe
Żurek	Saure Roggenmehlsuppe mit Wursteinlage und hartgekochten Eierhälften

Polnisch	Deutsch
przekąska	**Vorspeisen**
Golonka w galarecie	Eisbein in Aspik
Nadziewane rolmopsy	Gefüllte Rollmöpse
Śledzie w occie po polsku	Eingelegte Heringe nach polnischer Art
Śledzie w śmietanie	Hering in Sahne
Szynka w galarecie	Schinken in Aspik
drugie danie	**Hauptgerichte**
Bigos	Sauerkraut, Weißkohl, Pflaumen und Fleisch zusammen gekocht
Dzik	Wildschwein
Golonka	Schweinshaxe, gekocht oder geschmort
Gołąbki	Kohlrouladen
Jeleń	Hirsch
Kaczka	Ente
Kotlet schabowy	Schweinekotelett
Kurczę	Hähnchen
Pieczeń wieprzowa	Schweinebraten
Pierógi	Piroggen (Teigtäschchen mit Gemüse-, Fleisch- oder süßer Füllung)
Rulada	Rindsroulade
Sarna	Reh
Szaszłyk	Fleischspieße
Szawarma	gegrilltes Hackfleisch
ryba	**Fisch**
Dorsz	Dorsch
Gladzica	Scholle
Karp	Karpfen
Ledź	Hering

Polnisch	Deutsch
Łosoś	Lachs
Okon	Barsch
Ploc	Plötze
Pstrąg	Forelle
Sandacz	Zander
Sieja/Sielawa	Große/kleine Maräne
Szczupak	Hecht
Węgorz	Aal
dodatki	**Beilagen**
Jarzyna	Gemüse
Kluski	Nudeln, Klöße
Ryż	Reis
Sałatka	Salat
Ziemniaki	Kartoffeln
deser	**Nachtisch**
Makowiec	Mohnkuchen
Naleśniki	Pfannkuchen mit Obst oder Eis
Sernik	Käsekuchen
Szarlotka	Apfelkuchen
napoje	**Getränke**
Herbata	Tee
Kawa	Kaffee
Piwo	Bier
Szampan	Sekt
Sok	Saft
Wino	Wein
Woda mineralna	Mineralwasser

Reisetipps von A bis Z

Abfahrtspisten

Die Pisten sind entsprechend den internationalen Gepflogenheiten in drei Kategorien geteilt und farblich markiert: schwarz (schwer), rot (mittelschwer), blau (leicht).

Ärztliche Versorgung

Seit Mai 2004 gelten für Polen und Tschechien die gleichen Regelungen wie für andere EU-Länder. Die eigene Krankenkasse übernimmt die Kosten, die im Krankheitsfall für ärztliche Leistungen anfallen. Die medizinische Versorgung ist flächendeckend. Medikamente sind in den Apotheken zum Teil preiswerter als in Deutschland.

Anreise

Von Berlin sind es ca. 400 Kilometer, von Dresden 200 Kilometer bis ins Riesengebirge. Mit dem Auto nimmt man am besten die A4 Richtung Görlitz und den Autobahngrenzübergang Ludwigsdorf. Dann geht es auf der mit EU-Mitteln ausgebauten Nationalstraße 30 weiter Richtung Jelenia Góra, das man nach etwa einer Stunde erreicht. Wer auf die tschechische Seite möchte, kann auch über Zittau und Liberec (Reichenberg) fahren. Aus Süddeutschland geht es über Prag und dann weiter auf der E 65. Mit der Bahn reist man über Görlitz. Von Berlin verkehren Linienbusse nach Karpacz und nach Špindlerův Mlýn.

Ausrüstung/Bekleidung

Angesichts des manchmal rauhen Wetters und steiniger Wege empfehlen sich feste, knöchelhohe Wanderschuhe und Anorak. Im Rucksack sollte man Socken und ein T-Shirt zum Wechseln, Wanderkarte, ein paar Kleinigkeiten zu essen (wie Kekse, Schokolade, Äpfel) und etwas zu trinken mitnehmen. Proviantpakete sind bei den vielen preiswerten Bauden nur sehr sparsamen Wanderern anzuraten. Mountainbikes, Skier, Schlitten und Snowboards können in den Touristenorten ausgeliehen werden.

Bauden

Diese Holzhäuser sind für das Riesengebirge charakteristisch und erfreuen sich bei Wanderern und Skiläufern großer Beliebtheit, denn die meist alten Gaststuben strahlen viel anheimelnde Gemütlichkeit aus. In vielen Bauden (in Tschechien: bouda, in Polen: schronisko) kann man auch übernachten.

Bergwacht

Die **polnische Bergwacht** heißt GOPR (Górskie Ochotnicze Pogotowie Ratunkowe) und ist unter der Notrufnummer 985 zu erreichen. Die Verwaltung sitzt in Jelenia Góra, ul. Świerczewskiego 79, Tel. 24734.

Die **tschechische Bergwacht** Horská Služba hat ihre Zentrale in Špindlerův Mlýn, Tel. 499/433239 oder Mobil: 602448338, und Stationen in Harrachov, Tel. 481/529449, Rokytnice nad Jizerou, Tel. 481/523781, Janské Lázně, Tel. 499/895151), Pec pod Sněžkou, Tel. 499/896233 und Malá Úpa, Tel. 499/891233.

Aktuelle Wetter-, Schnee- und Lawinennachrichten kann man unter der Telefonnummer 049110 abrufen.

Botschaften

▸ In Polen

Botschaft der Bundesrepublik Deutschland

ul. Dàbrowiecka 30

03932 Warschau
Tel. 0048/22/5841700
Fax 5841739
reg1@wars.auswaertiges-amt.de
www.ambasadaniemiec.pl.
Näher für Riesengebirgs-Touristen liegt das **Deutsche Generalkonsulat** in Breslau
ul. Podwale 76
50449 Wrocław
Tel. 0048/71/3772700, Fax 3424114, www.breslau.diplo.de.
Botschaft der Republik Österreich
ul. Gagarina 34
00748 Warschau
Tel. 0048/22/410081/84.
Botschaft der Schweiz
Aleje Ujazdowskie 27
00540 Warschau
Tel. 0048/22/6280481/82
▸ In Tschechien
Botschaft der Bundesrepublik Deutschland
Vlašská 19
Prag 1, Malá Strana
Tel. 00420/2/57113111 oder 57531481
Fax 57534056
zreg@prag.auswaertiges-amt.de
www.deutsche-botschaft.cz.
Botschaft der Republik Österreich,
Victora Huga 10
Prag 5, Smichov
Tel. 00420/2/24511677.
Botschaft der Schweiz
Střešovice 7
Prag 6
Tel. 00420/2/320406, 328319.

Camping
Auf der polnischen Seite sind Campingplätze in Szklarska Poręba (Schreiberhau), Jelenia Góra (Hirschberg) und Karpacz (Krummhübel). Der **polnische Camping- und Caravan-Verband** gibt eine Übersichtskarte heraus: PFCC, ul. Grochowska 331, 03838 Warszawa, Tel./Fax 0048/22/106050.
Tschechische Campingplätze findet man in Harrachov (Harrachsdorf), Špindlerův Mlýn (Spindlermühle), Vrchlabí (Hohenelbe) und Černý Důl (Schwarzenthal).

Einkaufen
Für einen Einkaufsbummel eignen sich Jelenia Góra auf der polnischen, Vrchlabí und Trutnov auf der tschechischen Seite. Als Mitbringsel zu empfehlen sind kunstgewerbliche Dinge aus Glas, Holz und Leinen, in Polen Bunzlauer Keramik. Boutiquen bieten modische Kleidung und Schuhe zu günstigen Preisen an.

Einreisebestimmungen
Für die Einreise nach Polen und Tschechien reicht seit dem EU-Beitritt (Mai 2004) ein gültiger Personalausweis. Zollkontrollen gibt es keine, für die Ein- und Ausfuhr von Waren gelten die EU-Bestimmungen. Autofahrer sollten die grüne Versicherungskarte dabei haben..

Feiertage
Feiertage in Polen sind Neujahr, Ostermontag, 1. Mai, 3. Mai (Tag der Verfassung), Fronleichnam, 15. August (Mariä Himmelfahrt), 1. November (Allerheiligen), 11. November (Nationalfeiertag, erinnert an die Wiedererstehung des polnischen Staates 1918), 25. und 26. Dezember.
Tschechische Feiertage sind Neujahr, Ostermontag, 1. Mai, 8. Mai (Ende des Zweiten Weltkrieges), 5. Juli (Tag der Heiligen Cyrillus und Methodius), 6. Juli (Tag des Reformators Jan Hus), 28. Oktober (Nationalfeiertag, Gründung der Tschechoslowakei 1918), 24., 25. und 26. Dezember.

Flugplätze/Rundflüge

Rundflüge über dem Riesengebirge (auch Flugausbildung und Charterflüge) werden vom Fliegerklub Jelenia Góra und von der Flugschule Vrchlabí angeboten.

Geldwechsel

Polnische Złoty oder tschechische Kronen hebt man am besten mit der ec-Karte am Geldautomaten ab. Wechselstuben (in Polen: Kantor) sind in allen Touristenorten vorhanden und bieten günstigere Kurse als die großen Hotels. Viele Hotels, Restaurants und Geschäfte akzeptieren Kreditkarten. Übernachtungen können in vielen Unterkünften auch in Euro bezahlt werden. Aktuelle Wechselkurse kann man im Internet beispielsweise über www.oanda.com abfragen.

Gottesdienste

In Polen gibt es fast überall katholische Messen. Evangelische Gottesdienste in deutscher Sprache finden sonntags in der Kirche Wang bei Karpacz statt. In der katholischen Kirche St. Peter in Špindlerův Mlýn wird jeden Sonntag um 15 Uhr eine Messe gelesen.

Informationen

Man wendet sich am besten an die örtlichen Fremdenverkehrsämter. Eine gute Informationsquelle für den Ostteil des tschechischen Riesengebirges ist die zweimal jährlich erscheinende Zeitschrift ›Veselý výlet‹ (Lustiger Ausflug), die in Hotels, Restaurants und Geschäften kostenlos ausliegt.

Internet

Viele Informationen über das Riesengebirge gibt es auch im Internet. In allen größeren Touristenorten des Riesengebirges finden sich Internet-Cafés.

Jugendherbergen

Jugendherbergen heißen in Polen ›Schroniska Młodzieżowe‹. Es gibt sie in Jelenia Góra, Karpacz und Szklarska Poręba. Weitere Informationen erhält man bei der **Polnischen Gesellschaft für das Jugendherbergswesen** (PTSM), ul. Chocimska 28, 00791 Warszawa, Tel.0048/22/498354 oder auch beim **Deutschen Jugendherbergswerk**, Postfach 1455, 32704 Detmold. In den tschechischen Touristenzentren gibt es viele jugendherbergsähnliche Quartiere, allerdings bisher kein organisiertes Jugendherbergsnetz.

Kriminalität

Die Kriminalität ist im Riesengebirge erheblich niedriger als in Warschau und Prag (oder Berlin). Dennoch gilt auch hier die bewährte Vorsichtsregel, seinen ›Reichtum‹ (Geld, Schmuck) nicht offen zur Schau zu stellen. Auch teure, neue Luxusautos sind nicht unbedingt ratsam. In Jelenia Góra sollte man den Wagen auf den bewachten Parkplatz in der Innenstadt stellen.

Kurorte

Im polnischen Riesengebirge liegen Cieplice Zdrój (Bad Warmbrunn) und Kowary (Schmiedeberg), im polnischen Isergebirge Świeradów Zdrój (Bad Flinsberg) und Czerniawa Zdrój (Bad Schwarzbach). Näheres erfährt man aus der deutschsprachigen Broschüre ›Kurorte in Niederschlesien‹, die in den Fremdenverkehrsämtern zu haben ist. Auf der tschechischen Seite liegt Janské Lázně (Johannisbad), das ›böhmische Bad Gastein‹.

Landkarten

Wander- und Skikarten sind wesentlich billiger als in Deutschland. Gut ist die polnische Karte ›Karkonosze‹ im Maßstab 1:50 000 aus dem Verlag Eko-Graf in Wrocław (mit rotem Deckblatt), die auch den tschechischen Teil mit einschließt. Davon ist auch eine blaue Winterausgabe erschienen. Ausgezeichnet ist die blaugelbe Touristenkarte des polnischen Riesengebirgs-Nationalparks im Maßstab 1:30 000 (PPWK Wrocław-Warszawa).

Auf der tschechischen Seite sind Karten im Maßstab 1:50 000 erhältlich: Riesengebirge/Krkonoše (Nr. 15) – davon gibt es auch eine Ski-Version – und Isergebirge/Jizerské hory (Nr. 44). Die polnische Seite kommt auf diesen Karten leider sehr knapp weg. Die besten tschechischen Karten sind Riesengebirge-Ost und -West jeweils im Maßstab 1:25 000 (blaues Deckblatt, dreisprachig) vom Verlag ROSY.

Vom Höfer-Verlag, www.hoeferverlag.de, gibt es eine zweisprachige Karte des Riesengebirges im Maßstab 1:100 000.

Lifte

Mehrere Sessellifte sind in den vergangenen Jahren nach dem modernsten Stand der Technik erneuert oder neu errichtet worden. Vom tschechischen Ferienort Pec pod Sněžkou (Petzer) führt eine neue Kabinenseilbahn bequem hinauf auf den Gipfel der Schneekoppe. Alle Lifte, auch die Schlepplifte in den Skiorten, sind deutlich preiswerter als in den Alpen.

Loipen

Sowohl das Riesen- als auch das Isergebirge verfügen über sehr gut markierte und gespurte Langlaufloipen. Besonders gute Bedingungen findet man in Harrachov, Horní Mísečky und Malá Úpa. Im polnischen und im tschechischen Teil des Isergebirges finden in jedem Winter zwei berühmte 50-Kilometer-Skilanglauf-Wettbewerbe statt.

Mitbringsel

s. Einkaufen.

Mountainbike-Fahren

Mountainbike-Fahren wird im Riesen- und Isergebirge immer beliebter, vor allem auf der sonnigeren Südseite. Verleihstationen gibt es in allen Touristenzentren. In Špindlerův Mlýn, wo im Sommer 1995 die Mountainbike-Europameisterschaften stattfanden, sind über 100 Kilometer Routen markiert. Dort werden auch geführte Touren angeboten. Die tschechische Nationalparkverwaltung gibt die Biker-Karte ›Krkonošsky Národní Park Cyklistická‹ im Maßstab 1:75 000 heraus.

Museen

Interessante Museen sind das Riesengebirgsmuseum in Jelenia Góra (eine der reichhaltigsten Glassammlungen Europas), die naturkundlichen Museen in Cieplice und Sobieszów, das Hauptmann-Haus in Szklarska Poręba und Gerhart Hauptmanns ›Haus Wiesenstein‹ in Jagniątków (Agnetendorf).

Sehenswert auf der tschechischen Seite sind das Glasmuseum in Harrachov, das Schloss in Jilemnice mit einer Ausstellung über die Anfänge des Skifahrens in Böhmen und das naturwissenschaftlich-volkskundliche Riesengebirgsmuseum in Vrchlabí. Die meisten Museen sind montags geschlossen.

Öffentliche Verkehrsmittel

Busse verkehren oft und sehr preiswert in einem dichten Netz, besonders an Werktagen. Von Prag gibt es regelmäßige Fernverbindungen nach Špindlerův Mlýn und Pec pod Sněžkou. Mit der

Eisenbahn kann man von Jelenia Góra nach Szklarska Poręba und von Liberec nach Harrachov fahren.

Preise

Das Preisniveau liegt zum Teil deutlich unter dem deutschen. So ist eine Übernachtung mit Frühstück mancherorts schon ab etwa 7 Euro zu haben. Eine warme Mahlzeit gibt es ab 2 Euro, ein großes Bier vom Fass für rund 1 Euro, Wanderkarten für 1 bis 2 Euro.

Reisezeit

Das Riesengebirge gehört zu den Zielen, die fast das ganze Jahr hindurch besucht werden. Die höchsten Gästezahlen werden zwischen Weihnachten und Silvester verbucht. Zu empfehlen ist der Januar, wenn der große Ansturm vorbei ist. In den Februarferien wird es wieder voller, Skifahren kann man bis in den April hinein. Im Mai/Juni beginnt die Wandersaison. Im Sommer ist es angenehm und nicht zu heiß, allerdings muss man auch mit plötzlichen Wetterumschwüngen und gelegentlichem Gewitterregen rechnen.

Für Kenner ist die schönste Jahreszeit im Riesengebirge der September und die erste Oktoberhälfte, wenn sich der Wald in seine herbstliche Farbenpracht hüllt und die Sonne mild strahlt.

Schneeverhältnisse

Das Riesengebirge ist das schneesicherste mitteleuropäische Gebirge nördlich der Alpen. Der Winter beginnt im November und dauert bis in den April. In den mittleren Höhenlagen schneit es im Durchschnitt 70 bis 80 Tage im Jahr, auf dem Kamm 120 Tage. In den Wintersportzentren liegen ein bis eineinhalb Meter Schnee, auf den Gipfeln sind zwei bis drei Meter normal. Der Schnee bleibt den ganzen Winter liegen, zwischenzeitliches Tauwetter gibt es kaum.

Schwimmbäder

Freibäder (polnisch basen, tschechisch koupalištů) sind oft mit Campingplätzen oder Hotels verbunden. Es gibt sie unter anderem in Jelenia Góra (nahe dem Hotel ›Jelenia Góra‹), Karpacz, Kowary, Harrachov, Benecko, Šista bei Černý Důl und Vrchlabí. Im Winter kann man in die Hallenbäder der großen Hotels (vor allem in Špindlerův Mlýn und Harrachov) gehen.

Skifahren

s. Wintersport.

Sprache

Fast überall wird auch deutsch verstanden und gesprochen, so dass es kaum Verständigungsprobleme gibt. Viele Hinweisschilder und Werbetafeln sind zweisprachig. Dennoch tut man gut daran, sich ein paar Worte Polnisch und Tschechisch anzueignen und zu benutzen – als freundschaftliche Geste, die gut ankommt.

Straßenverhältnisse

Der Straßenzustand ist allgemein gut. Die Verkehrsdichte ist allerdings in den vergangenen Jahren auch hier größer geworden.

Die Verkehrsregeln sind denen in den EU-Ländern angepasst. Im Winter muss man ins Riesengebirge Schneeketten mitnehmen und auf einigen Strecken (Grenzbauden!) mit Schneeverwehungen rechnen. Den tschechischen Pannendienst ÚAMK erreicht man mit der Notrufnummer 0123.

Tankstellen

Tankstellen sind flächendeckend vorhanden. Die Öffnungszeiten sind in Polen, wo oft rund um die Uhr getankt werden kann, großzügiger als in Tschechien. Benzin und Diesel sind oft 10 bis 20 Cent günstiger als in Deutschland. Diesel heißt in Tschechien ›Nafta‹.

Taxis

Taxis können telefonisch bestellt, herangewunken oder an den Stellplätzen bestiegen werden. Innerhalb des Ortes wird mit Zähluhr gefahren, für längere Strecken sollte man den Tarif vorher aushandeln.

Telefonieren

Die Vorwahl für Gespräche von Deutschland nach Polen ist 0048, nach Tschechien 00420. Umgekehrt erreicht man Deutschland aus beiden Ländern unter 0049. Mit deutschen Mobiltelefonen kann man in Polen und Tschechien ohne Probleme über dortige Netze telefonieren.

Währung

s. Geldwechsel.

Wanderwege

Die Wege auf ihren zum Teil uralten Trassen sind sowohl im polnischen als auch im tschechischen Teil ausreichend markiert und lassen sich gut miteinander kombinieren. Ihre Beschaffenheit ist unterschiedlich. Auf steinige, steile und unbequeme Abschnitte sollte man eingestellt sein. Das Herzstück des Wegnetzes ist der Kammweg.

Wetter

Riesen- und Isergebirge sind bekannt für ein rauhes Klima. Das Wetter kann hier auch im Sommer sehr launisch sein und schnell umschlagen. Auch wenn man beim schönsten Sonnenschein losgelaufen ist, sollte man auf einen nachmittäglichen Regenguss gefasst sein. Einen besonderen Service bietet das Reisebüro Ingtours in Berlin: Dort kann man unter der Telefonnummer 030/2384808 jeweils von Mitte Dezember bis Ostern täglich von 10 bis 18 Uhr den Schneewetterbericht mit Schneehöhen und Temperaturen im Riesengebirge erfahren.

Wintersport

s. auch Schneesicherheit, Abfahrtspisten, Loipen.

Das Riesengebirge ist wegen seiner Schneesicherheit ein Wintersport-Paradies, das gute Möglichkeiten sowohl für Abfahrts- als auch für Langläufer bietet. Der Winter beginnt im November und dauert bis April. In dieser Zeit gibt es eine geschlossene Schneedecke, die auf dem Kamm zwei bis drei Meter hoch ist. Oft ist das Wetter dort oben im Winter sonnig und warm, während es unten in den Tälern kalt und neblig ist. Allerdings muss man auch auf den Kammwegen mit starken Winden und Nebel rechnen. Einige Gebiete sind lawinengefährdet. Die wichtigsten Wintersportzentren sind Szklarska Poręba und Karpacz auf der polnischen und Harrachov, Rokytnice, Benecko, Horní Mísečky, Špindlerův Mlýn, Pec pod Sněžkou und Malá Úpa auf der tschechischen Seite. Die meisten Sessellifte sind in den letzten Jahren erneuert worden. Schlepplifte kommen ständig neue hinzu. Sie sind deutlich preiswerter als in den Alpen.

Zeitungen

In allen bedeutenden Touristenzentren werden die großen deutschen Tageszeitungen und Zeitschriften verkauft.

Literaturhinweise

Bach, Erle/Vacha, Pavel, Riesengebirge. Rübezahls böhmisch-schlesisches Reich, Würzburg 2000.

Bartos-Höppner, Barbara, Riesengebirge in alten Ansichtskarten, Würzburg 2001.

Eckert, Gerhard, Die Schneekoppe. Rübezahls Gipfel, geliebt und unvergessen, Nürnberg 1992.

Franke, Arne/Schulze, Katrin, Das schlesische Elysium. Burgen, Schlösser, Herrenhäuser und Parks im Hirschberger Tal, 2. Auflage, Deutsches Kulturforum Östliches Europa 2005.

Gesellschaft für interregionalen Kulturaustausch (Hg.), Das Tal der Schlösser und Gärten. Das Hirschberger Tal in Schlesien – ein gemeinsames Kulturerbe, 2. Aufl. Berlin und Jelenia Góra 2002.

Hauptmann, Karl, Erzählungen aus dem Riesengebirge. Berlin 1989.

Herloßsohn, Karl, Wanderungen durch das Riesengebirge und die Grafschaft Glatz. Mit 30 Stahlstichen (Breslau, Nachod, Fürstenstein, Schneekoppe, Hirschberg, Fischbach, Prag, Karlstein u.a.) nach Ludwig Richter, Verlag Georg Wigand, Leipzig 1841, 244 S. (Neuausgabe: München 1978).

Maruszak, Marek/Franke, Arne, Schlesien und das Riesengebirge. Eine Bildreise, Ellert & Richter 2006.

Müller-Rüdersdorf, Wilhelm (Hg.), Das Riesen- und Isergebirge. Ein schlesisch-böhmisches Heimatbuch, Leipzig 1925.

Musäus, Johann K.A., Legenden von Rübezahl, Baum Verlag 2000.

Peuckert, Will-Heinrich (Hg.), Schlesische Sagen, München 1991.

Riesengebirge. Kleine Ausgabe. 30. Auflage, Berlin 1928 (Griebens Reiseführer Band 81).

Das Riesengebirge. Mit 4 geologischen Abbildungen und einer botanischen Tafel, Berlin 1925 (Grieben-Bücher für Natur und Kunst).

Raj, Andrzej/Stachurski, Andrzej, Naturparadies Riesengebirge (Bildband), Berlin 1995.

Salfellner, Harald, Lesereise Riesengebirge, 2. Auflage, Vitalis Verlag 2005.

Ullmann, Klaus, Wandern in Rübezahls Reich. Mit Rucksack und Kamera durch das Riesengebirge, Würzburg 1988.

Riesengebirge. Wanderführer, Jilemnice 1996

Wichmann, Hans, Georg Wichmann – Der Maler des Riesengebirges und sein Kreis, Würzburg 1996.

Wörffel, Udo, Theodor Fontane im Riesengebirge, Husum 2000.

Das Riesengebirge im Internet

Sowohl das polnische als auch das tschechische Riesengebirge präsentieren sich im Internet mit einer erstaunlichen Fülle von Webseiten. Die wichtigsten – nicht alle – Netzangebote sind auch in deutscher Sprache verfügbar. Die Qualität ist unterschiedlich, hat sich in den vergangenen Jahren aber insgesamt deutlich verbessert. Geboten werden Überblicksdarstellungen mit Infos zu Land und Leuten, Historie, Natur und Tipps für sportliche Aktivitäten. Die staatlichen Fremdenverkehrsämter Tschechiens und Polens informieren ausführlich über das Riesengebirge und seine touristischen Möglichkeiten, außerdem gibt es mehrere regionsbezogene Internetportale. Viele Orte präsentieren ihre

Vorzüge selbst, manche sogar mit mehreren Webauftritten. Auch Hotels, Pensionen und Bauden haben längst eigene Seiten ins Netz gestellt. In Hotelverzeichnissen kann man nach der passenden Unterkunft suchen, Reiseveranstalter werben für ihre Angebote und bieten Informationen über die Ferienregion. Auf einigen Webseiten kann man sich auch über das Wetter und die aktuellen Schneeverhältnisse informieren. Die folgende Zusammenstellung gibt einen Überblick über auf Dauer angelegte interessante Riesengebirgs-Seiten im Internet.

Überblick/Einstieg

www.riesengebirge-plus.de Stimmungsvoller, guter Einstieg mit interessanten Beiträgen über Geschichte, Landschaft und Kultur. Viele nützliche Tipps für Wanderungen, Ausflüge und Quartiersuche.

www.riesengebirgler.de Hier findet man Informationen über Bauden und Kirchen, Geschichte und Mundart, Holzgewinnung und Glasherstellung im Riesengebirge, Anschriften von Archiven, Heimatstuben und Museen in Tschechien und Deutschland, einen Überblick über Riesengebirgszeitschriften sowie viele Literaturhinweise.

www.krkonose.eu Sehr gut gemachter Überblick über die touristischen Angebote im tschechischen Riesengebirge. Mit Infos über Lifte und Loipen, Pisten und Radwege, Unterkünfte und Veranstaltungskalender. Mehrsprachig, auch deutsch.

Wetter/Schneeverhältnisse/Wintersport

www.skiregion.cz Die Skigebiete von Harrachov, Rokytnice, Paseky, Rejdice und Prichovice haben sich zu einer Skiregion zusammengeschlossen und präsentieren sich unter dieser Adresse im Netz. Alles über Lifte und Pisten, Preise, Schneeverhältnisse, Skischulen und Skiverleih-Anbieter.

www.snowpage.de Hier werden auch die Skigebiete im tschechischen und polnischen Riesengebirge vorgestellt.

Unterkunftssuche

www.tschechische-gebirge.de Die beste und modernste Webseite für die Quartiersuche im tschechischen Riesen- und Isergebirge kommt aus Liberec. Unterkünfte können nach Ort, Art und Preis gesucht werden oder indem man die Maus auf der digitalisierten Landkarte bewegt. Ein Klick, und die entsprechenden Quartiere werden mit Bild, Text, Preisen und Kontaktdaten angezeigt. Interessante Last-Minute-Angebote. **www.travelguide.cz** Durch Anklicken der Riesengebirgsregion auf einer Karte oder durch Eingeben des gewünschten tschechischen Ortes können Hotels – auch Campingplätze, Restaurants und Golfplätze – gesucht werden. Zu einigen von ihnen gibt es außer Adresse und Preis auch nähere Informationen. Ist man fündig geworden, kann man gleich die Buchungsanfrage abschicken.

www.riesengebirge-online.de Auch hier werden Unterkünfte im tschechischen Riesengebirge vermittelt.

www.polhotels.com Auf dieser Webseite zur Hotelsuche in Polen ist das Riesengebirge mit einigen Orten und Hotels vertreten. Hier gibt es auch Informationen über Mietwagen-Angebote.

Polen-Tourismus

www.polen.travel/de Polens offizielles Tourismus-Portal.

www.urlaub-polen.de Jacek Kaczmarczyk aus Monheim am Rhein bietet auf seiner Webseite nützliche Infos für eine Polenreise, zum Beispiel den aktuellen Wechselkurs zwischen Euro und Złoty und die Temperaturen polnischer Städte.

Tschechien-Tourismus

www.czechtourism.com Die Tschechische Zentrale für Tourismus in Berlin bietet allgemeine Informationen über Tschechien, Zollbestimmungen, sonstige Reisevorschriften und Formalitäten, eine Linkliste und Pressemitteilungen. Zum Riesengebirge allerdings wenig Informationen.

www.riesengebirge.cz Informationen über Unterkünfte und Restaurants, Ausflugstipps und Veranstaltungskalender für die touristischen Orte im tschechischen Riesengebirge. **www.ergis.cz/krkonose** Guter Überblick zu Geographie, Klima, Orten und Tourismus im tschechischen Riesengebirge. Listen mit Kontaktdaten, Adressen und Links.

http://tschechien-online.org Deutschsprachiges Internetportal mit Informationen rund um die Tschechische Republik. Nachrichten aus Wirtschaft, Kultur, Tourismus und vielen anderen Bereichen, dazu Immobilienangebote, Kleinanzeigen und vieles mehr.

Ferienorte im Riesengebirge

www.harrachov.cz Webseite mit vielen Informationen über Geschichte, Sehenswürdigkeiten und Unterkünfte. Auch ein Ortsplan kann aufgerufen werden.

www.benecko.com Hinter dieser Adresse steckt das in Benecko ansässige Infozentrum ›Flora‹, das Informationen über den Ort und seine Geschichte sowie Wetter, Wechselkurs, Sehenswürdigkeiten, Hotels, Pensionen und Privatunterkünfte anbietet. **www.rokytnice.com** Sehr gut gestaltete Seite mit Informationen auf Tschechisch, Deutsch und Englisch über Rokytnice, Unterkünfte, Wetter, Skifahren und mehr. Einige Restaurants haben sogar ihre aktuellen Speise- und Getränkekarten ins Netz gestellt.

www.mestospindleruvmlyn.cz Die professionell gemachte Webseite des städtischen Fremdenverkehrsamtes von Spindlermühle mit allen wichtigen touristischen Informationen, auch über das aktuelle Wetter und die Schneeverhältnisse plus einem Link zu den Seiten des Skiareals.

www.spmlyn.com Übersichtlicher und schneller Internet-Auftritt mit Unterkunftsverzeichnis, Adressen von Skischulen, Ski- und Fahrradverleih, Karten und vielen anderen nützlichen Infos.

www.pecpodsnezkou.cz Der Auftritt von Pec pod Sněžkou ist optisch ansprechend gestaltet, schnell, übersichtlich, informativ und mit vielen Links zu den touristischen Anbietern der Stadt gespickt.

www.turistapec.cz Hier gelangt man zum Reisebüro und zur Zimmervermittlung von Eva Lorencová in Pec pod Sněžkou. Mit Last-Minute-Angeboten und Infos über Wetter und Wintersport.

www.malaupa.cz Der informative und ansprechende Auftritt des Infocentrums Malá Úpa.

www.zacler.cz Žacléř zeigt sich von seiner besten (Web-)Seite. Man erhält interessante Informationen zur Geschichte der Stadt, Wander- und Ausflugstipps und viele nützliche Adressen. Links führen zu Unterkünften und zum Skigebiet.

www.skalyadrspach.cz Hier stellen sich die Adersbacher und Wekelsdorfer Felsenstädte vor. Auch Unterkünfte werden angeboten.

www.jeleniagora.pl, **www.karpacz.pl**, **www.szklarskaporeba.pl** Die offiziellen Webseiten von Jelenia Góra, Karpacz und Szklarska Poręba sind jetzt auch auf Deutsch verfügbar.

www.podgorzyn.pl Informationen über die Dörfer Podgórzyn (Giersdorf), Przesieka (Hain), Zachełmie (Saalberg) und Sosnówka (Seidorf), auch über Hotels, Pensionen und Restaurants. Leider nicht auf Deutsch.

www.kowary.pl Kowary präsentiert sich auf Polnisch, Deutsch und Englisch mit einer gelungenen Webseite.

Ferienorte im Isergebirge

www.jizerskehory.cz Tschechische Webseite über das Isergebirge.

www.infolbc.cz Die Stadt Liberec im Netz. Der viersprachigen Webseite des städtischen Informationszentrums merkt man an, dass sie von Profis gestaltet wurde. Geboten werden Informationen über Geschichte, Sehenswürdigkeiten, Unterkünfte und Verkehr, auch über das Isergebirge, das ganz in der Nähe liegt. Dazu kommen Fotos, Links und ein Email-Kontakt. Ein gelungener Auftritt.

www.mestojablonec.cz Die Stadt Jablonec informiert in Tschechisch, Deutsch und Englisch über Sehenswürdigkeiten, Unterkünfte, Gastronomie und die ortsansässige, traditionsreiche Glas- und Schmuckindustrie. Auch eine Fotogalerie fehlt nicht.

www.swieradowzdroj.pl Offizieller Werbauftritt der polnischen Kurstadt im Isergebirge.

www.badflinsberg.de Ein polnischer Betreiber informiert unter dieser Adresse über Unterkünfte, Kurangebote und Veranstaltungen in Bad Flinsberg.

Kartenvielfalt

www.jablonec.com Auf den Seiten des Kultur- und Informationszentrums von Jablonec findet man viel Wissenswertes über die Stadt, Tipps für Ausflugsziele und Veranstaltungen sowie ein Unterkunftsverzeichnis.

Reiseveranstalter/ Buchungsbüros

www.ingtours.com Ingtours mit Sitz in Vrchlabí und Niederlassungen in Prag, Berlin und den Niederlanden ist die Nummer 1 unter den Spezialisten für das tschechische Riesen- und Isergebirge. Ingtours unterhält auch eine eigene Hotelkette. Die fünfsprachige Webseite stellt Unterkünfte vor, gibt Infos über Preise, Ski- und Schneeverhältnisse.

www.klictravel.cz Hier landet man bei einem Reisebüro aus dem tschechischen Trutnov, das Hotels, Pensionen und Bauden im Riesengebirge anbietet. Die Webseite ist auch deutschsprachig.

www.darpol.com Das Berliner Reiseunternehmen Darpol ist einer der erfahrensten Veranstalter für Polen-Reisen. Ziele im Riesengebirge sind Karpacz und Szklarska Poręba, auch Świeradów Zdrój im Isergebirge wird angeboten.

Sonstiges

www.riesengebirgsverein.de Wandertipps und -berichte, Veranstaltungshinweise, die Online-Ausgabe der Zeitschrift ›Der Wanderer im Riesengebirgsverein‹ und Links zu den Ortsgruppen, unter anderem in München, Dresden, Berlin, Leipzig, Köln, Bamberg und Görlitz, findet man auf der modernen, professionell gestalteten Webseite des Riesengebirgsvereins (RGV). Der RGV wurde 1880 gegründet und hat gegenwärtig rund 1200 Mitglieder.

www.sv-ruebezahl.de Wer wissen will, was eine ›Schnurrgucke‹, eine ›Laderwetzka‹ oder ein ›Gootstischrock‹ ist, sollte die schnelle, moderne Webseite des Schlesiervereins Rübezahl Berlin anklicken. Die Berliner sind Experten für die alten Trachten des Riesengebirges und haben viele Fotos davon ins Netz gestellt. Dazu gibt es Erläuterungen zu Farben, Stoffen, Stickereien und Anlässen, an denen die wertvollen Stücke getragen wurden.

www.gerhart-hauptmann.de Hier präsentieren sich die Gerhart-Hauptmann-Museen in Schreiberhau, Agnetendorf und Erkner bei Berlin, das Hohenhaus in Radebeul, wo Hauptmann seine spätere Frau Marie kennenlernte, und das Gerhart-Hauptmann-Haus in Kloster auf Hiddensee, wo er viele Sommer verbrachte und begraben ist. Ins Netz gestellt wurden aktuelle Veranstaltungskalender, eine Werkübersicht und ein Überblick über die Sekundärliteratur.

Der Autor

Frank Schüttig, Jahrgang 1954, wuchs in Großröhrsdorf (Oberlausitz) auf. Er erwarb einen Abschluss als Diplomingenieur an der TU Dresden und siedelte bald danach ins damalige West-Berlin über. An der Freien Universität und in Heidelberg studierte er Geschichte, Germanistik und Informationswissenschaft. Mit seinen sächsischen Freunden traf er sich immer wieder in einer abgelegenen Bergbaude im Riesengebirge, wobei viele vom DDR-Regime verbotene Bücher ihren Weg nach Dresden fanden. Längere Reisen führten ihn nach Nord- und Südafrika, in die USA, nach Chile, Argentinien und Südostasien. Nach seinem Magisterabschluss war er als Hörfunkautor für DeutschlandRadio Berlin tätig und arbeitete als Journalist, u. a. für das MDR-Fernsehen, die Berliner Morgenpost und die Welt am Sonntag. Heute ist er Herausgeber und Chefredakteur des Wirtschaftsmagazins BUSINESS & DIPLOMACY. Unter der Mailadresse schuettig@t-online.de freut er sich über Neuigkeiten aus dem Riesengebirge.

Frank Schüttig

Anhang

Ortsregister

Personen- und Sachregister

Bildnachweis

Alle Fotos von Frank Schüttig, außer:
Dr. Werner Giersch (S. 57, 100)
Kerstin und André Micklitza (S. 8, 10, 12/13, 53)
http://palac.spiz.pl (S. 77)
Annegret Rüster (S. 170)
Krzystof Sawicki (S. 95, 97)
Wikimedia Commons/Andrzej Otrebski (S. 4)
Josef Zeleny (17, 25, 39, 45, 50, 78, 104, 106/07, 110u., 118, 126, 128, 137, 139, 141, 148, 153, 155, 174/75, 179)

Kartenlegende

- Bahnhof
- Bank
- Bar
- Brunnen
- Burg/Festung
- Busbahnhof
- Campingplatz
- Denkmal
- Dorfkirche
- Flughafen
- Höhle
- Hotel
- Internetcafé
- Kirche
- Kloster
- Museum
- Post
- Restaurant
- Synagoge
- Sehenswürdigkeit
- Theater
- Tor
- Touristeninformation
- Turm

- Sehenswürdigkeit
- Burg
- Kirche
- Friedhof
- Zeltplatz
- Berggipfel
- Seilbahn

- Autobahn
- Schnellstraße
- Hauptstraße
- sonstige Straßen
- E 65 Europastraße
- A 65 Autobahn
- 243 Bundesstraße
- Eisenbahn
- Grenzübergang
- Staatsgrenze
- Hauptstadt
- Stadt/Ortschaft

Kartenregister

Übersichtspläne

Stadtpläne